Ann-Katrin Müller, geboren 1987, recherchiert seit 2013 für den SPIEGEL, häufig zur AfD und Innerer Sicherheit, aber auch zu Desinformation, sexualisierter Gewalt und Frauenfeindlichkeit. Zuvor studierte sie Politikwissenschaften und European Studies in Bonn und London und volontierte beim ARD-Polittalk »hart aber fair.« Sie wurde mit dem Axel-Springer-Preis für junge Journalisten ausgezeichnet und ist Mitautorin des SPIEGEL/DVA-Buchs »Lockdown – Wie Deutschland in der Coronakrise knapp der Katastrophe entkam« (2021).

Maik Baumgärtner, geboren 1982, schreibt seit 2011 für den SPIEGEL, meist zu politischen Sicherheitsthemen und Geheimdienstarbeit. Seine Recherchen veröffentlichte er auch beim ARD-Politikmagazin »Monitor« und bei Deutschlandradio. Er ist Mitautor verschiedener Bücher und Broschüren über Rechtsextremismus und Drogenkriminalität. Im Bereich Investigation hat er den Deutschen Reporterpreis und den Nannen Preis gewonnen.

www.penguin-verlag.de

MAIK BAUMGÄRTNER | ANN-KATRIN MÜLLER

DIE UNSICHTBAREN

Wie Geheimagentinnen die deutsche Geschichte geprägt haben

PENGUIN VERLAG

FSC
www.fsc.org
MIX
Papier | Fördert gute Waldnutzung
FSC® C014496

Penguin Random House Verlagsgruppe FSC® N001967

1. Auflage

Umschlaggestaltung: Büro Jorge Schmidt, München
Umschlagabbildung: akg-images
Satz: GGP Media GmbH, Pößneck
Druck und Bindung: GGP Media GmbH, Pößneck
Printed in Germany 2024
ISBN 978-3-328-11189-4
www.penguin-verlag.de

Für Ann-Katrins Oma,
die das Buch sehr gern noch gelesen hätte.

»Uns wird niemand verdächtigen. Wir sind Frauen.«

KGB-Agentin Sonya in *Geheimnis eines Lebens*

Inhalt

Vorwort

Sie will sich nur per Telefon verabreden, um keine digitalen Spuren zu hinterlassen, auch nicht über einen verschlüsselten Messenger. Die Gespräche sind kurz. Erst möchte sie wissen, wann wir in der Stadt sind. Dann schlägt sie ein Restaurant vor, sagt, wir sollen nicht beim Kellner nach ihr fragen, sondern direkt auf die Terrasse gehen und uns einen freien Tisch suchen. Sie würde uns schon erkennen. Angebahnt hatte das Treffen ein ehemaliger Kollege von ihr, sonst hätte sie sich gar nicht drauf eingelassen. Es klappt, das Gespräch wird lang, ihre Erfahrungen sind in dieses Buch eingeflossen. Sie, das ist eine ehemalige Agentin, die zwar schon seit ein paar Jahren nicht mehr für einen deutschen Nachrichtendienst arbeitet, aber viel aus ihrer Zeit zu berichten hat. Und die noch weiß, wie man möglichst wenig Spuren hinterlässt.

Sie ist eine der Unsichtbaren.

Seit dem Kaiserreich werden Frauen professionell für die Arbeit in Nachrichtendiensten eingesetzt, für und gegen Deutschland – und doch weiß fast niemand etwas darüber, wer sie waren, was sie taten und was sie erreicht haben. Ihre Geschichten wurden bis heute kaum erzählt.

Hinter feindlichen Linien und in laufenden Konflikten riskieren die Unsichtbaren alles, sterben auf gefährlichen Missionen, werden nach Entdeckung enthauptet oder verbüßen lange Gefängnisstrafen. Auf ihren Missionen bringen sie Menschen aller Gesellschaftsschichten dazu, Informationen und Dokumente aus Politik, Wirtschaft und Militär zu verraten. Und auch wenn es in der Natur ihrer Arbeit liegt, dass diese im Verborgenen geschieht, fällt auf, dass ihre Erlebnisse im Vergleich zu denen ihrer männlichen Kollegen schlecht aufgearbeitet sind. Es gibt nur wenige Bücher oder Dokumentationen über sie, nur in Ausnahmefällen kennt man ihre Namen oder die Operationen, denen sie zum Erfolg verholfen haben. Sie sind doppelt unsichtbar – bis heute.

Dieses Buch soll das ändern. Wir wollen die noch unbekannten Fälle aus historischen Akten ans Tageslicht holen und die wenigen bekannten detaillierter und wahrheitsgetreuer nachzeichnen. Denn die Unsichtbaren haben Historisches geleistet, stehen ihren männlichen Kollegen in nichts nach. Gemeint sind nicht Frauen wie Mata Hari, jene Erotiktänzerin, die das falsche Bild von Agentinnen als sogenannte Honigfallen geprägt hat und deren Bedeutung fast immer überschätzt wird. Sondern etwa jene Frau, die Mata Hari ausbildete und wirklich Relevantes schaffte, indem sie ein erfolgreiches Netzwerk aus französischen Deserteuren aufbaute, ganz ohne die sprichwörtlichen Waffen einer Frau. Oder jene Doppelagentin, die mit dafür verantwortlich ist, dass der D-Day gelang und die Nationalsozialisten besiegt werden konnten. Oder jene Sekretärinnen, die mächtige Männer ausspionierten, darunter ein

DDR-Ministerpräsident und ein Generalsekretär der CDU. Sie haben Geschichte verändert, mal zum Positiven, mal zum Negativen. So oder so, wir machen sie sichtbar.

Genau wie jene Frauen, die heute im Verfassungsschutz oder im Bundesnachrichtendienst arbeiten. Sie leisten mindestens ebenso gute – oder schlechte – Arbeit wie ihre Kollegen, doch bis heute hat es keine von ihnen in das Präsidentenamt der beiden Bundesbehörden geschafft. Nur der Militärische Abschirmdienst wird inzwischen von einer Frau geleitet. Auch bei den Landesämtern für Verfassungsschutz sieht es kaum besser aus, allein Baden-Württemberg hat aktuell eine Präsidentin. Alle deutschen Nachrichtendienste beschäftigen generell viel zu wenige Frauen, gerade im Operativen, was sie selbst bemängeln. Dabei geht es nicht nur um Gleichberechtigung, sondern um Sicherheit: Mitarbeiterinnen im Nachrichtendienst observieren und analysieren mit ihrem eigenen, aus ihrer Sozialisation gewachsenen Blick. So können sie entscheidend dazu beitragen, Terroristen oder Spioninnen von ausländischen Diensten zu enttarnen.

Um die Unsichtbaren sichtbar zu machen, haben wir mit aktiven und ehemaligen Mitarbeiterinnen und Mitarbeitern von Nachrichtendiensten gesprochen, die für oder in Deutschland im Einsatz waren. Sie sind auf unterschiedlichen Führungsebenen tätig, manche im operativen Einsatz, andere am Schreibtisch. Einige haben wir offiziell über die Pressestellen angefragt, andere auf zum Teil verschlungenen Wegen kontaktiert. Bei fast allen Gesprächen gab es einen Moment, in dem die Befragten nachdenklich wurden, manchmal schon bei der Anfrage, manchmal später. Sie wunderten sich, warum bislang so wenig über Frauen in Nachrichtendiensten gesprochen und geschrieben wurde. Oder sie räumten ein: »Darüber habe ich noch nie nachgedacht, dabei ist es total relevant.« Zusätzlich haben wir aktuelle, geheime Dokumente aus den Behörden ausgewertet, die uns während der Recherche von Informantinnen und Informanten übergeben wurden.

Außerdem gingen wir in Berlin-Lichterfelde, Koblenz und Freiburg auf die Suche nach historischen Fällen – und kamen mit tausenden Dokumenten und zähen Rückenschmerzen zurück, den nicht-ergonomischen Stühlen sei Dank. An den drei Orten lagert das Bundesarchiv die Akten, die uns interessierten, vor allem in Lichterfelde. Die Recherche war aufwendig: Wir suchten nach Aktenbänden mit den Stichworten »Landesverrat« oder »Spionage« und blätterten sie Seite für Seite durch, in der Hoffnung, darin einen Frauennamen zu finden. Wenn wir einen entdeckten, fotografierten wir alle betreffenden Dokumente zu der Frau ab, wieder Seite für Seite. Wir fanden säuberlichst per Hand geschriebene Urteile und Briefe, die schon etwas muffig rochen, Dokumente mit verblassender Schreibmaschinenschrift, zerfledderte Durchschläge, schief aufgeklebte Telegramme, Wachs- und Papiersiegel mit verschiedensten Adlern und Wappen, »Geheim«- und »Streng Geheim!«-Stempel in Rot, Schwarz und Lila. Und Hakenkreuze, immer wieder Hakenkreuze.

Wir durchsuchten Landes–, Stadt- und Kirchenarchive und wühlten uns durch die Online-Datenbanken der Nationalarchive Großbritanniens, der USA, der Schweiz und

Frankreichs, verbrachten viel Zeit im »Elektronischen Lesesaal« der CIA. Das Stasi-Unterlagen-Archiv lieferte auf unsere Anfrage hin Dokumente, das Bundesamt für Verfassungsschutz und der Bundesnachrichtendienst deklassifizierten Akten. Dazu lasen wir Bücher über Geheimdienstoperationen und über jene Agentinnen, deren Geschichten schon beschrieben wurden, meist Engländerinnen oder Amerikanerinnen. Die wenigen Autobiografien von Agentinnen, die es gibt, haben wir mit Vorsicht behandelt. Nicht nur, weil sich Menschen gerne klüger darstellen als sie sind und unkritisch auf ihr Leben blicken, sondern weil Agentinnen und Agenten gelernt haben, ihr wahres Ich gut zu verstecken und mit Lügen und Desinformation zu arbeiten, ebenso wie ihre Auftrag- oder Arbeitgeber.

Bei den historischen Fällen haben wir uns deswegen an Gerichtsurteilen orientiert, bei denen die Richter der Meinung waren, genügend Beweise für Landesverrat gefunden zu haben. Zusätzlich haben wir recherchiert, welche Rechte Frauen zu ihren jeweiligen Lebzeiten hatten und welche Spionagewerkzeuge spezifisch für sie entwickelt wurden, etwa Lippenstifte, die als Waffen dienten, oder Parfumflakons, in denen geheime Tinte geschmuggelt wurde. Die Aktenlage variiert stark, so zerstörten die Nationalsozialisten viele Dokumente, als sie merkten, dass sie den Zweiten Weltkrieg verlieren. Die Stasi tat dies rund um die Wende ebenso. Die Akten aus den Jahren nach 1945 bekamen wir häufig mit Schwärzungen von Namen und Adressen, der Inhalt war aber fast immer verständlich. Die Kapitel, die sich mit der jüngeren Vergangenheit befassen, haben wir über geheime Dokumente und Medienberichte rekonstruiert. Außerdem haben wir viele vertrauliche Gespräche geführt, zu denen wir aus Quellenschutzgründen keine genaueren Details angeben können. Insgesamt kamen so zehntausende Seiten zusammen, die wir ausgewertet haben.

Zwischendurch sahen wir zur Abwechslung KGB-Agentin Anna dabei zu, wie sie in einem Moskauer Fünf-Sterne-Restaurant dutzende Menschen tötet, bevor sie sich – zumindest auf den ersten Blick – von der CIA anwerben lässt. Der Film von 2019, der so heißt wie seine Hauptfigur, ist einer von wenigen, in denen eine Agentin erfolgreich und ohne einen Mann an ihrer Seite ihre Missionen erledigt. Denn während in der Weimarer Republik sowohl Greta Garbo als auch Marlene Dietrich Hauptrollen als Spioninnen besetzten, jagte seit der NS-Zeit über Jahrzehnte keine relevante Schauspielerin mehr Widersacher allein über die Leinwand. Statt weiblichen James Bonds oder Jason Bournes folgten Filme und Serien, in denen Frauen ganz nach Klischee spionieren: Sie machen ihre Gegner mithilfe ihres Aussehens und ihres Sex-Appeals gefügig oder spielen charmante Hausfrauen, die mit mehr Glück als Verstand einem amerikanischen Geheimdienst helfen, wie Amanda King, die *Agentin mit Herz*. Oder sie sind tough, werden aber wie Carrie Mathison in *Homeland* gleichzeitig extrem emotional dargestellt. Nur ab und an gibt es sichtbar starke Frauen wie Anna oder Elizabeth Jennings aus *The Americans*, die durch ihre eigenen Fähigkeiten überzeugen und deren Weg ähnlich wie der von »007« mit Leichen gepflastert ist.

Auch in Büchern und Medienberichten werden Geheimagentinnen dauernd sexualisiert, selbst 2010 noch wurde eine enttarnte russische Spionin »Null-Null-Sex« getauft. Bei diesem öffentlichen Bild verwundert es kaum, dass sich nicht genügend Frauen für die nachrichtendienstliche Arbeit interessieren. Hinzu kommen zahlreiche Skandale der deutschen Nachrichtendienste: Neben dem NSU-Skandal und der Überwachung von Journalistinnen und Journalisten haben die Äußerungen so manches ehemaligen Behördenchefs das Vertrauen in die Ämter zusätzlich massiv bröckeln lassen. Umso wichtiger wäre es, dass mehr Frauen bei den Diensten arbeiten. Unser Buch zeigt, dass sie häufig diejenigen waren und sind, die sich für mehr Transparenz und klare Regeln einsetzen. Und es belegt, dass das öffentliche Bild von Agentinnen nicht zu den Frauen passt, die die deutsche Geschichte geprägt haben – und es bis heute tun. Sie sollten nicht länger unsichtbar sein.

1

Damenbinden, Geheimtinte, Tabakpfeifen

Spioninnen erobern das Kaiserreich

Sie war nicht schnell genug. Plötzlich steht ihr Nachbar wieder in seinem Zimmer in der Berliner Pension in der Nähe vom Kurfürstendamm, wo sie beide wohnen – und wo sie sich gerade über die militärischen Dokumente auf seinem Schreibtisch beugt. Die 25-jährige Russin Zinaida Smoljaninow rettet die Situation, indem sie den Nachbarn lachend rügt: Er sei aber unvorsichtig, sie hätte ihm ja die Pläne klauen können. Auf seine Frage, was sie denn damit anstellen wolle, kontert sie, ob er denn nicht wisse, was man mit solch wichtigen Dokumenten machen könne. Sie wisse es jedenfalls, sagt sie. Dann schlägt sie vor, dass sie die Pläne von einem Militärattaché der Russen abfotografieren lassen könnte, gegen Geld.

Doch ihr Nachbar weigert sich, schimpft, welcher ungeheuren Gefahr sie ihn und sich selbst aussetzen würde und welche Verbrechen sie ihm zutraue. Kein deutscher

Offizier würde sich darauf einlassen. Sie erwidert, dass sie schon geheimere Missionen ausgeführt habe. Er müsse sein Gewissen nicht belasten und ihr nicht aktiv helfen, solle einfach nur die Pläne auf dem Tisch oder sonst wie unverschlossen liegen lassen, um den Rest kümmere sie sich dann. Er lehnt ihr Angebot ab.

Smoljaninow lässt nicht locker, spricht ihn immer wieder darauf an, fragt ihn, ob er Schulden hat. Er gibt an, dass er welche hat, etwa 5000 Mark. Auch sie benötigt Geld – und sagt, man könne mit dem Verkauf wertvoller Papiere bis zu 60 000 Mark verdienen. Ob er nicht welche beschaffen könne? Wieder und wieder wiegelt der Nachbar ab, sagt, das gehe gegen seine Ehre und sein Gewissen, droht ihr sogar mit einer Anzeige bei der Staatsanwaltschaft. Als er ihr wieder etwas später erzählt, dass er bald in der Eisenbahnabteilung des Großen Generalstabes arbeiten werde, bittet sie ihn erneut. Einer von den Russen, die sie kenne, würde ihr Nachrichten über die Mobilmachung an der Südostgrenze des deutschen Kaiserreichs aus den Händen reißen. Der Mann heißt Oberst von Schebekow und ist Militärattaché an der russischen Botschaft in Berlin, er kennt den Kaiser persönlich.

Es ist der Frühsommer 1905 und die Russen sorgen sich, dass die Deutschen weiter aufrüsten. Im April hatte der Reichstag beschlossen, das deutsche Heer in den kommenden vier Jahren um 10 000 Mann aufzustocken. Fünf Jahre zuvor hatte der Reichstag bereits das neue Flottengesetz angenommen und massiv aufgerüstet. Die Jahre zu Beginn des 20. Jahrhunderts stehen im Zeichen von machtpolitischen Rivalitäten: 1902 hatte das Deutsche

Reich seinen Dreibund mit Österreich-Ungarn und Italien erneuert. Die Annäherung der einstigen Rivalen England und Frankreich sorgt mehr für Nervosität als für Stabilität, zumindest aus deutscher Sicht. Denn Kaiser Wilhelm II. will einen »Platz an der Sonne« für sein Reich, das inzwischen ein Industriegigant ist. Es ist allerdings auch äußerst reaktionär und militaristisch eingestellt. Wegen des aggressiven deutschen Machtstrebens schließen sich Russland, Frankreich und Großbritannien nur wenig später, 1907, zur Triple Entente zusammen.

Smoljaninow ist also sicher: Für Dokumente zur deutschen Mobilmachung würden die Russen Tausende Mark zahlen. Plötzlich lenkt der Nachbar ein, sagt, er werde sich um ein solches Dokument kümmern. Smoljaninow informiert den Oberst. Der Nachbar organisiert kurz darauf drei Schriftstücke. Die ersten beiden sind als »Geheim« markiert und tragen den Stempel der »Eisenbahn-Abteilung des Großen Generalstabes«, dazu eine Journalnummer und Unterschriften von Eisenbahn- und Militärbevollmächtigten.[1] Es geht darin um die Maßnahmen, die im Falle einer Mobilisierung im Eisenbahndirektionsbezirk Kattowitz ergriffen werden sollen. Das dritte ist ein Lageplan des Bahnhofs Vossowka.

Kurz vor der Übergabe hat der Nachbar jedoch wieder Gewissensbisse und will die Dokumente nicht mehr weitergeben. Stattdessen verschließt er sie in seinem Militärkoffer. In einem passenden Augenblick nimmt sich Smoljaninow heimlich den Schlüssel vom Schreibtisch und die Dokumente aus dem Koffer. Sie zeigt sie dem Oberst, der ihr rät, Abschriften anzufertigen und diese zu dem

Militärattaché der russischen Botschaft in Brüssel zu bringen. Sie schmuggelt die Schriftstücke zurück in den Koffer – und bittet den Nachbarn, sie abschreiben zu dürfen. Wieder lehnt er ab.

Als er abends sein Zimmer verlässt, stiehlt sie die Dokumente erneut und schreibt sie ab. Wenig später beichtet sie ihrem Nachbarn, was sie getan hat, und bittet dabei um einen bestimmten Lageplan sowie um weitere Schriftstücke. Als er diese dann tatsächlich besorgt, wiederholt sie die Abschreiberei. Den Plan schmuggelt sie gar ins Haus eines ihr bekannten russischen Propstes, um ihn dort abzufotografieren. Die Aktion misslingt, weswegen sie ihn am Ende abpausen muss. Oberst von Schebekow meldet Smoljaninow derweil in Brüssel an, schreibt seinem Kollegen, dass sie 2500 Mark für die Dokumente bekommen soll. Am 18. Juni 1905 reist die junge Frau los – und kehrt sechs Tage später mit dem Geld zurück. Der Nachbar bekommt 1500 Mark, sie quittiert ihm das und unterschreibt als Frau »Engelhard«. Dann reist sie nach Baden-Baden zu einer Freundin. Dort wird sie am 26. Juni verhaftet.

Was Smoljaninow nicht wusste: Der nette Nachbar, Karl Bader, ist nicht aus Zufall in das Zimmer neben ihr gezogen. Er ist ein verdeckter Ermittler, den die Polizei auf sie angesetzt hat. Die Dokumente, die er besorgte, waren extra für sie gefälscht. Manche Details fehlen, andere wurden verändert. Aber Smoljaninow hat Glück im Unglück: Die Behörden haben nun zwar etwas gegen sie in der Hand und können Anklage erheben. Doch da die Dokumente nicht echt waren, ist ihr Strafmaß gering, schließlich hat sie das Deutsche Reich nicht wirklich gefährdet. Am 18. November 1905 wird sie wegen des Verrats militärischer Geheimnisse zu einer Gefängnisstrafe von einem Jahr und drei Monaten sowie zu einer Geldstrafe in Höhe von 1500 Mark verurteilt.

Tatsächlich hatte die Polizei Smoljaninow schon länger im Visier. Im Frühjahr 1904 war sie erkrankt, soll dann einem Arzt »alsbald von ihren Beziehungen zum auswärtigen Amte und zu Offizieren des Generalstabs«[2] berichtet haben. Der habe sie deswegen als verdächtig gemeldet. So steht es im Urteil, das im Bundesarchiv in Berlin-Lichterfelde liegt, in schwarzer Tinte schnörkelig auf schon leicht gelbem Papier, die Blätter längs mittig geknickt. Auch ihrer Vermieterin soll sie angeblich »oft und mit Vorliebe« erzählt haben, dass »sie viel mit Offizieren verkehre und dass sie alles erfahren könne, was sie zu wissen wünsche«.[3] Außerdem war der Vermieterin aufgefallen, dass Smoljaninow »größere Geldsummen aus Rußland erhielt und ihre Briefe stets eigenhändig der Post zur Beförderung übergab«.[4]

Die Polizei ermittelt also, findet jedoch nur heraus, dass Smoljaninow gute Kontakte in die russische Botschaft hat. Mehr können sie ihr nicht nachweisen. Ein Kriminalkommissar greift daraufhin zu einem drastischeren Mittel: er rekrutiert den Fabrikanten Karl Bader, einen Offizier im »Beurlaubtenstand«, wie es damals hieß. Er soll Smoljaninow bespitzeln und herausfinden, ob sie spioniere. Einzige Einschränkung: Bader darf sie nicht provozieren. Das erklärt, warum er ihr die Dokumente nie freiwillig gibt, immer wieder einen Rückzieher macht. Die Polizei braucht einen Beweis dafür, dass Smoljaninow aktiv wird, ohne angestiftet worden zu sein.

Im April 1905 zieht Bader in der Pension ein und legt militärwissenschaftliche Bücher, Karten und Pläne in seinem Zimmer aus. Smoljaninow wohnt direkt nebenan, kann sogar durch eine Glastür zwischen den beiden Räumen zu ihm hineingucken. Die beiden kommen ins Gespräch, sie denkt, er sei Offizier in »verantwortungsvoller Stellung«, der sich mit geheimen Dingen beschäftigt. Die Falle ist zugeschnappt.

Ein gutes halbes Jahr später, am 28. November 1905, schreibt selbst die *New York Times* über »die schöne Autorin« Smoljaninow und ihren Gerichtsprozess. Und das, obwohl sowohl das Auswärtige Amt als auch der Reichskanzler das Reichsjustizamt mehrfach darum gebeten hatten, das Verfahren möglichst geheim und unter Ausschluss der Öffentlichkeit durchzuführen. Das sei »im Interesse der inneren wie der äußeren Politik«[5]. Die *Times* weiß trotzdem zu berichten, dass Smoljaninow schnell in »offizielle, aristokratische und Finanzkreise« vorgedrungen ist, nachdem sie aus St. Petersburg nach Berlin gezogen war. Auffällig sei aber gewesen, dass ihr Jahresgehalt niemals ihre Ausgaben hätte decken können, dafür habe sie zu prunkvoll gelebt. Außerdem hätte sie verschiedene Namen für Korrespondenz benutzt. »Der Fall weckt große Neugierde wegen des Geheimnisses um ihre Persönlichkeit und der gegen sie erhobenen Vorwürfe«, so die Zeitung.

Zinaida Smoljaninow, die am 29. August 1880 bei Moskau geboren wurde, kam 1900 nach Berlin. Sie unterrichtete Russisch, meist Mitglieder deutscher Offiziersfamilien. Und sie übersetzte aus dem Deutschen, vor allem für eine in Moskau erscheinende Zeitung. Mit ihrem Ausweis als Zeitungskorrespondentin hatte sie Zutritt zur russischen Botschaft, lernte so etwa Oberst von Schebekow kennen. Die Richter attestieren ihr, dass sie »eine gewisse Bildung und Gewandtheit besitzt«[6]. Auch meinen sie, bei ihr »weibliche Eitelkeit« sowie eine »Neigung zur Ruhmredigkeit« zu entdecken.[7] Entscheidend ist für die Richter aber, dass Smoljaninow »einen überaus hartnäckigen verbrecherischen Willen an den Tag gelegt hat«[8]. Schließlich habe sie »einzig und allein aus Gewinnsucht gehandelt« und »keinen Augenblick gescheut«, als ihr Nachbar Bader gezögert habe.[9] Sie sei dabei »eifrig und ernstlich bestrebt gewesen«[10]. Milde lassen sie deswegen nicht walten.

Smoljaninow streitet alles ab. Sie habe versucht »auf das Bestehen guter Beziehungen zwischen dem Deutschen Reich und Rußland hinzuwirken«[11], sagt sie vor Gericht. Ihr Geld habe sie von ihrem Job bei der Zeitung, außerdem unterstütze ihre Mutter sie, wann immer sie das benötige. Und wenn demnächst 3000 Mark von einem russischen Militärattaché an sie geschickt würden, beweise dies gar nichts. Das bekäme sie nur, weil sie für ihn ein deutsches Militärbuch beschaffen und übersetzen solle. Die Notizen, die sie bei sich trage, seien ebenso harmlos. Sie schreibe sich einfach alle Briefadressen auf, mit denen sie jemals korrespondiert habe. Und den kleinen Taschenatlas trage sie lediglich bei sich, um sich »über die Vorgänge in der Manjurei auf dem laufenden zu halten«[12].

Die Richter glauben ihr nicht. Sie lassen auch nicht gelten, dass Smoljaninow sagt, ihr Nachbar habe sie zu der

Tat verleitet. Denn der habe bezeugt, dass er den Auftrag nur »übernommen habe, um dem Vaterlande einen Dienst zu leisten«[13]. Bader habe sich »streng jeder provokatorischen Anreizung zu einer Straftat enthalten« und gegenüber Smoljaninow »kein unlauteres Mittel« angewendet.[14] Er habe beispielsweise nicht versucht, »sie durch Weingenuß zur Offenlegung ihres Treibens zu bewegen«[15]. Ein militärischer Sachverständiger habe zudem überzeugend dargelegt, dass die Schriftstücke die Sicherheit des Deutschen Reichs gefährdet hätten, wenn sie in echter Form an die Russen gelangt wären. Alles in allem habe es die Angeklagte verstanden, »ihre Kenntnisse und ihre Verbindungen geschickt zu benutzen, um den Verrat militärischer Geheimnisse zu betreiben, so daß sie als eine nicht ungefährliche Persönlichkeit zu bezeichnen ist«[16]. Da man ihr allerdings keine weitere, »vollendete« Spionage nachweisen kann, könne man sie nicht stärker bestrafen.

Ende August 1906, nicht ganz ein Jahr nach dem Urteil, versucht Smoljaninows Mutter ihre Tochter aus dem Gefängnis zu holen und richtet ein Gnadengesuch an den Kaiser. Der Oberreichsanwalt leitet die Bitte zwar an ihn weiter, empfiehlt aber, sie nicht zu erfüllen, schließlich müsse die Spionin nur noch zwei Monate im Gefängnis aushalten. Ende September meldet sich der Staatssekretär des Kaisers zurück – und lehnt das Gnadengesuch ab.

Smoljaninow ist eine von vielen Frauen, die während des Kaiserreichs als Geheimagentinnen arbeiten und gegen die Deutschen spitzeln. Es ist die Zeit, in der Spionage professionalisiert wird, auch der Einsatz von Frauen. Informationen über Aufrüstung und Truppenbewegungen sind viel wert, der Schutz vor feindlicher Bespitzelung ebenso. Die Angst vor ausländischen Nachrichtendiensten sowie ihren Zuträgerinnen und Zuträgern ist allgegenwärtig. Ein Spionageabwehr-Experte der Berliner Polizei schreibt 1917 in einer 13-seitigen Analyse: »Unsere Feinde wenden riesige Geldmittel für ihren Kundschaftsdienst auf.« Russland etwa habe schon zu Friedenszeiten 13 Millionen Rubel pro Jahr ausgegeben, das seien 30 Millionen Mark. Nun, während des Ersten Weltkriegs, sei es sicher noch mehr. England habe sogar 40 Millionen Mark, also 2 Millionen Pfund ausgegeben, Frankreich »ohne Zweifel mindestens ebensoviel«. Die Feinde hätten ihre Nachrichtendienste »überall großartig organisiert mit Nachrichtenoffizieren, Spionageschulen, seßhaften Residenzagenten, Reise- und Unteragenten, Gelegenheitsagenten, strategischen und taktischen Spionen, Handelsspionen, Vertrauensleuten, Kontrolleuren, Kurieren, Schleppern, Agents provocateurs usw.«. Sie würden zudem miteinander arbeiten – gegen Deutschland. Der Hauptmann ist alarmiert: »Wir haben es also, ich wiederhole es, mit einer gewaltigen, unheimlichen Macht zu tun.« Diese müsste man jetzt vor allem im Inland bekämpfen. Frauen bezieht der Hauptmann explizit in seine Warnungen mit ein, betont sogar: »Agentinnen haben mancherlei andere Wege, um Nachrichten zu erlangen.« Auf dieses »traurige Kapitel« brauche er wohl kaum näher einzugehen, schreibt er: »Erwähnt sei nur, daß sie leider viel Erfolg haben.«[17]

Wie viel zu der Zeit spioniert wird, zeigt eine Liste aus dem Jahr 1917. In nur einem halben Jahr, von August bis

Dezember, werden 126 Personen von deutschen Gerichten rechtskräftig verurteilt wegen »Landes- und Kriegsverrates sowie wegen Verbrechen oder Vergehen gegen das Spionagegesetz«, zehn von ihnen gar zum Tode.[18] Die Mehrheit der Verurteilten hatte die deutsche Staatsbürgerschaft, arbeitete aber für Russland, England, Frankreich, Belgien oder Italien. Unter ihnen befinden sich 17 Frauen. Und das sind nur diejenigen, die ertappt wurden, mit genügend Beweisen, um verurteilt zu werden.

Dass Frauen eine immer größere Rolle spielen, zeigen auch Akten des Reichsmarineamtes, die im Militärarchiv in Freiburg liegen: »Es sind Fälle bekannt geworden, in denen junge Damen (…) auf den Bahnhöfen und während der Eisenbahnfahrt die durchfahrenden Soldaten über Ziel und Zweck ihrer Reise sowie über sonstige militärische Nachrichten ausfragten und sich Notizen machten.« Es bestehe kein Zweifel, dass es sich um Agentinnen des französischen Nachrichtendienstes handele. »Durch liebenswürdiges Entgegenkommen verstehen sie es, sich die Soldaten sehr bald gefügig zu machen und aus ihnen alles Wissenswerte herauszuholen.«[19] Im selben Jahr meldet ein deutscher Nachrichtenoffizier, der in Belgien stationiert ist: »Am 21. sah ich in La Panne gegen 9 Uhr morgens, wie ein kleines Segelboot ankam, es wurde eine Frau an Land gebracht.«[20] Sie habe zu den Polizisten gesagt, sie käme aus Maastricht und hätte wichtige Informationen. Sie sei dann mit einem Auto nach Furnes gefahren worden. »Ausserdem wurde mir gesagt, dass Belgien Frauen zu[r] Spionage verwendet, die mit gutem Erfolg arbeiten sollen.«

Der Anteil der Frauen, die in den von Deutschland besetzten Gebieten in Belgien und Frankreich gegen das Kaiserreich spionierten, war in der Tat sehr hoch. Der Historiker Emmanuel Debruyne von der Université Catholique de Louvain ist Experte für Besatzungen während des Ersten Weltkriegs. Zuletzt hat er die Archive einer Nachkriegskommission ausgewertet, die sich mit dem Krieg der Geheimdienste in den besetzten Gebieten befasst hat. In den vier Jahren des Ersten Weltkriegs gab es laut seiner Analyse 224 Spionage-Netzwerke in Belgien und Frankreich. Nur 18 von ihnen bestanden ausschließlich aus Männern, 24 dagegen wurden von Frauen geleitet. Von den 6415 Agentinnen und Agenten, die Debruyne aus den Akten identifizieren konnte, waren 1772 Frauen, also fast 30 Prozent. Der Wissenschaftler erklärt sich den hohen Frauenanteil unter anderem so: »Nachrichtendienstliche Tätigkeiten eignen sich vielleicht besser als andere kriegerische, um Frauen die Möglichkeit zu geben, aus den ihnen traditionell vorgeschriebenen Aufgaben auszubrechen.« Zudem habe die Geheimniskrämerei der Spionage-Netzwerke dafür gesorgt, »dass das Gleichgewicht zwischen den Geschlechtern nicht öffentlich gestört wird, aber dennoch überschritten werden konnte«.[21]

Walthère Dewé, der damals eins der größten belgischen Geheimdienstnetzwerke namens »Die Weiße Dame« anführt, schreibt 1919: »Die Frauen haben eine beträchtliche Rolle in unserer Organisation gespielt. Ihre intellektuelle Unterstützung war für uns absolut unerlässlich.«[22] Sie seien an allem beteiligt gewesen, hätten »sowohl die höchsten als auch die elementarsten Funktionen inne« gehabt.[23] Das habe man absichtlich so verankert, indem »wir sie unterschiedslos auf alle Posten setzten … indem wir ihnen die heikelsten und gefährlichsten Aufgaben anvertrauten.«[24]

So ist es kein Wunder, dass die preußische Armee nur wenig später explizit auch vor »Spioninnen« warnt: »Soldaten! Laßt Euch nicht ausfragen! Seid vorsichtig bei Euren Unterhaltungen!«[25] Auf den Bahnhöfen, in Zügen und in Lokalen würden sich die Spioninnen herumtreiben, heißt es. »Sie knüpfen mit Euch, besonders mit Verwundeten Unterhaltungen an, bewirten Euch und suchen Truppenstellungen, Truppenverschiebungen, Neuformationen und militärische Einrichtungen und Maßnahmen zu erfahren.«[26] Wenn man Verdächtige beobachte, soll man sie von Wachen festnehmen lassen und darauf achten, dass sie nichts wegwerfen oder zerreißen können.

Um mehr über ihre Gegner zu erfahren, gründen die Deutschen im Mai 1915 zudem eine Nachrichtenstelle in Dresden. Deren Aufgabe ist es, »die zu jener Zeit einsetzenden Rückwanderungen deutscher Personen aus Russland für den Nachrichtendienst nutzbar zu machen«.[27] Offenbar mit Erfolg: »Täglich konnten absolut zuverlässige Augenzeugen über Russland und seine internen Verhältnisse befragt werden«[28], heißt es in einem Bericht aus der Zeit. Bis ins 21. Jahrhundert wird diese Methode in ähnlicher Form von Nachrichtendiensten genutzt, deutsche Behörden fragen etwa Flüchtlinge über ihre Herkunftsländer aus, teilweise ohne sich dabei korrekt zu identifizieren.

Auch die Deutschen setzen seit dem Kaiserreich vermehrt Frauen ein. In dem Buch *Geheime Mächte* von

1923 heißt es, dass der deutsche militärische Nachrichtendienst beim Großen Generalstab durch »Deutsche beiderlei Geschlechtes«[29] überlaufen worden sei. Nie zuvor hätten sich so viele Frauen und Männer für die Arbeit im Geheimen gemeldet. Das Buch hat einer verfasst, der sich auskennt: Walter Nicolai, der von 1913 bis 1918 Chef der Abteilung III b beim Nachrichtendienst war. Während des Ersten Weltkriegs sei die Türkei »der einzige Kampfplatz« gewesen, in dem »die Frau keine Rolle spielte«, schreibt er.[30]

Auch der sogenannte »Gempp-Bericht« befasst sich mit Spioninnen. Generalmajor Friedrich Gempp war in leitender Funktion in der Abteilung III b und später Leiter der Abteilung Abwehr in der Reichswehr. Sein Blick auf Frauen ist nicht gerade wertschätzend: Für das Jahr 1907 hält er mit Verweis auf einen Nachrichtenoffizier fest, dass Frauen nicht selbständig spionieren sollten, da sie nicht genügend militärisches Verständnis hätten. Lediglich Material heranschaffen könnten sie, ebenso wie Agenten vermitteln. Der Mann plane, »Frauen von russischen Grenz-Beamten und -Offizieren, die ihre Einkäufe auf deutschem Gebiet machen,«[31] für sich zu nutzen. Diese wüssten, wie sie etwas über die Grenze bekommen. Ausfindig machen will er sie mithilfe von Gastwirten und Gendarmen. Es werde aber nicht überlegt, »käufliche Weiblichkeiten«[32] gegen die Russen zu nutzen. Zudem seien Frauen im preußischen Grenzgebiet nur für kleinere Aufgaben einsetzbar, wenn sie denn zuverlässig schweigen könnten. In den Berichten für die Jahre 1910 und 1911 schreibt Gempp zur Arbeit der Abwehr in Straßburg, dass nur Frauen, die schon Beziehungen zu höheren Militärs hätten »und selbst intelligent sind oder der Halbwelt angehören«[33] einen Wert hätten als Agentinnen vor Ort.

An anderen Stellen lobt er den Einsatz von Frauen im Ausland jedoch sehr. Die Agentin »Süd 205« etwa, die sich in einer »schwierigen Situation dem Leiter der französischen Nachrichtenstelle Annemasse dienstbar«[34] macht, deckt eine militärische Desinformationskampagne der Franzosen auf. Sie überbringt von ihnen fingierte Briefe an internierte Offiziere – berichtet den Deutschen aber davon. Damit wussten diese, welche Falschmeldungen über einen Truppenabzug die Franzosen »in geschickter Weise«[35] verbreiten wollten. Eine andere, »noch unerprobte« Agentin, die in den Akten A.F. 92 heißt, unterhält »Beziehungen« zum Sekretär der russischen Botschaft in Rotterdam und macht 1916 »nützliche Angaben über die russischen Truppen in Frankreich und die Vorbereitungen für die Frühjahrsoffensive«.[36] Und die Agentin A.F. 3 beschafft 1915 über einen von ihr »angeworbenen belgischen Dolmetscher«[37] ein Telegramm über einen geplanten Durchbruchsversuch der Engländer.

Frauen werden auch als Doppelagentinnen eingesetzt. Zu ihnen gehört »Nord 16«, genannt Nordwind, die Gempp offenbar beeindruckt hat. Die junge Österreicherin studiert Naturwissenschaften und wird nach vier Erkundungsreisen für die Deutschen 1914 zur Gegenspionage nach Bordeaux geschickt. Ihr gelingt es, sich »an das 2. Büro des französischen Generalstabes heranzumachen«[38] und von den Franzosen einen Auftrag zu erhalten. Sie soll in Berlin herausfinden, ob und wie viele deutsche

Truppentransporte von Westen nach Osten durchkommen und wohin sie ziehen. Die Deutschen notieren: »Hervorragende Kraft des Nachrichtendienstes zur Zeit.«[39] Die Franzosen hätten viel Vertrauen zu ihr. Sie arbeite, ohne sich um Gefahren zu scheren und sei unbedingt zuverlässig. Außerdem stamme sie aus einer guten Familie und arbeite nicht für Geld, spende sogar das, was sie nicht zum Leben brauche, ans Deutsche Rote Kreuz. »Von dieser sehr intelligenten Agentin sind weiterhin die wertvollsten Nachrichten bestimmt zu erwarten.«[40] Damit das klappe und die Franzosen weiter Vertrauen zu ihr behielten, müsse Nordwind aber auch echte Infos an sie weitergeben können. Und so muss der »mobile Nachrichtendienst III b« entscheiden, welche korrekten Angaben sie machen darf, etwa »solche, die nicht zu verbergen sind und deshalb den Franzosen und Russen doch nicht verborgen bleiben«.[41] Die Franzosen kommen Nordwind allerdings auf die Schliche, am 25. Oktober 1914 wird sie an der Grenze verhaftet. »Sie machte einen Selbstmordversuch, verletzte sich aber nur leicht an der Pulsader«[42], schreibt Gempp. Ein halbes Jahr später wird sie verurteilt. Was genau mit ihr passiert, weiß selbst Gempp nicht: »Da ein Todesurteil entgegen der sonstigen Gepflogenheiten in der französischen Presse nicht veröffentlicht wurde«[43], sei möglich, dass sie noch am Leben sei.

Die Rolle, die Frauen gesellschaftlich zugedacht ist, hindert sie offenkundig daran, gleichberechtigt als Agentinnen zu arbeiten. Zumindest zeigt ein Brief aus dem Juli 1917, dass mit so mancher nicht gerade fair umgegangen wird. Irma Frobenius hat ihn an den Staatssekretär des

Reichsmarineamts geschrieben. Die Frau arbeitete demnach 12 Jahre im »deutschen und österreichischen Nachrichtendienst«[44] – zuletzt in der Nachrichtenstelle im rumänischen Bukarest. Nun habe sie einen neuen Chef bekommen, der ihr gekündigt habe, weil sie in »der letzten Zeit nicht mehr genug geleistet«[45] habe. Die Agentin hat jedoch einen anderen Grund identifiziert, beteuert, dass ein Vorgesetzter ihre Arbeit als die seine ausgegeben habe. Frobenius will zu der Sache angehört werden und schreibt: »Es ist doch ein tief schmerzliches Empfinden, wenn man unter den schwierigsten Verhältnissen seine Pflicht dem Vaterlande gegenüber in aufopferndster Weise erfüllt und dann, statt Dank und Anerkennung eine so schmachvolle Behandlung erdulden muss, ohne sich dagegen schützen zu können.«[46]

Tatsächlich ist es mit der Gleichberechtigung noch weit hin. Seit der Revolution von 1848/1849 hatten sich Frauen zwar in Vereinen organisiert, um für ihre Rechte zu kämpfen, sie nahmen zudem aktiv an Aufständen teil und veröffentlichten Schriftstücke. Doch der Gegenwind kam schnell: Schon kurz darauf wurde Frauen fast überall verboten, sich politisch in Vereinen zu engagieren. Trotz der Unterdrückung wuchs die Bewegung – und wurde lauter. Die Frauen machten aus der Not eine Tugend, gründeten neue Vereine, die offiziell vor allem in der Bildungs- und Sozialarbeit tätig waren, mit denen sie aber weiter gesellschaftspolitische und emanzipative Ziele verfolgten. Im Oktober 1865 wurde dann der »Allgemeine Deutsche Frauenverein« in Leipzig gegründet.

Im Kaiserreich nimmt die Bewegung an Fahrt auf. 1876 veröffentlicht die Schriftstellerin und Feministin Hedwig Dohm das Buch *Der Frauen Natur und Recht*, in dem sie das Wahlrecht für ihr Geschlecht fordert. Sie fragt: »Warum ist die Frau gleichgestellt Idioten und Verbrechern? Nein, nicht den Verbrechern. Der Verbrecher wird nur zeitweise seiner politischen Rechte beraubt, nur die Frau und der Idiot gehören in dieselbe politische Kategorie«. Es wird noch 43 Jahre dauern, bis Frauen das erste Mal national wählen dürfen – obwohl sich auch ein paar Männer öffentlich auf ihre Seite schlagen. August Bebel, einer der Begründer der deutschen Sozialdemokratie, schreibt 1879 das Buch *Die Frau und der Sozialismus*. Es wird ein Bestseller, Bebel gilt vielen seither als der »erste Feminist«.

Vierzehn Jahre später wird das erste Mädchengymnasium in Karlsruhe eröffnet, 1894 gründet sich der »Bund Deutscher Frauenvereine«, ein Dachverband, der bis 1913 von 35 auf 2200 Mitgliedsvereine anwächst. 1900 erlaubt das Großherzogtum Baden die Immatrikulation von Frauen an Universitäten – in den folgenden Jahren ziehen die anderen Länder nach. 1908 wird mit der Verabschiedung der Preußischen Mädchenschulreform eine zentrale Forderung der Frauenbewegung erfüllt. Doch die Erfolge sorgen wieder für Gegenwehr. 1900 tritt der sogenannte Gehorsamsparagraf in Kraft, in § 1354 des Bürgerlichen Gesetzbuches heißt es nun: »Dem Manne steht die Entscheidung in allen das gemeinschaftliche eheliche Leben betreffenden Angelegenheiten zu; er bestimmt insbesondere Wohnort und Wohnung.« Frauen sind nur dann nicht verpflichtet, den Entscheidungen ihrer Männer zu folgen, wenn diese ihr Recht missbrauchen.

1902 schreibt die Frauenrechtlerin Dohm das Buch *Die Antifeministen.* Sie reagiert damit unter anderem auf den Essay »Über den physiologischen Schwachsinn des Weibes«, den der Neurologe Paul Julius Möbius 1900 veröffentlicht hatte. Dohm gibt sich einerseits versöhnlich: »Die von mir gewählten Vertreter des Antifeminismus kenne ich ja gar nicht. Es mögen charakter- und gemütvolle Persönlichkeiten, meinetwegen Menschen zum Verlieben sein, auch in ihren Schriften mag neben dem, was mich entrüstet, Gutes und Schönes stehen, das geht mich gar nichts an.« Sie wende sich nicht gegen Personen, dafür aber gegen ihre Ideen. »Meine Feder ist nur mein Schild zur Abwehr der tödlichen Streiche, die man gegen mich als Weib führt.« Es ist eine Kampfschrift. Die lesbische Aktivistin Johanna Elberskirchen reagiert 1903 ähnlich mit ihrem Buch *Feminismus und Wissenschaft* und schreibt: »Nein, Herr Möbius, das Weib ist nicht schwach, nicht inferior, nicht ›physiologisch schwachsinnig‹, aber das Weib ist krank – es leidet zu sehr unter der Herrschaft des männlichen Sexus«. Es gibt natürlich Frauen, die das anders sehen und damit großen Erfolg haben. So eifert die Autorin Kathinka von Rosen 1904 Möbius nach und veröffentlicht das Buch *Über den moralischen Schwachsinn des Weibes.* Es wird ein Bestseller. 1912 gründen die Antifeministen sogar den reaktionären »Deutschen Bund zur Bekämpfung der Frauenemanzipation«, in dem ein Viertel der Mitglieder weiblich sind.[47] Ihr erklärtes Ziel: Sie wollen das Frauenwahlrecht verhindern.

Elisabeth Schragmüller, genannt Elsbeth, wollte die Ungleichbehandlung der Zeit nicht auf sich sitzen lassen. Sie wird eine der wichtigsten Frauen der Deutschen im Spionagekampf gegen die Franzosen – und ist offenkundig Feministin. Geboren am 7. August 1887 in Schlüsselburg in Nordrhein-Westfalen merkt sie schon in der Schule, dass Frauen anders behandelt werden. Ihr habe das »schöngeistige Wissen«[48], was ihr auf dem Mädcheninternat in Thüringen vermittelt wird, nicht gereicht, schreibt sie in dem 1929 veröffentlichten Sammelband *Was wir vom Weltkrieg nicht wissen.* »Das, was der weiblichen Jugend damals an Wissenswertem geboten wurde, erschien mir oberflächlich«[49]. Gegen den ursprünglichen Willen der Familie habe sie sich »ertrotzt«, dass sie das humanistische Abitur machen darf.

Schragmüller stammt väterlicherseits aus einer alten Ritterguts- und Offiziersfamilie, mütterlicherseits aus einem hannoveranischen Adelsgeschlecht. Ihre Großmutter nimmt sie mit auf Reisen, sodass sie früh mit anderen Kulturen in Berührung kommt. »Statt wie meine Altersgenossinnen Bälle und gesellschaftliche Veranstaltungen zu besuchen«[50], habe sie die Zähne aufeinandergebissen und Griechisch und Latein fürs Abitur gelernt, schreibt sie weiter. Ab 1908 studiert Schragmüller Staatswissenschaften in Lausanne, Berlin und Freiburg im Breisgau, wo sie 1913 den Doktor macht. Sie gehört damit zu den ersten Frauen mit einem akademischen Titel.

Als der Erste Weltkrieg ausbricht, lehrt Schragmüller Staatsbürgerkunde in Berlin. »Wie in den Tagen des Kriegsausbruchs jeder Deutsche, ohne Unterschied des

Geschlechts nur von dem einen Willen beseelt war, sich in den Dienst des bedrohten Vaterlandes zu stellen, so hatte auch ich nur ein Streben, nur einen Gedanken: ›helfen‹!«[51] Mit unzähligen anderen Berlinerinnen schleppt sie schwere Wassereimer zu den Zügen für die Soldaten. Aber es reicht ihr nicht, sie will aktiv am Krieg teilnehmen. Sie hadert mit ihrem »Schicksal«, als Frau geboren worden zu sein – und war mit sich selbst »erzürnt«, dass sie Staatswissenschaften und nicht Medizin studiert hat. Damit hätte sie leichter an die Front gekonnt.

Hartnäckig wie sie ist, bittet Schragmüller das Oberkommando um eine Genehmigung, dennoch an die Front reisen zu dürfen. Laut ihrer Erinnerung erhält sie diese am 20. August 1914: Sie dürfe sich »frei und ungehindert auf beide Kriegsschauplätze«[52] begeben. Da sie Englisch und Französisch spricht, zieht es sie nach Brüssel. Dort mietet sie sich in das Hotel ein, in dem der Generalgouverneur Generalfeldmarschall Colmar von der Goltz mit seinem Stab residiert. »Rasch entschlossen, äußerlich sicher, doch innerlich pochenden Herzens«[53] habe sie von der Goltz angesprochen und ihm gesagt, dass sie für ihn arbeiten möchte.

Mit Erfolg. Sie darf unter anderem bei der »Kriegsnachrichtenstelle Brüssel« die beschlagnahmte Feldpost auswerten. Diese kommt von Soldaten, die gegen das Kaiserreich kämpfen und an ihre Familien in der Heimat schreiben. Schragmüller sichtet Tausende Briefe und sucht Informationen von militärischem Wert, die sie in der »Form knapper, sachlich geordneter Berichte zusammenstellt«[54]. Der Leiter der Kriegsnachrichtenstelle bestellt sie eines Tages ein und berichtet ihr, dass ein hochrangiger Militär mehr über »Leutnant Schragmüller« wissen wollte. »Seine Berichte wären außerordentlich fachgemäß abgefaßt und bewiesen entschieden strategisches Verständnis«[55], habe er gesagt. Als er erfuhr, dass es sich um eine Frau handelt, habe er ein »recht verblüfftes Gesicht gemacht«, dann gefordert, sich diese »warmzuhalten«.[56] Schragmüller wechselt danach in das »weite interessante Feld der Spionage«, wie sie es nennt. Bis Anfang 1915 dauert ihre Einarbeitung, auf Besuchen an der Front und auf Dienstreisen in die besetzten Gebiete lernt sie das Handwerk von Kollegen. Dann wird sie vom Chef des militärischen Nachrichtendienstes mit der Leitung der Frankreich-Sektion der Kriegsnachrichtenstelle Antwerpen beauftragt.

Diese Stelle ist besonders erfolgreich. Hier arbeiten im März 1915 allein 11 Agentinnen und 42 Agenten, die gegen Frankreich und England spionieren. Darunter sind neben 24 Belgiern vor allem Deutsche, Franzosen, Holländer, ein paar Engländer, aber auch ein Amerikaner, ein Deutsch-Amerikaner, ein Grieche, ein Spanier, ein Luxemburger, ein Schweizer und sogar ein Argentinier, ein Brasilianer, ein Perser und ein Staatenloser. Die Mischung macht Eindruck: Die »Mannigfaltigkeit« an Nationalitäten zeuge davon, dass dort geschickt angeworben werde. Und: »Die Agenten stammen aus allen Gesellschaftsklassen«[57], heißt es im Gempp-Bericht. »Es gehörten zu ihnen u.a. der dritte Sekretär der persischen Botschaft in London und ein früherer Amerikanischer Vizekonsul in Lille.« Die »längere Zeit erfolgreiche Verwendung mehrerer Frauen in England« sei zudem auffällig, ebenso die Einstellung eines Doppelagenten. Auch würden Agenten und Agentinnen sorgfältig nach der Zuverlässigkeit ihrer Meldungen einsortiert.

Schragmüller fühlt sich dort offenkundig wohl. »Ein Täuschungsmanöver des englischen Nachrichtendienstes, das einer gewissen Komik nicht entbehrte, machte uns eine Zeit lang viel Vergnügen«[58], schreibt sie später. Man habe sicher gewusst, dass ein deutscher Agent in England erschossen worden war. Nach einiger Zeit habe der »tote Agent« allerdings um Übermittlung von Geld gebeten, er sitze »ganz und gar auf dem Trockenen«.[59] Nach einer Woche, in der die Deutschen nicht reagierten, habe er ihnen bittere Vorwürfe gemacht und gleichzeitig eine Meldung geschickt, die nichts Neues bot. »Die Schrift unseres Mannes war zwar recht gut nachgeahmt, aber wir schöpften natürlich doch gleich Verdacht, dass der englische Nachrichtendienst nun so freundlich sein wolle, uns mit eigenen Meldungen für den Verlust jenes armen Teufels, den sein Schicksal erreicht hatte, zu entschädigen.«[60] Zum Schein seien sie auf seinen Wunsch eingegangen, hätten ihm etwas Geld zukommen lassen. Sie hätten ihn dann angefeuert, mehr Informationen weiterzuleiten »und bekamen stets prompt Antworten, die ein recht gutes Bild über das boten, was die Engländer uns aufbinden wollten.«[61]

Schragmüller baut auch eine erfolgreiche »Deserteuragenten-Organisation«[62] auf. Sie startet ihr Netzwerk mit zwei französischen Deserteuren, stattet sie mit neuen militärischen Ausweispapieren aus. Die beiden Ex-Soldaten reisen damit zurück nach Frankreich und geben sich als

Fronturlauber aus. In ihren Uniformen fragen sie andere Soldaten an Bahnhöfen über den Standort von Einheiten und andere militärische Informationen aus, so viel wie »ihr Gedächtnis klar zu behalten imstande war«[63], schreibt Schragmüller später. Die Methode ist erfolgreich, die Agentin rekrutiert weitere Deserteure. Für Schragmüller waren sie offenkundig einfach zu handhaben. Sie mussten nicht militärisch geschult werden und »auch die oft sehr langwierigen Instruktionen über Anwendung von Geheimtinten, Gebrauch von Codes u.s.w. fielen bei diesen und allen weiteren Deserteuragenten fort, denn für sie kam nur die mündliche Berichterstattung in Frage«[64], schreibt sie. Der Erfolg gibt Schragmüller Recht: Das Netzwerk wuchs »binnen kurzem zu Ausmassen, die alle meine Erwartungen weit übertraf«[65].

Der Erfolg verschafft ihr allerdings auch Feinde, sogar in den Reihen der eigenen Kollegen. Schon während des Kriegs kursierten zahlreiche Mythen über Schragmüller, die meist nur »Mademoiselle Docteur« genannt wird. Nachdem einige Medien dann noch behaupten, sie sei kokain- und morphiumabhängig, lebe in einer »Irrenanstalt« und habe Agenten mit einer Waffe gedroht, kommt sie 1929 in dem Buch *Was wir vom Weltkrieg nicht wissen* aus der Deckung, enthüllt ihre Identität. Es gebe beim »breiten Publikum« immer noch die »abenteuerlichsten Vorstellungen«, daher wundere es sie nicht, wenn solche »Sensationsberichte« wie über ihre Person gedruckt würden.[66] Diese würden ein schlechtes Licht auf den Nachrichtendienst werfen, deswegen wolle sie sich äußern. Nur eines sei wirklich richtig an den Artikeln und Beiträgen über sie, schreibt Schragmüller: »Eine Frau stand während des Krieges im deutschen Nachrichtendienst auf verantwortungsvollem Posten!«[67]

Sie beschäftigt sich zudem mit der Frage, wie es möglich war, dass »eine Frau im deutschen Nachrichtendienst Brauchbares zu leisten imstande war«[68]. Sie kommt zu dem Schluss, dass der Nachrichtendienst »auf psychologischen Kräften aufgebaut« sei, »auf Fähigkeiten, die nicht erlernbar und nicht Eigenschaften eines Berufes sind.«[69] Es brauche Menschenkenntnis und das Wissen, wie man mit Menschen umgeht. »Diesen hier nur kurz umrissenen psychologischen Anforderungen kann die Frau ebensowohl wie der Mann genügen.«[70] Mehr noch: Durch die »im allgemeinen stärker als beim Mann ausgebildeten gefühlsmäßigen Veranlagung«[71] seien Frauen sogar vielleicht diesbezüglich bevorzugt ausgestattet, was die starke Rolle von Frauen im Nachrichtendienst erklären könne.

Der Bericht löst auch Kritik aus, etwa von Generalmajor Gempp. Schragmüller habe »in unerwünschtem Ausmass ihre Erfahrungen an die Öffentlichkeit gebracht«[72]. Allerdings sei »gegen die Sachlichkeit ihrer Ausführungen« wenig einzuwenden. Sie hat laut Gempp nicht nur die Wahrheit geschrieben, sondern ist generell eine »ernst zu nehmende Persönlichkeit«. Außerdem attestiert er ihr in seinem Bericht zu den Erfolgen der Kriegsnachrichtenstelle »zweifellos viel beigetragen« zu haben.

Doch Schragmüller, die im Februar 1940 in München stirbt, ist heute fast vergessen. Und das, obwohl das Leben einer von ihr ausgebildeten Spionin eine Vielzahl von

Büchern füllt: Mata Hari. Also jene Frau, die das oberflächliche Bild von Geheimagentinnen prägt wie keine andere. Und die vermutlich den meisten Menschen beim Thema Spioninnen einfällt, oft als einzige. Dabei ranken sich bis heute viele Legenden und Lügengeschichten um ihre Person. Mata Hari selbst befeuerte sie, indem sie es mit der Wahrheit oft nicht ganz so genau nahm.

Margaretha Geertruida Zelle wird am 7. August 1876 in den Niederlanden geboren. Mit Ende 20 nennt sie sich Mata Hari und tritt als Schleiertänzerin auf, zuerst in Paris, danach folgen Auftritte im Ausland. Mit ihrem Tanz, den sie orientalisch kostümiert beginnt und fast nackt beendet, erregt sie die von ihr gewünschte Aufmerksamkeit und befriedigt vor allem die kolonialen Fantasien weißer Männer. Einige ihrer Zuschauer, Gönner und Liebhaber gehören der Oberschicht der französischen Hauptstadt an, was ihr ein luxuriöses Leben ermöglicht. In Berlin tanzt sie sogar vor Kaiser Wilhelm II.

Der Kriegsbeginn lässt ihre knapp zehnjährige Karriere ins Stocken geraten, jüngere Nachahmerinnen haben ihr schon zuvor Aufträge und Männer weggenommen. Zelle braucht Geld. 1915 wird sie Agentin für die Deutschen und erhält den Decknamen »H 21«. Im Kölner Domhotel trifft sie den Chef des militärischen Nachrichtendienstes, Walter Nicolai. So steht es nach dem Krieg in einem Bericht eines Majors, der sie in Frankfurt am Main »politisch und militärpolitisch«[73] ausbildet. Elsbeth Schragmüller, die erfolgreiche Nachrichtendienstlerin, ist dafür zuständig, Zelle »Beobachten und Melden« beizubringen und

»Instruktionen über ihr Verhalten« zu geben.[74] Sie lernt auch den Umgang mit »chemischen Tinten«.

Bis heute ist strittig, ob Zelle im Laufe ihrer Tätigkeit wichtige Informationen für die Deutschen lieferte. Der Major, der sie mit ausbildete, hält fest: »Was nun die Leistungen von H 21 anlangt, so gehen die Ansichten hierüber sehr auseinander.«[75] Offenbar auch bei ihm selbst. Er persönlich glaube, »dass sie bestimmt sehr gut beobachtet und gemeldet hat; denn sie war eine der klügsten Frauen, die ich je kennengelernt habe.«[76] Andererseits stellt er fest, dass die Geheimtinten-Briefe, die er von ihr bekommen habe, nur wenig wertvolle Informationen enthielten. Nicolai findet dagegen, sie sei ein »bedauernswerter, gerissener Mensch, ungebildet und dumm«.[77]

1916 wird Zelle wegen Spionageverdacht von den Franzosen verhaftet. Sie kann sich rausreden und willigt ein, für sie gegen Deutschland zu spionieren. Nur wenig später, im Februar 1917, verhaften die Franzosen sie erneut. Sie haben herausgefunden, dass Zelle weiterhin für die Deutschen arbeitet. Sie wird wegen Doppelspionage und Hochverrats zum Tode verurteilt und am 15. Oktober hingerichtet. Der deutsche Major, der sie ausbildete, hielt später schlicht fest: »Spionage zugunsten Deutschlands hat sie bestimmt getrieben und ich bin der Meinung, dass sie von den Franzosen – leider – zu Recht erschossen wurde«[78].

Während des Kaiserreichs werden auch die Spionagemethoden immer ausgefeilter. So gründen die Deutschen erstmals eine »Zeitungstelle«, die öffentlich zugängliche Quellen auswertet – wie es Nachrichtendienste bis heute tun. Für die Heeresleitung werden täglich die Informationen über die »militärischen, politischen und wirtschaftlichen Inhalte der Auslandspresse«[79] zusammengestellt. Von besonderer Bedeutung sind demnach operative Nachrichten über den Feind und dessen Verluste, Berichte über Gefechte und Schlachten, Aufsätze über die politische und wirtschaftliche Lage des feindlichen und neutralen Auslandes. Die Liste der beobachteten Länder und Medien ist lang. Auf ihr stehen etwa die amerikanische *New York Times*, die englische *Daily Mail* und der französische *Figaro*, zudem Zeitungen aus Russland, Dänemark und der Türkei.

Spannender ist aber, was im Verborgenen geschieht. Im Mai 1917 beispielsweise landet ein Brief in der Postüberwachungsstelle Frankfurt am Main, der nach Frankreich gehen soll, also ins Feindesland. In ihm findet sich ein unscheinbares Kommunionfoto eines kleinen Mädchens. Doch die Kontrolleure machen ihre Arbeit gründlich: »Als das Lichtbild von der Papierunterlage, auf die es aufgeklebt war, losgelöst wurde, stellte sich heraus, daß die Papierunterlage auf der Innenseite einen Teil des Lageplans der Firma Thyssen zeigte«.[80] Thyssen ist damals neben Krupp führend in der Eisen- und Stahlproduktion und produziert seit 1914 Rüstungsgüter wie Geschosshüllen, setzt dabei Frauen und Kriegsgefangene ein. Der Lageplan zeigt nicht irgendeinen Teil des großen Werkes, sondern den wichtigsten, heißt es in einem Gerichtsdokument: Würden die dortigen Anlagen zerstört werden, könnten mehrere Tage keine Wagen fahren, die Auslieferung wäre unterbrochen.

Die Postüberwachungsstellen, in denen auch damals schon Frauen arbeiten, haben keinen leichten Job. Auf Postkarten werden geheime Botschaften etwa gern zwischen den Bildern auf der Vorderseite oder zwischen der normalen Schrift auf der Rückseite versteckt. Briefmarken werden beidseitig analysiert, ebenso wie verschlossene Briefe. Dafür wird das Papier mit einer Flüssigkeit getränkt, die die geheime Tinte zum Vorschein bringt. Am 3. August 1917 warnt die Armee allerdings, dass die feindlichen Dienste etwas Neues entwickelt haben – was die »Postüberwachung und damit die Spionageabwehr (...) auf das Empfindlichste berührt«.[81] Gemeint ist, dass die Briefe nach dem Trocknen der unsichtbaren Tinte mit einer Masse überzogen werden, was das einfache und schnelle Testverfahren der Deutschen torpediert. Stattdessen müsse nun jedes Papier einzeln an einer Stelle »mit einem scharfen Messer radiert«[82] werden, bevor eine Jodlösung aufgetragen werden könne, so der Rat. »Wenn hierbei die radierte Stelle eine hellere Tönung erhält als die Umgebung, so ist auf eine Nachbehandlung des Papiers zu schliessen.«[83]

Wie aufwendig das Verfahren ist, zeigt eine vierseitige »Anweisung zur optisch-chemischen Postprüfung«[84] von 1917 aus dem Militärarchiv in Freiburg. Sie war damals als »streng geheim!« und »Nur für den Dienstgebrauch« eingestuft. Demnach muss in vier Schritten geprüft werden, erst optisch, dann mit Jodgas, dann mit der Gaede-Hess'schen Flüssigkeit und am Ende mit Bleichung. Neben logischen wie überflüssigen Sätzen wie »Flüchtiges Prüfen ist zwecklos, weil dabei viel übersehen wird« enthält sie auch den praktischen wie konkreten Tipp »die Wotan-Verico-Lampe der Siemens-Schuckert-Werke« zu verwenden.[85] Eine Zeichnung erklärt den Unterschied zwischen der An-, Drauf-, Drüber- und Durchsicht.

Es gibt noch andere Methoden als geheime Tinte. Mit Hilfe einer Lupe werden etwa winzige Nachrichten auf Klopapier, Zeitungen, Pässen, Büchern, Papiergeld oder Zündholzschachteln geschrieben. Sehr häufig wird die Schrift durch Aufkleben von Rote-Kreuz-Marken, Briefmarken, Gasthaus- oder Bahnzetteln auf Koffern verdeckt. Auch die Verstecke werden ausgefeilter, kleine Nachrichten in Tafeln Schokolade, Füllfederhaltern, Bucheinbänden oder Mützen gefunden. Andere werden in Kleidung eingenäht oder in die Absätze von Stiefeln eingebaut. Frauen verstecken sie zudem in Haar- und Kleiderbürsten, im Haar selbst oder in Damenbinden. Vor Durchsuchungen würden entsprechende Schriftstücke gerne mal »in den Ohren, unter der Zunge, an einer Gaumenplatte, im After verborgen«[86], schreibt ein Spionageabwehr-Experte der Berliner Polizei. Auf diesem Gebiet erlebe man immer wieder neue Überraschungen. Die Engländer hätten zuletzt sogar eine Tabakpfeife patentieren lassen, in der man Papier sicher transportieren könne, selbst wenn sie brenne.

Laut Gempp sind die Belgier besonders gut organisiert. Wenn ihre Agentinnen und Agenten Eisenbahnknotenpunkte ausspioniert haben, über die Truppen reisen, notieren sie diese versteckt auf Bankabrechnungen oder Lohnlisten. Auf Paketpapier arbeiten sie mit geheimer Tinte, ebenso wie bei Geschäftspapieren »von sonst harmlosem Inhalt«[87]. Selbst in Bleistiften, hohlen Schlüsseln, Streichholzdosen, kleinen Röllchen oder »Gummikapseln, die bei Gefahr im Mund verborgen werden konnten«[88] verstecken sich Botschaften. Ebenso wie in Broten oder sonstigen Nahrungsmitteln. Und das sind nur die Nachrichten, die die Deutschen finden.

Auch die Verschlüsselung wird zu Zeiten des Kaiserreichs immer elaborierter. Im Mai 1917 schickt der Chef des Stellvertretenden Generalstabes der Armee ein Warnschreiben an den Nachrichtendienst, dass man eine neue Methodik der Franzosen aufgedeckt habe. Es geht um eine Geheimschrift, die mithilfe des Taschenwörterbuchs von Dr. F. E. Feller ver- und entschlüsselt werden kann. Mit der Seiten- und der Reihenzahl, in denen ein Wort steht, könnte man Worte zu Zahlen machen und umgekehrt, wobei die ersten drei Ziffern für die Seite und die hinteren beiden für die Reihe stünden. Aus »Heute Infanterie Regiment drei und siebzig nach dem Osten verladen«[89] wird so 16478 17387 26692 07603 36564 31155 2 3215 07251 24701 38923.

Die Zahlen werden entweder paarweise aufgeschrieben, um nicht so auffällig zu sein, also 16 47 81 73 87 26 69 20 76 03 36 56 43 11 55 23 21 50 72 51 24 70 13 89 23. Oder sie werden in Worte verwandelt, in dem der Briefeschreiber von den jeweiligen Seiten des Wörterbuchs, also 16, 47, 81…, Begriffe wählt, die er immer an den Zeilenanfang stellt und daraus einen Text macht. Der Empfänger oder die Empfängerin muss die Worte vom Beginn der Zeile im Wörterbuch suchen und die Seitenzahlen aneinanderreihen, dann hat er den Code, den er in einem weiteren

Schritt entschlüsseln kann. »Es liegt auf der Hand, dass es bei geschickter Abfassung des Briefes fast unmöglich sein wird, in ihm eine Geheimschrift zu erkennen, namentlich weil das System in mannigfacher Weise anwendbar ist«[90], geben die Deutschen zu. Sie empfehlen deswegen, »mehr noch als bisher«[91] zu prüfen, ob Briefe von vertrauenswürdigen Personen kämen oder an sie gingen, sonst sollten sie einfach nicht befördert werden.

Auch Frauen bedienten sich der Verschlüsselung. Schon im April 1917 warnt der Chef des stellvertretenden Generalstabes der Armee, »alle Sendungen noch so harmlosen Inhalts mit Mißtrauen«[92] zu prüfen. »Familienbriefe, in denen viele Verwandte erwähnt werden«[93], könnten verdächtig sein. Der Anlass: Eine Frau namens Anna hatte einen Brief an ihre Schwester verschickt, so schien es zumindest. Es geht darin um ein Teetrinken und viele Verwandte, darunter die »Großmama«, »Tante Marie« und »Tante Leonie«. Die Deutschen sind sicher, dass das Wort »Tee« für Mühlhausen steht und die Verwandten für »Armeekorps«, »Infanterie«, »Artillerie« und andere Militärbegriffe. Aus: »Die Großmama befindet sich ganz leidlich. Der Tante Marie habe ich hiervon Mitteilung gemacht; sie war sehr besorgt um sie« werde so: »Das Infanterie-Regiment Nr. 9 sowie 4 Schwadronen Kavallerie sind angekommen.«[94]

Von all den neuen Spionagemethoden offenkundig unter Druck gesetzt, sehen die Deutschen überall Gefahren. So gehen Warnungen an die Grenzpolizei und die Zentralpolizeistellen, dass Angehörige des französischen Nachrichtendienstes Brandanschläge auf Lebensmittel-

und Futtervorräte planen oder »Brunnen und Tränkstellen für das Vieh«[95] vergiften wollen. Am 12. April 1917 erreicht die deutschen Behörden zudem die Nachricht einer »anscheinend gut unterrichteten ausländischen Quelle«, wonach die englische Regierung plant, Agenten nach Deutschland zu senden, »um hier politische Unzufriedenheit zu erwecken und sie bis zur Revolution zu schüren«.[96] Die Engländer gingen dabei »von der Annahme aus, dass die Wahlrechtspropaganda und die Lebensmittelknappheit gerade im gegenwärtigen Augenblick einen guten Boden für eine solche Agitation abgeben«[97].

Eine andere Gefahr sieht man in Gasthöfen, wo »in erheblichem Umfange Ausländer und Ausländerinnen als Direktoren, Büroangestellte, Kellner, Pförtner, Zimmermädchen, Hausburschen usw. beschäftigt«[98] sind. Diese könnten Gespräche mithören, Einblick in rumliegende Karten oder Schriftstücke nehmen oder »durch geschicktes Ausfragen Auskunft über Truppenverschiebungen, bevorstehende militärische Unternehmungen, Neuformationen usw.«[99] erhalten. Daher solle innerhalb des Militärs über diese Gefahr aufgeklärt werden und nur Gasthöfe gewählt werden, »in denen sich zuverlässiges Personal befindet«[100]. Besonders in größeren Städten sollen die Zentralpolizeistellen unter den deutschen Angestellten Vertrauensleute gewinnen, um ihre ausländischen Kollegen und die Gäste zu bespitzeln.

In ihrer Paranoia, erst recht seit Kriegsbeginn, fühlen sich die Deutschen von Feinden umzingelt – und machen einen folgenschweren Fehler, der den Widerstand gegen sie nur vergrößern wird: Am 12. Oktober 1915 richten sie Edith Cavell hin. Damit machen sie Cavell zu einer Berühmtheit der Zeit. Nach dem Krieg wird ihre Leiche exhumiert und nach England überführt, 1922 besuchen der britische König George V und Königin Mary den Ort ihrer Exekution in Brüssel. In London und ihrem Geburtsort Norwich entstehen Denkmäler, ebenso in Belgien. Straßen werden nach ihr benannt, es gibt sogar eine Oper mit ihrem Namen, die 1927 uraufgeführt wird.

Dabei war die Frau nicht mal eine klassische Agentin, auch wenn die Deutschen sie so behandeln. Cavell, die am 4. Dezember 1865 geboren wird, arbeitet als Krankenschwester in Belgien, führt dort ein Lehrkrankenhaus. Die Deutschen hatten Belgien ein Jahr zuvor aufgefordert, deutsche Truppen durch das Land Richtung Frankreich ziehen zu lassen, um einem »feindlichen Angriff« der Franzosen zuvorzukommen. Das neutrale Belgien hatte die Forderungen der Deutschen entrüstet zurückgewiesen, woraufhin die kaiserlichen Truppen am 4. August einmarschiert waren. Sie massakrierten rund 6000 belgische Zivilisten und zerstörten eine fünfstellige Zahl an Gebäuden in Hunderten Gemeinden. 1,5 Millionen Belgierinnen und Belgier fliehen aus ihrer Heimat, überwiegend nach Holland und Frankreich. Die Deutschen schufen das »Kaiserliche Deutsche Generalgouvernement Belgien«. Dort leitet Cavell das Lehrkrankenhaus – und gehört zeitgleich einem Untergrundnetzwerk an. Sie versorgt belgische, französische und englische Soldaten medizinisch, versteckt sie und hilft ihnen in das neutrale Holland zu fliehen.

Im August 1915 wird sie verhaftet. Cavell steht zu dem, was sie getan hat: Laut Urteil gibt sie zu, dass sie englische und französische Soldaten sowie Belgier und Franzosen, die zur Front wollten, in ihrer Wohnung aufgenommen und ihnen Geld für die Reise gegeben hat.[101] »Sie räumt weiter ein, in den meisten Fällen die ihr zugeführten Personen in Brüssel an bestimmt ausgemachte Plätze geführt und dort den bereits wartenden ihr bekannten Führern übergeben zu haben.«[102] Sie gibt auch zu, von mehreren der nach Holland Entflohenen über ihre Ankunft benachrichtigt worden zu sein. Die Richter schließen daraus: »Sie muss als eine der Hauptorganisatoren bezeichnet werden.«[103] Das Militärgericht im von den Deutschen besetzten Brüssel verurteilt sie gemeinsam mit anderen in einem »außerordentlichen kriegsrechtlichen Verfahren gegen Ausländer«[104]. Sie wird »des vollendeten Kriegsverrats begangen durch Zuführung von Mannschaften an den Feind«[105] schuldig gesprochen.

Was die Deutschen unterschätzen: Der Fall löst international Schlagzeilen und Proteste aus. Noch vor der Hinrichtung versuchen der amerikanische und der spanische Botschafter, das Todesurteil umzuwandeln oder die Exekution wenigstens aufzuschieben. Am 23. Oktober 1915 meldet der diplomatische Vertreter des Kaiserreichs in den Niederlanden, Richard von Kühlmann, an das Auswärtige Amt in Berlin: »Erschießung von Miss Cavell in Brüssel von ganzer Presse in aufgeregtem Ton besprochen, hat hier sehr ungünstigen Eindruck gemacht und wird von Entente mit aller Kraft zur Hetze gegen Deutschland benutzt.«[106]

Die internationalen Reaktionen prasseln jetzt täglich beim Auswärtigen Amt ein, in Form von Zeitungsartikeln, Telegrammen und Meldungen. In einer Zusammenfassung vom 25. Oktober 1915 für die Auslandsnachrichtenstelle heißt es: »Die New Yorker Presse sagt, dass die eiserne Hand des gemeinen Deutschlands wieder eine Tat vollbrachte, welche eine neue tiefe Entrüstung bei der ganzen Menschheit erweckt«.[107] Drei Tage später erreicht das Auswärtige Amt ein Telegramm, in dem es um die Reaktion Washingtons geht. Obwohl die deutsche Regierung keine Protestnote bekommen habe, »verurteilen amtliche kreise hinrichtung englischen pflegerin cavell und wiesen daraufhin dass im amerikanischen buergerkriege keine frau selbst nicht wegen spionage hingerichtet wurde stop«.[108] Und: »spionin cavell ist nun tatsaechlich in england zur maertirerin geworden.«[109] Eine Märtyrerin. Es ist das Letzte, was die Deutschen gebrauchen können.

Auch im britischen Unterhaus wird Ende Oktober dazu diskutiert – und die Debatte von der Auslandsnachrichtenstelle ans Auswärtige Amt gemeldet: »Ein Abgeordneter stellte eine Frage über die Rechtmässigkeit der Hinrichtung von Fräulein Cavell.«[110] Der Außenminister Sir Edward Grey habe geantwortet, es sei überflüssig, die Rechtsfragen zu besprechen. Denn: »Die allgemein in der ganzen Welt erfolgende Missbilligung entspringe Erwägungen höherer Art, als reinen Rechtsgründen.«[111] Selbst Papst Benedikt XV. schaltet sich ein, wie ein Bericht aus derselben Woche zeigt: »Der Papst sei von der ›Ermordung‹ des Fräulein Cavell tief betroffen gewesen und habe den Kardinal Hartmann ersucht, beim Kaiser gegen die Hinrichtung von Frauen Einspruch zu erheben.«[112]

Die Deutschen versuchen sich zu wehren. Der deutsche Botschafter in Madrid, Max von Ratibor und Corvey, will Ende Oktober mehr Informationen, um die Entscheidung verteidigen zu können: »Gegner versuchen, in spanischer Presse Fall der Miss Cavel gegen uns auszubeuten. Wäre dankbar für offizielle Feststellung über Vergehen und Urteilsbegründung zur Verwertung Presse.«[113] Berlin antwortet: »Kein Kriegsgericht der Welt hätte anderen Spruch fällen können.«[114] Die Hinrichtung sei notwendig gewesen, um abschreckend zu wirken. Und die Deutschen machen klar, dass sie zumindest bei diesem Thema Gleichberechtigung walten lassen wollen: »Frauen, die todwürdiges Verbrechen begehen, genießen in keinem Kulturstaat Vorrechte.«[115] So habe Frankreich im Verlauf des Ersten Weltkriegs selbst mehrfach Todesstrafen an deutschen Frauen vollstreckt. Genannt werden dann aber nur zwei Beispiele.

Auch der Militär Moritz von Bissing, der als Generalgouverneur in Brüssel das Todesurteil von Cavell unterzeichnete, bleibt trotz der Proteste bei seiner Position. Am 29. Oktober schreibt er an den Staatssekretär des Auswärtigen Amtes: Er wolle seinen aufrichtigen Dank aussprechen, dass seine »Exzellenz«[116] in den »Sturm, der um die Angelegenheit Cavell entbrannt ist«, zu ihm gehalten habe, »mannhaft« für die Sache eingetreten sei.[117] Es sei »gewiss ein ernster und schwerer Entschluss«[118], das Todesurteil einer Frau zu vollstrecken. »Wollte man jedoch die Frauen von der Todesstrafe ausschliessen, so würde das ein Privileg derjenigen bedeuten, die die hauptsächlichsten Handlanger unserer Feinde sind.«[119] Denn die Entente würde sich »in immer steigendem Masse der Frauen zur Spionage«[120] bedienen. So sei es notwendig gewesen, ein Exempel zu statuieren, um zu verhindern, dass aufgrund solch weiblicher Spionage in Zukunft weitere Soldaten »Blutopfer« bringen müssten.

In den Staaten der Entente und ihrer Alliierten wird der Fall geschickt genutzt und propagandistisch zugespitzt. So heißt es in verschiedenen Zeitungsberichten etwa, Cavell sei nicht sofort tot gewesen, und Soldaten hätten sich geweigert, sie zu erschießen. Das englische Militär druckt ihr Foto auf Plakate und Postkarten, wirbt damit für Kriegsanleihen. Und rekrutiert: In den Wochen nach ihrem Tod schnellt die Zahl der Kriegsfreiwilligen nach oben.

Die Deutschen aber bleiben bei ihrer Haltung zu Cavell, auch nach dem Ende des Kaiserreichs. Als die Nazis 1940 in Paris einmarschieren, zerstören sie ein Denkmal der Krankenschwester und demonstrieren so, wie sie zu Frauen wie ihr stehen.

2

Schnaps, Tanzen, Decknamen

Die Feinde der Weimarer Republik im Visier der Frauen

Alwine Brusis ist 34 Jahre alt, als sie nur mit einer Lüge bewaffnet nach München reist. Ihr Ziel ist das Hauptquartier einer paramilitärischen, rechtsradikalen Gruppe, die sich Orka nennt, die Organisation Kanzler. Jetzt, im Jahr 1920, ist diese stark und eine echte Gefahr für die Weimarer Republik, die sich gerade frisch gegründet hat und nach den Kriegsjahren den Frieden sicherstellen soll.

In der Dienststelle dieser bewaffneten Frühfaschisten steht Brusis nun und erzählt ihre Lüge: Ihr sei das Portemonnaie gestohlen worden, in einer Kneipe, wahrscheinlich von einem Mann, der sich ihr als Führer der Orka vorgestellt habe. Der Plan geht auf. Nach und nach werden ihr alle Männer vorgeführt, die in der Dienststelle arbeiten. Brusis merkt sich ihre Namen und reist zurück nach Aachen. Dort sitzt ihr Auftraggeber: der französische Nachrichtendienst. Die mutige Mission glückt.

Die sogenannte Entente, also Russland, Großbritannien und eben Frankreich, hatte nach ihrem Sieg gegen das Kaiserreich die Entwaffnung von Einwohnerwehren wie der Orka gefordert – große Teile waren gefolgt, doch Bayern widersetzte sich. München ist das Zentrum der antirepublikanischen Vereinigungen, die gegen die Weimarer Republik und für den Anschluss Österreichs ans Deutsche Reich eintreten. Etwa die Orgesch, die Organisation Escherich, mit allein bis zu zwei Millionen Mitgliedern. In München hat sie eine gemeinsame Dienststelle mit der Orka, die sich der Orgesch wenige Monate später anschließen wird. Die Mächte der Entente haben ein großes Interesse daran, möglichst viel über die Milizen zu erfahren, die später auch ein Grund für den Aufstieg der NSDAP sein werden.

Brusis arbeitet zu dem Zeitpunkt schon seit zwei Jahren für die Franzosen, die vor allem wissen wollen, ob die Weimarer Republik Bestand haben wird – oder ob sich die reaktionären Kräfte durchsetzen. Brusis sammelt Informationen über die Stärke deutscher Freikorps, fotografiert Unterlagen und übersetzt sie. Sie wirbt weitere Agenten und Agentinnen an. Sie horcht Offiziere aus bei Wein, Schnaps und Tanz, geht sogar mit ihnen ins Bett, um an militärische Informationen zu kommen. »Vertrauten Verkehr«[1] nennt man das zu der Zeit, zumindest in Gerichtsurteilen. Sie reist in andere Städte, um dort ihr unbekannte Männer in Kneipen zu treffen. Wenn diese das richtige Stichwort kennen und das passende Erkennungszeichen bei sich tragen, händigt sie ihnen geheime Briefe aus.

Brusis ist eine »intelligente Person« mit einer »sicher über dem Durchschnitt liegenden Begabung« und eine »außerordentliche Schönheit«, die zuvor auch als Schauspielerin gearbeitet hat.[2] So steht es in Zeitungsartikeln und Akten aus der Zeit. Diese liegen vor allem im Bundesarchiv in Berlin-Lichterfelde, schwarze Schreibmaschinenbuchstaben auf schon leicht gelbem Papier, die Ecken fransig. Dort findet sich auch das Urteil gegen sie. Es ging als Abschrift ins Auswärtige Amt, dessen Originalakten aus der Zeit noch vergleichsweise gut erhalten sind.

Am 30. Januar 1924 wird Brusis vom 5. Strafsenat des Reichsgerichts in einer öffentlichen Sitzung zu zehn Jahren »Zuchthaus« verurteilt.[3] Außerdem verliert sie für zehn Jahre ihre bürgerlichen Ehrenrechte. Der Grund: Verrat militärischer Geheimnisse – und damit die Gefährdung der Sicherheit des Landes. Laut Urteil hat Brusis unter zwei Decknamen gearbeitet, Madame Bertrand und Madame Dupuy. Mit den Namen hat sie zwischen 1918 und 1921 insbesondere in Aachen, Düsseldorf, Mainz und Godesberg spioniert und »Gegenstände, deren Geheimhaltung im Interesse der Landesverteidigung erforderlich ist«[4] einer ausländischen Regierung zugänglich gemacht.

Die sechs Richter sind davon überzeugt, dass Brusis »großes Vertrauen bei den Franzosen« genossen habe und betonen, dass sie »selbständig als Spionin« gehandelt habe.[5] Mildernde Umstände lassen sie nicht gelten: Brusis sei Tochter eines höheren Beamten und nicht in Not gewesen. Sie habe auch keinen Anlass gehabt, dem Vaterlande zu grollen, schreiben sie. Im Gegenteil, während des Krieges habe sie sogar noch für den deutschen Nachrichtendienst gearbeitet, wenn auch nur kurz.

Inzwischen aber »erniedrigt sie sich zur Dirne feindlicher Offiziere« und »wendet bei der Auskundschaftung hinterlistige Kniffe an, wie bei der Orgesch in München«.[6] Die Richter schreiben, Brusis mache ihr Vaterland verächtlich und sei eine »schwere und gefährliche«[7] Spionin. Gegen Verbrecher wie sie müsse das Deutsche Reich geschützt werden, sie hart bestraft werden. Zu berücksichtigen sei nur, dass sie an »Hysterie« leide und an »pseudologia phantastica«, also der »Lügensucht«.[8] Richter und Ermittler waren offenkundig nicht glücklich damit, dass die Agentin versuchte, sich mit Lügen vor der Verurteilung zu retten.

Alwine Brusis, am 8. Dezember 1889 geboren in Benrath bei Düsseldorf, kommt aus gutem Hause. Der Vater ist Oberbahnhofvorsteher, sodass ihr, als sie in der Jugend an Tuberkulose erkrankt, in Schweizer Heilanstalten geholfen wird. Mit 22 heiratet Brusis einen Drogisten, trennt sich bereits ein Jahr später wieder und wird 1917 »wegen ihrer Schuld« geschieden. Sie lernt Schauspielerei, arbeitet aber während des Ersten Weltkriegs ein paar Monate für den deutschen Nachrichtendienst bei der Abwehrstelle Lindau. Dort leistet sie jedoch wenig und wird entlassen, weil sie »schwatzhaft« war, zumindest schreiben das später die Richter über sie. Wenig später wird sie Briefeleserin im Gefangenenlager Puchheim, das im Krieg zum zweitgrößten Lager Bayerns ausgebaut worden war, vor allem französische und russische Soldaten wurden hier interniert. Sie und andere kontrollieren, was Kriegsgefangene schreiben und ob sie militärische Geheimnisse verraten.

Anfang 1919, der Weltkrieg ist erst ein paar Monate vorbei, wohnt Brusis in Düsseldorf, wo ihre Mutter in einem Stift lebt. Seit mit der Scheidung auch die Unterhaltszahlungen endeten, hat Brusis Geldprobleme. Sie verkauft Möbel sowie Erbstücke ihrer Eltern und macht kleine Schiebergeschäfte, so sagt sie es in ihren Vernehmungen. Die Richter sind allerdings überzeugt, dass sie ihr kostspieliges Leben vor allem mit Liebschaften zu »Offizieren der Feindmächte«[9] und mit ihrer Arbeit für den Nachrichtendienst finanziert hat.

Tatsächlich beginnt Brusis zu dieser Zeit für die Franzosen zu arbeiten. Sie erhält als erstes den Auftrag, »im unbesetzten Düsseldorf die Abzeichen, die Benennung, die Stärke und die Stimmung der deutschen Freikorps zu ermitteln«[10]. Die Informationen sind für die Franzosen besonders relevant, hatten sie doch mit den anderen Siegermächten entschieden, die Militärmacht der Deutschen zu beschränken. Schließlich wollten sie verhindern, dass ein weiterer internationaler Konflikt von deutschem Boden ausgeht. Bevor sie im Juni 1919 im Versailler Vertrag festhalten, dass das Landheer aus maximal 100 000 und die Marine aus höchstens 15 000 Berufssoldaten bestehen darf, war die Regierung der Weimarer Republik vorgeprescht. Anfang März 1919 legt sie im »Gesetz über die Bildung einer vorläufigen Reichswehr« fest, dass sie das Heer auflösen, dafür aber bestehende Freiwilligenverbände mit Volkswehren und neu Angeworbenen vereinen werde.

Umso wichtiger ist die Größe der schon bestehenden Freikorps für die Entente.

Brusis geht also tanzen – und horcht dabei Offiziere aus. Außerdem arbeitet sie im Mai und Juni 1919 im Casino in Düsseldorf, um dort mit Männern vom Militär ins Gespräch zu kommen. Nach wenigen Monaten hat sie die Informationen beisammen und übermittelt sie den Franzosen. Fünf Jahre später klingen die Richter immer noch erbost darüber, wie kaltschnäuzig Brusis war. Im Urteil schreiben sie, man könne bei ihr »Gewissenlosigkeit gegenüber dem militärischen Schutzbedürfnis des Vaterlands« ableiten, »wenn sie schon bei der Erledigung ihres ersten Auftrags Gegenstände und Nachrichten verraten hat, bei denen es derart offen zutage lag, daß sie im Interesse der Landesverteidigung geheim zu halten waren« und sie die Sicherheit des Reichs gefährde.[11]

In den zwei Jahren danach verrät Brusis noch viel mehr, wird zu einer wichtigen Quelle für die Franzosen. Sie fotografiert und übersetzt Verordnungsblätter der Armee, die ihr ein Agent liefert. Sie sammelt Informationen über Waffenlager, Stadtbudgets, die paramilitärische Sicherheitspolizei und die Organisation und Bewaffnung des Heeres. Sie fährt Kurierpost und organisiert die Dienststelle, so schreibt sie es laut den Ermittlern in ihr Tagebuch. Und sie überwacht deutsche Spione. Die Richter halten fest, dass sie planmäßig und in größtem Umfang spioniert habe. Und dass die »ungewöhnlich lange Beschäftigung« und »das ihr geschenkte große Vertrauen« beweisen, dass sie dem französischen Nachrichtendienst »wirklich das gebracht hat, was gewünscht wurde«.[12]

Brusis erweitert sogar das Netzwerk der Franzosen, wirbt neue Spioninnen und Spione an. Da ist etwa Ernst Müller, den Brusis in einem Kaffeehaus aufgabelt. Sie stellt ihn im September 1920 den Franzosen vor. Einen Monat später überbringt sie ihm den ersten größeren Auftrag, wieder geht es um die rechtsradikale Orgesch. Er soll nach München reisen und vor Ort acht Dinge herausfinden: wer die Orgesch leitet, was sie tut, wie sie sich organisiert und finanziert, wie viele Mitglieder sie hat, wie sie bewaffnet ist, wie eng die Verbindung zum Reichswehrministerium ist und wie die Beziehung zur Orka ist. Müller ist wenig erfolgreich, Brusis ist unzufrieden mit seinem Bericht. Er hat Glück, die Franzosen sind nicht ganz so streng wie ihre Agentin. Sie können dem Bericht etwas Wertvolles abgewinnen und zahlen Müller anschließend ein regelmäßiges Gehalt von erst 3200 und später 4500 Papiermark im Monat. Über ein Jahr lang liefert Müller immer wieder Berichte, unter anderem über chemische Versuche der Deutschen mit Gasen. Er besorgt auch die Stadthaushaltpläne von Dresden und München sowie einen Befehl des Reichswehrministeriums über einen Reichstagsabgeordneten, den er kennt. Am Ende fliegt Müller gemeinsam mit Brusis auf und wird verurteilt. Er bekommt allerdings eine um vier Jahre kürzere Haftstrafe als sie, die Richter sehen in ihr die treibende Kraft.

Dabei hatte Müller Brusis auch dabei geholfen, einen weiteren Mann anzuwerben: Einen Angestellten bei der Eisenbahn, mit dem er zusammen in der Schule war. Der »Zeuge Paul«, wie er im Urteil nur heißt, wird noch vor den beiden festgenommen – und sagt gegen sie aus. So bestätigt er, dass er Brusis unter anderem das »Wehrbüchlein der Orgesch zur Weiterbeförderung« besorgen sollte. Außerdem forderte sie im März 1921 Informationen über das deutsche Eisenbahnwesen sowie Dienstkohlenlisten vom ihm. Laut Zeuge Paul sei Brusis ständig »dahinter her« gewesen, »fremde Männer und Frauen, die sie in Wirtschaften sitzen sah« oder Kollegen von ihm für die Franzosen anzuwerben.[13] Während er sie anschwärzt, versucht er seinen alten Schulfreund Müller zu schützen. 1923 wird Paul zu drei Jahren Haft verurteilt, obwohl ihm nicht nachgewiesen werden kann, dass er wirklich einen militärischen Verrat begangen hat.

Und dann ist da Paula Henkels, eine junge Schauspielerin, die fließend Englisch und Französisch spricht, und die im Herbst 1920 in Düsseldorf Brusis Bekanntschaft macht. Sie treffen sich im eleganten Café Cornelius an der Kö. Beide sind dort, um Männer kennenzulernen: Henkels sucht neue Liebschaften, Brusis Informanten. Unter stoffbehangenen Lampen finden dort nachmittags und abends Konzerte statt, auf zwei Stockwerken lauschen bis zu 1900 Personen. Die beiden Frauen haben danach erst einmal keinen Kontakt, doch im Frühjahr 1921 taucht Brusis bei Henkels Mutter auf, die Zimmer untervermietet. Brusis, die sich bei den Henkels als Madame Dubois vorstellt, zieht ein – und versucht, sowohl Mutter als auch Tochter anzuwerben. Bei Paula, die laut *Duisburger General-Anzeiger* ein »intelligentes Mädchen«[14] war, hilft ihr, dass diese in Paris arbeiten will und dafür einen Pass braucht. Brusis schlägt ein Tauschgeschäft vor: Wenn die 23-Jährige ihr helfe, deutsche Offiziere als Agenten anzuwerben, würde sie ihr einen Pass besorgen. Paula Henkels meldet sich in Mainz bei den Franzosen, bekommt Spionageaufträge, führt diese jedoch nicht aus, weswegen sich Brusis mit ihr streitet und sie eine Betrügerin nennt. Am Ende sagt Henkels gegen Brusis aus – aber es wird auch gegen sie selbst ermittelt.

Mutter Henkels versucht ihre Tochter Paula zu entlasten. Diese sei »etwas leichtsinnig veranlagt«[15], sagt sie der Polizei bei ihrer Vernehmung. Sie würde in den Kaffeehäusern mit Freundinnen, Künstlern sowie Offizieren der Besatzungstruppen verkehren – und gegen den Willen der Mutter von belgischen und französischen Militärs in der Wohnung besucht. Spioniert habe sie nie: »Ihr Verkehr mit fremdländischen Offizieren diente lediglich ihren Liebesabenteuern«[16], sagt die Mutter. Zudem gibt sie an, Brusis sowie zwei Männer des französischen Nachrichtendienstes, die diese ihr vorgestellt habe, hätten versucht, sie anzuwerben. »Ich habe diese Angebote nicht direkt abgelehnt, um mich mit den Besatzungsbehörden nicht zu veruneinigen, unternommen habe ich aber für die Leute nichts, und auch kein Geld erhalten.«[17]

Brusis versucht noch aus dem Gefängnis heraus, das Mutter-Tochter-Duo schwer zu belasten, sagt, die beiden hätten große schauspielerische Fähigkeiten. Außerdem sei Paulas Verlobter ein belgischer Nachrichtenoffizier. Aber die Polizei glaubt ihr nicht, obwohl der Kriminal-Hauptwachmeister vermerkt, »dass die früher gemachten Angaben der Brusis in dieser Sache sich bei Nachprüfung als wahr erwiesen haben«[18]. 1926 wird Paula Henkels dann zu nur drei Monaten Zuchthaus verurteilt.

Alwine Brusis sitzt da schon im Gefängnis. Doch das, was sie getan hatte, wirkt noch Jahre nach: 1932 heißt es auf Seite 2 der »Richtlinien für die Unterweisung von Offizieren, die im Abwehrdienst verwandt werden sollen«, dass sich die Militärs als »einschlägige Lektüre« mit der »Akte Alwine Brusis« beschäftigen sollen.[19] Daraus sollen sie lernen. Außer Brusis werden nur sieben weitere Fälle aufgeführt, alles Männer.

Dabei ist Brusis bei Weitem nicht die Einzige, die zu Zeiten der Weimarer Republik erfolgreich spioniert. »Während des ersten Weltkriegs hatten Frauen bewiesen, dass sie fähig und bereit sind, für staatliche Nachrichtendienste zu arbeiten«, sagt die Geschichtsprofessorin Tammy Proctor, die als eine von wenigen zu weiblicher Nachrichtendienstarbeit forscht und ein Buch dazu veröffentlicht hat. »Sie bekamen allerdings keine längerfristige öffentliche Anerkennung für ihre erfolgreiche Arbeit und wenig Anerkennung für ihren Dienst und ihre Opfer.«[20]

Im Bundesarchiv finden sich zahlreiche Anklageschriften, Urteile und Berichte, die das auch für deutsche Frauen belegen, oftmals sind sie geheim gestempelt. Die Spioninnen heißen Bertha, Frieda oder Margarete und arbeiten als Hutmacherin, Verkäuferin oder Hausmädchen. Sie verraten militärische Geheimnisse vor allem an die Nachrichtendienste aus Frankreich, England, Polen oder Russland. Sie handeln aus Geldnot, Abenteuerlust oder weil sie die deutsche Politik ablehnen. Manche entkommen dadurch auch der Prostitution. Andere werden erpresst und zur Mitarbeit gezwungen.

Ihre Aufgaben sind ebenso unterschiedlich: Sie arbeiten als Kurierinnen, pflegen Quellen, besuchen Veranstaltungen und fertigen Protokolle über das Gehörte und Gesehene an. Und sie rekrutieren neue Agenten und Agentinnen in nahezu allen Schichten der Gesellschaft. Manche besuchen vorher »Spionageschulen«, die allermeisten von ihnen lernen das Handwerk aber erst auf ihren Missionen. Manche arbeiten über Jahre für die feindlichen Dienste, andere werden von den Behörden des Deutschen Reichs bei ihrem ersten Auftrag erwischt. Der Umgang mit den verhafteten Spioninnen variiert, manchmal sind die Richter besonders schockiert, dass es eine Frau war, die das »Vaterland« verraten hat, wie bei Brusis. Viele der Frauen verstehen es aber, das gesellschaftliche Rollenbild der Zeit für sich zu nutzen, um harten Verurteilungen zu entgehen: Sie geben sich naiv, behaupten, nicht gewusst zu haben, was sie taten, oder dazu gedrängt worden zu sein.

Tatsächlich ist es eine Zeit, in der Frauen nicht gleichberechtigt leben, auch wenn ihnen nach und nach mehr Rechte zugestanden werden. Bei der ersten Wahl zur Deutschen Nationalversammlung am 19. Januar 1919 dürfen Frauen erstmals auf nationaler Ebene ihre Stimme abgeben – und auch kandidieren. Insgesamt stehen 310 Frauen auf den Wahllisten der Parteien, 37 von ihnen werden gewählt, vier weitere rücken in der Legislaturperiode noch nach. Bei insgesamt 421 Abgeordneten machte der Frauenanteil damit keine zehn Prozent aus.

Die erste Frau, die in der Nationalversammlung eine Rede hält, ist die SPD-Abgeordnete Marie Juchacz. »Meine

Herren und Damen!«[21], beginnt sie – und Heiterkeit bricht aus. Juchacz lässt sich nicht beirren: »Es ist das erste Mal, daß in Deutschland die Frau als Freie und Gleiche im Parlament zum Volke sprechen darf, und ich möchte hier feststellen, und zwar ganz objektiv, daß es die Revolution gewesen ist, die auch in Deutschland die alten Vorurteile überwunden hat.«[22]

Die Gleichstellung der Geschlechter ist Teil der Weimarer Verfassung. In Artikel 109 heißt es: »Männer und Frauen haben grundsätzlich dieselben staatsbürgerlichen Rechte und Pflichten«. Auch die Ehe, so steht es in Artikel 119, beruhe »auf der Gleichberechtigung der beiden Geschlechter«. Die Frauenbewegung hat damit einen Teil ihrer politischen Forderungen erreicht, auch wenn die Lebensrealität anders aussieht. Besonders gravierend sind die Unterschiede zwischen Stadt und Land und den gesellschaftlichen Schichten.

Frauen werden ebenso Opfer politischer Gewalt wie Männer, vor allem von rechts. Neben prominenten Opfern wie Rosa Luxemburg trifft es auch einfache Dienstmädchen. Am 6. Oktober 1920 etwa wird im Forstenrieder Park bei München die Leiche einer jungen Frau gefunden. Bei ihr findet sich ein Zettel, auf dem steht: »Du Schandweib hast verraten dein Vaterland, dich hat gemordet die schwarze Hand.«[23] Das Dienstmädchen hatte ein Waffenlager bei der Polizei melden wollen, das nach dem Entwaffnungsgesetz von 1920 verboten war. Mindestens einer der Täter war Mitglied in einem Freiwilligenkorps, wie der Publizist Emil Julius Gumbel schreibt.[24] Er recherchiert akribisch zu politischen Morden und hält 1924 fest, dass es in den vergangenen fünf Jahren mindestens 400 von ihnen in Deutschland gegeben hat. »Es ist amtlich bestätigt, dass fast alle von rechtsradikaler Seite begangen wurden, und es ist amtlich bestätigt, dass die überwältigende Zahl dieser Morde unbestraft geblieben ist.«[25] In seinem Buch *Vier Jahre politischer Mord* schreibt er: »In Oppeln, Gleiwitz und anderen Orten Oberschlesiens wurden Frauen, die sich während der Besatzungszeit mit Franzosen eingelassen hatten, nackt ausgezogen, kahlgeschoren, mit Teer angestrichen und mit Peitschen durch die Straßen gehetzt.«[26]

Beruflich können sich Frauen in der Weimarer Republik zumindest in manchen Bereichen weiterentwickeln. Sie dürfen etwa nicht mehr nur als schöne Schauspielerinnen bei Filmen mitwirken, sondern sind jetzt auch Produzentinnen, Regisseurinnen und Drehbuchautorinnen. Kinos werden zum Massenmedium, bis 1930 verdoppelt sich ihre Anzahl auf rund 5000, täglich besuchen rund zwei Millionen Menschen die Lichtspielhäuser des Landes. Die Arbeit von Geheimagenten fasziniert offenbar sehr: Einer der erfolgreichsten Filme der Saison 1928/1929 ist »Spione«. Das Drehbuch schrieb die spätere Nationalsozialistin Thea von Harbou, Regie führte ihr damaliger Ehemann Fritz Lang. Darin agiert eine mächtige internationale Spionageorganisation hinter der Fassade einer Bank, es geht um Mord, geheime Dokumente, Liebe und Verrat. Auch eine Agentin spielt eine wichtige Rolle. Der 180 Minuten lange Stummfilm gilt bei vielen als Vorbild für Agententhriller wie die mit James Bond. In anderen Filmen übernehmen Frauen sogar die Hauptrollen: 1928 spielt Greta Garbo in *Der Krieg im Dunkel* eine russische Agentin, 1931 dann Mata Hari im gleichnamigen Film. Im gleichen Jahr erscheint auch noch *Entehrt*, in dem Marlene Dietrich die Spionin »X 27« spielt.

Dass das Thema so präsent im Kino ist, ist kein Zufall. Die Spionageangriffe haben in den Jahren zuvor deutlich zugenommen. Das Reichswehrministerium warnt in einer Broschüre vom 1. Juli 1925: »Die Einkreisung Deutschlands durch den Nachrichtendienst ausländischer Staaten nimmt immer bedrohlichere Formen an. Wehrmacht, Politik, Industrie, Wirtschaft und Handel bilden in gleicher Weise das Ziel einer intensiven Ausspähung.«[27] Die Nachrichtendienste würden rücksichtslos in der Wahl der Mittel und ohne Scheu vor Kosten die »materiellen und moralischen Kraftquellen Deutschlands« auskundschaften.[28] Hunderte Deutsche seien in den Jahren seit dem Zusammenbruch des Reiches der Versuchung des ausländischen Geldes erlegen.

Es gibt auch immer mehr Warnungen vor Frauen als Agentinnen. Im »Rundschreiben Nr. 12« der Centralen Staatspolizei geht es am 20. Juni 1928 um »Doppelspionage« durch eine Frau. Helene Maria Olschewski soll sich unter dem falschen Namen Aza Astara im polnischen Danzig aufhalten. Sie tue so, als sei sie bei Filmaufnahmen tätig, in Wahrheit unterhalte sie aber Beziehungen zum polnischen und sowjet-russischen Nachrichtendienst. Außerdem soll sie versucht haben, »eine Person als Kundschafter zum Nachteile Deutschlands zu gewinnen«[29]. Die Beamten bitten ihre Kollegen die Frau zu beobachten und umgehend Berlin zu informieren, wenn sie auf sie aufmerksam werden sollten.

Der polnische Nachrichtendienst gilt als äußerst eifrig und geschickt, sogar besser als der des viel größeren Nachbarn Russland. In den *Leipziger Neuesten Nachrichten* vom 24. Februar 1924 steht: »Die Kühnheit und Ungeniertheit der polnischen Spionage übertrifft die frühere russische bei weitem.« Und in einem Rundschreiben der Centralen Staatspolizei aus Berlin nur wenige Jahre später heißt es, dass in letzter Zeit wiederholt im Dienste Polens stehende Kundschafter aufgetaucht seien, »denen der polnische Nachrichtendienst von den zuständigen polnischen Passbehörden auf falsche Namen ausgestellte Pässe mitgegeben hatte.«[30] Einem polnischen Spion sei gar eine echte Arbeiterlegitimationskarte eines deutschen Industriewerkes und eine Beitragsquittung des Stahlhelms mitgegeben worden. Der Stahlhelm, Bund der Frontsoldaten, ist ein antisemitischer und republikfeindlicher Wehrverband. Ähnlich wie die Nachrichtendienste aus Frankreich, England und Russland haben auch die Polen ein Interesse an Informationen über solche Organisationen in Deutschland, sind sie doch eine Gefahr für den Frieden in Europa.

So wird auch die in Kaiserslautern geborene Elisabeth Steinbacher von einem polnischen Nachrichtendienst-Mann gebeten, in Cafés »Bekanntschaft von Leuten zu machen (…), die ein Hakenkreuz- oder Wehrwolf- oder ein Stahlhelmabzeichen«[31] tragen. Getarnt als Außendienstmitarbeiterin einer Putzmittelfabrik aus Danzig spioniert sie außerdem die Anzahl von Laderampen und Lokschuppen an einer wichtigen Zugstrecke aus. Ein anderes Mal reist sie in das Deutsche Reich, um Kontakt mit Soldaten aufzunehmen und Tarnadressen mit ihnen auszutauschen. So kann sie sicher per Brief kommunizieren. Sie ist 21 Jahre alt, als sie kurz vor Weihnachten 1924 in Marienburg im damaligen Westpreußen verhaftet wird – sie hat geheime Dokumente des Deutschen Reichs bei sich, weswegen ihr die Generalstaatsanwaltschaft aus Königsberg auch den Verrat militärischer Geheimnisse vorwirft.

Am umtriebigsten, was Spionage angeht, sind allerdings die Franzosen, nicht nur mit ihrer Agentin Brusis. Das Reichswehrministerium hält 1925 fest, dass »die Zahl der wegen Landesverrats und Spionage in Untersuchung geratener und verurteilter Personen auf eine nie dagewesene Höhe«[32] emporgeschnellt ist. Das sei vor allem dem Versuch Frankreichs geschuldet, mit nachrichtendienstlichen Mitteln Belege dafür zu finden, dass die Deutschen den Verpflichtungen des Versailler Vertrags nicht nachgekommen sind, sie also beispielsweise nicht genügend Waffen vernichtet oder abgegeben haben. Allein bei der »Abwehrgruppe der Heeresleitung« gibt es einen enormen Anstieg der Ermittlungen wegen Landesverrat und Spionage: Waren es 1919 noch 34 Fälle und 88 Personen, sind es fünf Jahre später schon 654 Fälle und 795 Personen, gegen die ermittelt wird.

Der lange Arm des französischen Nachrichtendienstes reicht sogar bis in das Herz der Weimarer Republik, nämlich in das Reichsministerium des Inneren, das Reichswirtschaftsministerium und das Reichswehrministerium. In nur zweieinhalb Jahren sollen »319 Akten, die hauptsächlich militärische, politische und wirtschaftliche Angelegenheiten behandeln, aus verschiedenen deutschen Ministerien zum abfotografieren gegen hohe Belohnung ausgehändigt worden«[33] sein, heißt es in einem vertraulichen Bericht von 1922.

Die brisanten Akten stammen von einer Vertrauensperson, die in Kontakt mit dem Berliner Chef des französischen Nachrichtendienstes steht. Der Franzose erklärt, wie er so viel Material heranschaffen kann: deutsche Beamte helfen ihm. Diese würden das gewünschte Material einfach in Aktenmappen aus dem Ministerium tragen, da sie weder beim Verlassen noch beim Betreten ihrer Arbeitsstelle kontrolliert würden. Dann rufen sie die Telefonnummer »Lützow 1946« an und nennen einen vorab vereinbarten Decknamen. Ein Agent fährt daraufhin zu ihnen nach Hause, holt die Dokumente ab, bringt sie ins Konsulat, wo sie fotografiert oder abgetippt werden – und fährt sie zurück, sodass sie unkontrolliert wieder ins Amt zurückgebracht werden können. Die »Direktion für Spionageangelegenheiten« in Paris fordert ihren Agenten 1922 auf, noch mehr Material aus Berlin zu liefern und die Aktivitäten »bei den verschiedenen Ministerien noch gründlicher« auszubauen.[34]

Es klingt wie Angeberei der Franzosen, doch ein vertrauliches Schreiben des deutschen Staatskommissars für öffentliche Ordnung bestätigt, dass der Informationsdiebstahl so einfach vonstatten ging. Er hält am 7. Juli 1922 fest: »Wie aus verschiedenen beim hiesigen Polizeipräsidium bearbeiteten Fällen hervorgeht, sind aus den Büros militärischer Kommandostellen, des Reichsarchivs und seiner Zweigstellen eine größere Anzahl von Akten und

Schriftstücken – offenbar zu Spionagezwecken – entwendet worden.«[35]

Der Erfolg der Franzosen hat auch damit zu tun, dass sie fortschrittliche Spionagemethoden nutzen. Sie sind gut im Papiere fälschen und müssen sich nicht auf Umwegen um Visa bemühen. Dazu schreibt das Reichswehrministerium: Agentinnen und Agenten aus Frankreich bekämen gefälschte oder umgearbeitete Papiere. Zudem seien die Reisepässe »mit schwer erkennbaren Geheimzeichen versehen«[36]. Diese seien allen im Nachrichtendienst stehenden Offizieren und Beamten bekannt. Die Deutschen versuchen sich zu wappnen. 1928 etwa wird im geheimen »Rundschreiben Nr. 4« der Centralen Staatspolizei vor der »französischen Agentin«[37] Lina Maria Etzel gewarnt. Die Beamten aus Berlin verdächtigen sie wegen ihrer Kontakte und aufgrund ihrer Reisen in die Schweiz und nach Frankreich. Und, weil sie schon 1924 und 1925 wiederholt wegen Spionageverdachts in Haft gewesen sei. Am Ende heißt es: »Es empfiehlt sich, die Etzel im Falle ihres Auftauchens scharf zu überwachen. Lichtbild steht auf Anfordern zur Verfügung.«[38]

Auch die Geheimdienste der Engländer sind damals fleißig, setzen Frauen aber offenbar nicht so breit ein wie die Franzosen. In dem Bericht eines Agenten, der bereits seit dem Ersten Weltkrieg für die Engländer gearbeitet hat, heißt es: »Frauen werden hauptsächlich zu Kurierdiensten verwendet, sehr selten (im Gegensatz zu den Russen) zu Spezialaufträgen eingesetzt.«[39] Der Mann, der für seine Auftraggeber unter anderem rechte Organisationen in Deutschland ausgeforscht hatte, legte 1928 umfangreich

Zeugnis über die Struktur des englischen Spionageapparates in Deutschland ab, nachdem er kompromittiert worden war.

Die Deutschen scheinen dagegen Frauen gegen die Engländer einzusetzen, auch mit gefährlichen Missionen. Zumindest findet sich ein entsprechender Bericht in dem 700-seitigen Wälzer *Die Weltkriegsspionage* von 1931, auf dessen erster Seite steht, dass er authentische Enthüllungen beschreibe. Darin gibt eine »deutsche Geheimagentin«, die Anni Kilian genannt wird, ihre verdeckten Einsätze detailliert auf fünf Seiten wieder.

Einer soll folgendermaßen abgelaufen sein: »Eines Tages erhielt ich den Auftrag, einen Engländer namens Jacques Georges, der in der Union-Bar in Berlin verkehren sollte, zu beobachten und wenn möglich zu überführen.« Kilian habe den Besitzer der Bar aufgesucht, ihm ihren Ausweis als Angestellte des Überwachungsdienstes gezeigt und erklärt, dass ein mutmaßlich englischer Spion regelmäßig Gast in seiner Bar sei. Danach habe sie dort als Barkeeperin ohne Gehalt und ohne bestimmte Verpflichtungen arbeiten dürfen.

Die Frau mit den dunkelblonden Haaren habe sich anschließend akribisch auf ihre Zielperson vorbereitet: »Was für einen Typ Frauen mochte er bevorzugen? Hatte seither in seinem Leben eine blonde oder eine dunkle Frau eine dominierende Rolle gespielt?« Sie habe die Briefüberwachungsstelle beauftragt, Hinweise aus seiner Post zu liefern, die für ihre Mission hilfreich sein könnten. Wenig später habe sie den Brief einer Russin einsehen können, die der Engländer offenbar vor Jahren verehrt hatte. Diesem Brief habe nicht nur ein schwarz-weißes Foto beigelegen, sondern auch eine blonde Locke. Also habe sich Kilian ihre Haare bei einem Friseur genau in den Ton umfärben lassen.

An ihrem ersten Abend in der Union-Bar habe sie sich zunächst in den Arbeitsalltag einer Barkeeperin hereinfinden müssen, schreibt Kilian. Sie habe »Mittelchen« kennengelernt, um »scheinbar lustig mitzutrinken« und die Gäste so zu mehr Alkoholkonsum anzuspornen, aber dabei nicht betrunken zu werden. Zunächst sei unter den Besuchern »kein Herr, der mit der Photographie von Jacques Georges Ähnlichkeit hatte« gewesen. Später habe der Mann den Raum dann betreten, sei direkt auf sie zugegangen, offensichtlich fasziniert von ihrem Anblick. »Gewonnen! jubelte es in mir, gewonnen!«, schreibt Kilian.

Wie verabredet habe sie aus dem Hinterzimmer der Bar die Zentrale der Staatspolizei angerufen, »die mit den militärischen Stellen die Abwehr durchführte«. Während ihr Kontaktmann sich auf den Weg in die Französische Straße gemacht habe, sei sie unruhig geworden: »Obgleich es sich um den Dienst für das Vaterland handelt, ist es doch manchmal nicht leicht, schicksalhaft in das Leben eines Menschen einzugreifen, den man in voller Lebenslust vor sich sieht.« Als der Mann der Staatspolizei in der Bar angekommen sei, habe die Kapelle gerade russische Lieder gespielt, zu denen die Gäste tanzten. Er habe einen Streit angefangen, indem er laut »Rußkis sind Schweinehunde« und »Bolschewikengesindel« rief. Dabei habe er Georges zu Boden gestoßen und sei auf ihn losgegangen. Kilian habe das Durcheinander genutzt, um die Brieftasche des Engländers zu durchsuchen – und sei fündig geworden. Auf einem Blatt hätten Zahlenreihen gestanden, die sie als »Heereszahlen« identifiziert habe.

Dann habe Kilian den dritten Teil der Mission gestartet und »unbemerkt ein Pulver in Jacques' Glas« geschüttet, das ihn schnell stark müde gemacht habe. Als er eingeschlafen sei, habe sie die Dokumente mittels einer winzigen Kamera unter dem Tisch fotografiert. Anschließend habe sie ihn, betrunken und noch leicht betäubt, bis zu seiner Wohnungstür gebracht und sei sofort zum nächsten Telefon, um seine Adresse durchzugeben. Am nächsten Morgen sei Georges verhaftet und nach Leipzig gebracht worden, später sei er verurteilt worden.

Ob Anni Kilian wirklich existiert hat oder sie nur unter anderem Namen wirkte, lässt sich trotz aufwendiger Suche in Archiven nicht aufklären. Sicher ist, dass die genannten Strukturen und Methoden existierten. Ebenso wie die Union-Bar. In dem 1906 erschienenen Buch »Lebeweltnächte der Friedrichstadt« wird sie zu den Bars gezählt, »in denen vor und hinter dem Buffet das weibliche Element überwiegt«. Sie sei wohl die älteste dieser Art, erstrecke sich über das Erdgeschoss und die erste Etage und sei eine Sehenswürdigkeit, so der Autor. »Dutzende Tarifschönheiten sitzen hier herum und harren des Käufers. Sie sind in eleganter Toilette; denn sie gehören jener Garde an, die unsere vornehmen Ballhäuser bevölkert, und wissen im Allgemeinen auch, wie sie sich zu benehmen haben.«

Für die Plausibiliät der Geschichte von Anni Kilian spricht auch, dass das Buch von Generalmajor Paul von

Lettow-Vorbeck herausgegeben wurde. Er ist ein einflussreicher Militärmann, der im Kaiserreich am Genozid gegen die Herero und Nama in Namibia beteiligt war. Außerdem nahm er 1920 am Kapp-Putsch teil, der die von der Entente geforderte Entwaffnung der Freikorps-Verbände verhindern und die Weimarer Republik stürzen wollte. Das Buch, in dem auch Kilians Geschichte steht, sei unter Beteiligung von namentlich genannten hochrangigen Militärs sowie »Agenten und Agentinnen« entstanden, schreibt er. Herausgekommen sei eine »authentische Enthüllung« über Spionage vor, während und nach dem Krieg auf Basis amtlichen Materials aus Kriegs–, Militär–, Gerichts- und Reichsarchiven. Unter dem Oberkapitel »Der ewige Köder« geht es um Frauen und Spionage, etwa um »Schweigen und Erotik«, »Eros und Pflicht« oder – besonders charmant – um »Frauen und Krankheiten als Kampfmittel«.

Wer auf jeden Fall existiert hat, und wem die Engländer auch als Frau schwierige Missionen zutrauten, ist Johanna Martha Kreuzer. Den 31. Januar 1920 verbringt sie auf dem Presseball in Berlin. Der wird in dem Jahr zwar weniger prunkvoll als vor dem Krieg gefeiert, aber ist für Frauen weiterhin die »Parade der neuen Gesellschaftskleider«[40], wie es in einem Text aus der Zeit heißt.

Es wird ein verhängnisvoller Abend für die 30-Jährige, die bereits einmal verwitwet und einmal geschieden ist. Sie lernt dort einen Mann kennen, der sie in den Ruin stürzen wird: Hans Prollius. Er ist Leutnant, die beiden verstehen sich, sie nimmt ihn nach dem Ball für mehrere Stunden mit zu sich auf ihr Zimmer im Askanischen Hof. Dort erzählt sie ihm, dass sie als Dolmetscherin für die Engländer arbeite, ab und zu mit der englischen Kommission reise und dafür gut bezahlt werde. So zumindest steht es in der Anklageschrift gegen sie vom November desselben Jahres, mit der gegen sie ein Hauptverfahren wegen des Verrats militärischer Geheimnisse beantragt wird.

In Wirklichkeit arbeitet Kreuzer für den englischen Nachrichtendienst. Die Frau hat eine bewegte Biografie hinter sich: Als Kind lebt sie mit ihren Eltern im von Großbritannien besetzten Pretoria in Südafrika, wo der Vater als Ingenieur arbeitet. Noch nicht mal 18 Jahre alt, heiratet sie dort einen Engländer – und bekommt so die britische Staatsbürgerschaft. Ihr Mann verstirbt allerdings schon zwei Jahre später. Kreuzer lernt Hauslehrerin und kehrt 1914 nach Deutschland zurück. Sie lebt kurz in Berlin, wo sie durch die britische Staatsbürgerschaft allerdings als »feindliche Ausländerin«[41] von der Polizei überwacht wird. Sie versucht bei Verwandten in Wiesbaden unterzukommen, arbeitet dort als Wärterin in einem Lazarett und lernt ihren zweiten Mann kennen, mit dem sie zurück nach Berlin zieht. Doch schon im Februar 1919 werden sie »unter Schuldigsprechung beider Ehegatten geschieden«[42].

Wieder allein, will sie ihre Eltern in Südafrika besuchen. Dafür braucht sie allerdings einen englischen Pass. Mitte 1919 reist sie nach Köln zum Hauptquartier der Engländer – und wird dort als Übersetzerin und Dolmetscherin »in Dienst genommen«.[43] Sie erhält eine Wohnung, Verpflegung, Kleidung und ein Monatsgehalt von 1000 Papiermark. Es ist viel Geld, das durchschnittliche Monatsgehalt liegt 1919 bei rund 167 Papiermark. Zu Beginn übersetzt Kreuzer nur und begleitet die englische Wirtschaftskommission als Dolmetscherin auf Reisen nach Berlin und Essen, wie sie es ihrem zukünftigen Mann auch in der ersten gemeinsamen Nacht erzählt.

Schon bald gehen die Engländer jedoch dazu über, sie »für den Nachrichtendienst behufs Ausspähung wirtschaftlicher, politischer und militärischer Verhältnisse zu verwenden«[44], wie es in der Anklageschrift heißt. Sie erhält die falschen Namen Johanne Giltemeister und Johanna von Köthen. Außerdem nutzt sie den Namen ihres verstorbenen Mannes für einen Reisepass, einen Verkehrsschein und einen Personalausweis. Sie soll etwa herausfinden, »ob ein Mann, der sich den Engländern gegenüber als Direktor einer Metallwarenfabrik und Vertrauensmann einer Bank ausgegeben hatte, in Berlin-Friedenau wohne und die von ihm bezeichneten Stellungen bekleide«[45]. Kreuzer bekommt 14 Tage Zeit – und erhält 3000 Papiermark. Sie entlarvt den Mann als Betrüger und reist nach Köln, um Bericht zu erstatten.

Schon wenige Tage später gibt es den nächsten Auftrag, sie soll herausfinden, ob der irische Publizist George Chatterton-Hill Kontakt zu deutschen Politikern wie dem Finanzminister hat. Wieder reist sie nach Berlin, wieder kann sie Erfolg bei einer Mission vermelden. Etwas später soll sie auskundschaften, ob ein in Berlin wohnender japanischer Major mit höheren deutschen Offizieren verkehrt. Kreuzer geht zu den Fünfuhrtees im Kaiserhof, wo der Major untergekommen ist, und berichtet den Engländern, dass sie ihn »unter den zahlreichen Gästen nicht ausgemittelt habe«[46].

Am 20. Januar 1920 weist der englische Nachrichtenoffizier Kreuzer an, sich bei der Militärmission in Berlin zu melden, um weitere Aufträge entgegenzunehmen – und gibt ihr 20000 Papiermark in bar. Die Ermittler schließen später daraus, dass »die nunmehr zu erfüllenden Aufträge eine besonders große Bedeutung haben«[47]. Tatsächlich soll sie die zwischen Russland und Deutschland sowie Japan geschlossenen Verträge auskundschaften, herausfinden, ob Russland Waffen an die SPD liefert oder andersherum, und klären, ob die deutsche Regierung plane, sich den Russen anzuschließen, um gegen die Entente vorzugehen. Auch die Truppenteile sowie Orte des neuen Heeres soll sie ausforschen. Keine leichten Missionen. Doch Kreuzer willigt ein und zieht für länger in den Askanischen Hof in Berlin. Dort angekommen, geht sie allerdings erst einmal zu jenem Presseball, bei dem sie Hans Prollius kennenlernt – und sich offenkundig Hals über Kopf verliebt.

Als sie sich am Montag darauf bei der Militärmission meldet, lautet der eilige Auftrag: Sie solle sofort nach Warnemünde fahren und erkunden, ob von dort deutsche Flugzeuge und Militärkraftwagen Richtung Kopenhagen befördert werden. Denn darüber könnten sie nach Japan geliefert werden. Sie willigt ein, nimmt aber Leutnant Prollius mit nach Warnemünde und mietet sich zwei Tage und zwei Nächte unter dem falschen Namen von Köthen als angebliches Ehepaar in einem Gasthof ein. Die beiden gehen segeln, den Auftrag erfüllt Kreuzer nicht.

Zurück in Berlin wird sie erst einmal länger krank, bittet die Engländer aber dennoch um Geld. Der für sie zuständige Nachrichtenoffizier sorgt sich und schickt ein Telegramm: »ich wünsche Ihnen eine gute Besserüng, stehen sie auf keine fall auf, bis sie ganz gesund sind. gruße und besten Dank. Ich bin sehr zufrieden. Auf Wiedersehen. H.«[48]. Kreuzer hat da schon ganz andere Sorgen. Denn ihr neuer Verlobter ist »leichtfertig veranlagt« und »hat einen Lebenswandel geführt, zu dessen Bestreitung sein Diensteinkommen nicht entfernt ausgereicht hat«.[49] Sie finanziert seinen Lebensunterhalt und den seiner Mutter. In den ersten drei Monaten mit ihm gibt sie 40 000 Papiermark aus. Noch dazu führt die Beziehung zum Bruch mit dem britischen Nachrichtendienst. Sie wollen Kreuzer nicht weiterbeschäftigen, wenn sie einen Deutschen heiratet. Kreuzer will Hans Prollius unbedingt ehelichen – und lässt sich ausbezahlen.

Das Problem: Ende Juni teilt ihr Mann ihr mit, dass er aus dem Heer entlassen wird. Seinen alten Job als Bankbeamter wolle er nicht wieder aufnehmen, weil seine Lungen die Büroarbeit nicht verkraften würden. Es muss also Geld her. Kreuzer, nun Prollius, deren Nerven laut Anklageschrift »durch den fortgesetzten Gebrauch von Morphium und Kokain gelitten haben«[50], wendet sich an die Engländer. Sie will wieder für sie arbeiten. Die Briten stimmen zu. Ende Juli schickt sie einen wertvollen Bericht darüber, dass kurz vor dem Eintreffen der Militärischen Kontrollkommission »Panzerkraftwagen, Minenwerfer und Maschinengewehre von der Reichswehrbrigade III in Potsdam«[51] weggeschafft worden seien.

Kurz darauf bekommt sie wieder Geld – und die Aufforderung, nach Köln zu reisen. Prollius schickt einen schriftlichen Bericht, mischt dabei unter wenige echte Informationen allerdings einige Lügen sowie das, was ohnehin in der Zeitung stand. Es ist eine beliebte Methode der Zeit, im lohnenswerten Handel mit Informationen gibt es viele Betrüger. Militärische Dokumente und Berichte werden frei erfunden oder aus Zeitungswissen zusammengestellt und manchmal sogar mit eigens hergestellten Stempeln versehen, um sie echt aussehen zu lassen. So werden sie dann für hohe Geldbeträge an Nachrichtendienste verkauft. »Nachrichtenschwindler« nennen die deutschen Behörden solche Betrüger. Die Engländer durchschauen Prollius, konfrontieren sie wegen ihres »Zeitungsgewäsch« und setzen ihr ein Ultimatum. Sie müsse sich entscheiden, ob sie wieder brauchbare Berichte anfertigen oder es lassen wolle. Prollius will aussteigen und wird final ausbezahlt. Die englischen Offiziere drohen ihr: »Du wirst es bereuen, die Stellung aufgegeben zu haben und doch nicht von uns loskommen.«[52]

Sie werden Recht behalten, Prollius ereilt ein tragisches Ende. Ihr Mann verprasst ihr Geld: Sie verkauft Wertpapiere, um mit ihm in den Urlaub nach Hiddensee und Rügen zu fahren. Als auch dieses Geld zur Neige geht, kehrt sie allein nach Berlin zurück, veräußert sogar Schmuck, damit er noch zwei Wochen länger dort bleiben kann. Dann verraten die Engländer Prollius über einen Mittelsmann. Sie sind enttäuscht von ihr – und wollen offenkundig verhindern, dass sie für einen anderen Dienst arbeitet. Es gibt eine Durchsuchung in der gemeinsamen Wohnung des

Ehepaares, beide werden am 15. September 1920 verhaftet. Ihr Mann wird kurz darauf wieder freigelassen – schließlich war sie die Spionin. Nach 15 Monaten in Untersuchungshaft wird Prollius zu zwei Jahren Haft verurteilt, kommt also neun Monate später frei. Da ist sie bereits finanziell ruiniert, insgesamt haben die sieben Monate mit dem Leutnant sie rund 100 000 Papiermark gekostet.

Auch Alwine Brusis, die Frau, die nur mit einer Lüge bewaffnet allein die Namen der frühfaschistischen Orka-Mitglieder ausspionierte, wird nicht mehr glücklich. Als sie nach zehn Jahren aus dem Gefängnis kommt, haben die Organisationen, die sie ausspionierte, mit dafür gesorgt, dass die Nationalsozialisten an der Macht sind. Und die trauen Brusis nicht über den Weg. Am 14. März 1941 verhört die Geheime Staatspolizei sie in Aachen. Zu diesem Zeitpunkt arbeitet Brusis für 155 Reichsmark im Monat als Stenotypistin bei der Leonard Monheim AG, die bekannt ist für ihre »Trumpf«-Schokolade. Die Gestapo notiert in ihren Akten, dass Brusis kein Mitglied der NSDAP ist, aber seit 1935 der Ortsgruppe Hangeweiher der NS-Frauenschaft angehört, der Frauenorganisation der NSDAP. Brusis berichtet zunächst, was sie gemacht hat, als sie 1933 aus dem Gefängnis kam: Nach ein paar Wochen in Köln bei ihrem Bruder ging sie, »des Lebens überdrüssig«[53], in ein Kloster im niederländischen Venlo. Nach einer Zwischenstation als Sekretärin bei einem Zahnarzt in Paris und dem Aufenthalt in einem Kloster in Lille, kehrte sie 1934 nach Aachen zurück, wo sie in einem evangelischen Frauenheim lebt.

Auf Nachfrage der Gestapo erzählt sie von einem ungeplanten achttägigen Zwischenstopp in Metz, das nach der Besetzung durch die Deutschen im Ersten Weltkrieg wieder französisch war. Sie sei von der örtlichen Polizei aufgehalten worden. »Ich muss jedoch unter allen Umständen in Abrede stellen, daß bei dieser Gelegenheit irgendwie erörtert wurde, eventuell wiederum für den französischen Nachrichtendienst tätig zu werden«[54], erzählt sie dem Beamten. Die Gestapo lässt nicht locker und will zusätzliche Details zu ihrem Aufenthalt in Metz. Brusis bleibt bei ihrer Geschichte: Sie habe in keiner Weise versucht, wieder mit französischen Behörden in Verbindung zu kommen. Ihr wird gesagt, dass es ihr verboten ist, über die Vernehmung oder ihre frühere Agentinnentätigkeit mit irgendwem zu sprechen. Sie unterschreibt das Verhörprotokoll und geht.

Schon einen Tag später wird sie allerdings erneut einbestellt. Man glaubt ihr nicht, auch, weil sie fünf Jahre zuvor selbstständig bei der Gestapo in Aachen war. Sie habe sich damals aus Geldnot dem deutschen Nachrichtendienst angeboten, sagt sie. Und: »Wenn mir unterstellt werden sollte, daß ich die Absicht hatte, eventuell in Deutschland über den Nachrichtendienst etwas in Erfahrung zu bringen, um es dann dem französischen Nachrichtendienst zuzuleiten, so muß ich das energisch bestreiten.«[55] Das habe sie sich weder selbst überlegt noch dazu einen Auftrag von irgendeiner deutschen oder ausländischen Person erhalten. Außerdem sei sie seit 1934 nicht mehr im Ausland gewesen, daher hätte sie zu so etwas auch nicht gebracht werden können. Sie beteuert: »Ich habe die reine

Wahrheit gesagt und bin mir in keiner Weise einer Schuld bewußt.«

Den »Kriminal Oberassistent« überzeugt sie damit nicht. Er notiert am 17. März 1941, dass der dringende Verdacht bestehen bleibe, dass Brusis zur Staatspolizei in Aachen kam, um Wissenswertes zu erfahren und dem feindlichen Nachrichtendienst davon zu berichten. Es handele sich bei ihr um »eine intelligente Person, die aus ihrer Praxis und Erfahrung zu entscheiden weiß, worauf es dem feindlichen Nachrichtendienst ankommt«[56]. Aber: »Eine vorläufige Festnahme der Brusis erschien infolge Fehlens von beweiskräftigen Unterlagen einer landesverräterischen Verbindung nicht angebracht.«[57]

Die Ermittlungen gegen Brusis gehen weiter: Fünf Tage später verschickt die Gestapo aus Düsseldorf ein Schreiben an das Reichssicherheitshauptamt und alle westlichen Staatspolizeileitstellen. Der Kriminalrat bittet um Mitteilung, wo Brusis nach 1933 in Erscheinung getreten ist. Wie wichtig der Fall genommen wird, sieht man auch an einem Schreiben des zuständigen Staatsanwalts an den Oberreichsanwalt beim Volksgerichtshof in Berlin. Denn eine Abschrift geht an den Reichsminister der Justiz und den Chef des Oberkommandos der Wehrmacht. Der Staatsanwalt fasst die Vernehmungen zusammen und schreibt, dass man Brusis nicht glaube: »Es besteht daher der dringende Verdacht, daß die Beschuldigte trotz ihres Bestreitens bei ihrem Aufenthalt in Metz erneute Verbindung mit dem Nachrichtendienst aufgenommen hat und ihr späteres Anerbieten bei der hiesigen Stapo hiermit in Zusammenhang steht.«[58] Der Oberreichsanwalt beim Volksgerichtshof will den Fall allerdings noch nicht weiterreichen, weist an, ihn erstmal im ordentlichen Verfahren zu bearbeiten. Den Präsidenten des Reichskriegsgerichts müsse man noch nicht informieren. Das ist am 3. April 1941.

Fast genau sieben Monate später, am 9. November, verstirbt Alwine Brusis. So zumindest ist es auf ihrer Geburtsurkunde des Standesamts Düsseldorf-Benrath am Rand vermerkt. Sie ist 54 Jahre alt, die Todesursache ist nicht notiert. Brusis und ihre Geschichte verschwinden zwischen Aktendeckeln. Sie und ihr Kampf gegen die Frühfaschisten geraten in Vergessenheit.

3

Verschlüsseln, Funken, Lügen

Eine Doppelagentin im Kampf gegen Nazideutschland

Die Puderdose, der Lippenstift und der Kamm poltern auf den Boden, ein paar Notizzettel und ein Taschentuch flattern hinterher. »Meine Güte, bin ich ungeschickt«[1], sagt Nathalie Sergueiew. Die Offiziere der deutschen Abwehr, die mit ihr in der Villa sind, heben ihre Sachen auf, der Lippenstift ist unter einen Stuhl gerollt. Auch die 31-Jährige bückt sich, nimmt ihr Taschentuch an sich – und rückt näher an den Telefonapparat, der vor ihr in einer dunklen Ecke steht. So kann sie endlich die Nummer ablesen, die sie vorher nicht entziffern konnte. Deswegen hat sie ihre Handtasche fallen lassen.

Beim Verlassen der Villa merkt sie sich außerdem, wie das Nachbarhaus aussieht, es hat noch keine Hausnummer, die Wände sind erst zur Hälfte hochgezogen, drum herum liegen Ziegelsteine. Das Haus auf der anderen Seite hat dafür eine Nummer: 64. Schon am Tag zuvor hatte

Sergueiew versucht zu identifizieren, wo die Abwehroffiziere sie hinfuhren, doch hatte den Straßennamen nicht erkennen können. Sie sah nur, dass in der Nähe eine Tram fährt. »Ich konnte nicht einen einzigen Hinweis darauf finden, wo genau die Villa liegt, sehr ärgerlich«[2], notierte sie in ihrem Tagebuch. Dank des Taschentricks und der Telefonnummer kann sie die Adresse nun ausfindig machen.

Es ist der 18. September 1943, der Zweite Weltkrieg tobt inzwischen an mehreren Fronten, die Nationalsozialisten mit ihrem Führer Adolf Hitler haben ihn begonnen und zahlreiche Länder besetzt, sie führen den »Totalen Krieg«. Am Ende töten das NS-Regime und seine Verbündeten rund 17 Millionen Menschen, darunter sechs Millionen Jüdinnen und Juden. Die Villa ist ein Quartier der deutschen militärischen Abwehr in Madrid. Das von Francisco Franco diktatorisch regierte Spanien ist zwar offiziell neutral, arbeitet aber mit dem NS-Regime zusammen und unterstützt es militärisch.

Sergueiew, eine in Frankreich aufgewachsene Russin, spioniert für die Abwehr, zumindest denken die Deutschen das. Denn in Wahrheit ist sie eine der wichtigsten Doppelagentinnen des Zweiten Weltkriegs: Sergueiew arbeitet für die Engländer, sie nennen sie »Treasure«[3], ihren »Schatz«. Sie gibt Infos über die Abwehr weiter und füttert die Deutschen mit falschen Angaben. Am Ende ist sie mit dafür verantwortlich, dass der D-Day gelingt. Also jener Tag, der die Wende im Zweiten Weltkrieg einleitet und Frankreich sowie Westeuropa von der Herrschaft der Nationalsozialisten befreit.

Nathalie Sergueiew, die sich selbst Lily nennt, wird am 25. Januar 1912 in Sankt Petersburg geboren. Als sie sieben oder acht Jahre alt ist, ziehen ihre Eltern mit ihr und ihrer Schwester nach Paris, lassen sich dort einbürgern. Der Vater ist Autohändler, die Mutter Sekretärin. Mit 16 beginnt Sergueiew ihr Studium der Malerei, vier Jahre wird es dauern. So steht es in den Akten der Briten, die im Nationalarchiv des Vereinigten Königreichs lagern.[4] Sie ist abenteuerlustig, Angst scheint sie kaum zu kennen. Nachdem sie ihr Studium beendet hat, startet die 21-Jährige im Juli 1933 ein bemerkenswertes Projekt: Sergueiew läuft zu Fuß von Paris nach Warschau.[5] Sie will sich für ihre Malerei inspirieren lassen und Reportagen schreiben, bezeichnet sich als Journalistin. Doch erst einmal wird vor allem über sie und ihren Fußmarsch berichtet, in polnischen, dänischen, luxemburgischen, russischen und französischen Medien.[6] Bei ihrem mehrwöchigen Zwischenhalt in Berlin lernt sie zudem den Journalisten Felix Dassel kennen, ein Mann Anfang 40 mit blauen Augen und »ungesundem, blassem Teint«[7], wie sie den Briten später erzählt. In der *Deutschen Allgemeinen Zeitung* schreibt er, dass sie »mit genau einhundert Mark in der Tasche, ohne ein Wort Deutsch zu sprechen, mit etwas Wäsche und ganz viel Zeichenmaterial im Rucksack«[8] unterwegs sei. Und: »Mut hat das Mädel wie drei Männer«.

Tatsächlich gelingt es Sergueiew bei ihrem Aufenthalt in Berlin, den Vizekanzler Adolf Hitlers, Franz von Papen, zu sprechen. Und sie bekommt die Erlaubnis des Propagandaministeriums, in ein Arbeitslager in Ferch, 42 Kilometer vor Berlin, einzuziehen. »Dort betätigte ich mich drei Tage lang mit Schaufel, Harke und Säge, dann schnallte ich wieder meinen Rucksack auf und nahm mein Skizzenbuch, das in diesen drei Tagen um gute paar Seiten dicker geworden war«[9], schreibt sie später in der *Neuen Wiener Zeitung* über ihre Reiseerfahrungen. In ein Konzentrationslager sei sie leider nicht hineingekommen. Diese hatten die Deutschen im Frühjahr angefangen zu errichten.

Als sich Sergueiew wenig später in den Reichstag einschleicht, um ihn von innen zu sehen, wird sie erwischt und kommt ins Gefängnis. Angst hat sie wieder nicht: »Die dort verbrachten drei Tage gehören zu den schönsten Erlebnissen meines Lebens.«[10] Sie habe dort »interessante Studien auf dem Gebiet der Wandbeschriftungen« gemacht und ein Bad bekommen, »was auf einer Reise immer gut tut«.[11] Von Berlin nach Warschau habe sie dann nur noch 12 Tage gebraucht, »und zwar deshalb so eilig, weil den ganzen 556 Kilometer langen Weg der Regen strömte«[12]. Kurz aufwärmen habe sie sich können, als sie an der deutsch-polnischen Grenze erneut verhaftet worden sei. Der Berliner Polizeipräsident habe dann dafür gesorgt, dass sie freikam. Zurück nach Paris fährt sie mit Zug und Boot, im April 1934 ist sie wieder dort. Sie verkauft Gemälde, die sie auf der Reise gemalt hat. Und sie schreibt ein Buch über ihren Fußmarsch.

Lange hält es Sergueiew nicht in Paris, sie entwickelt eine neue »sportliche Künstlerfahrt«, wie sie es in einem Artikel nennt: Diesmal geht es über Deutschland, die Tschechoslowakei, Österreich, Ungarn und Jugoslawien nach Italien und zurück nach Paris – mit dem Fahrrad. Sie startet im Juni 1934 mit einer Freundin, die auch Künstlerin ist, fährt aber ab Jugoslawien alleine weiter. Hinten rechts und links hat sie große Taschen, das Zelt auf dem Gepäckträger, vorne an den Lenker sind zwei Wasserflaschen geschnallt. Sergueiew macht Pausen am Wegesrand, picknickt und liest, auf dem Bauch liegend. Sie geht in Flüssen und im Meer schwimmen, wäscht ihre Kleidung in Seen, posiert mit Menschen, die ihr begegnen. Sie zeltet in der freien Natur oder schläft auf Bauernhöfen. Sie bewundert die Aussicht und besucht Moscheen. So zeigen es schwarz-weiße Fotos, die ihre Familie bis heute aufbewahrt hat. Am Ende legt Sergueiew 7378 Kilometer zurück. Als sie im Januar 1935, also nach nur sieben Monaten, wieder in Paris ankommt, hat sie noch 25 Groschen. Dafür ist sie nun berühmt, nicht nur wegen ihrer Fahrradtour.

Denn Sergueiew hat unterwegs etwas Außergewöhnliches geschafft: Sie führte ein Interview mit Reichsminister Hermann Göring, Hitlers rechter Hand und Ministerpräsident Preußens. Der ist im Oktober 1934 in Belgrad. Hartnäckig wie sie ist, ruft Sergueiew nicht nur bei der ständigen Auslandsvertretung an, sondern geht selbst hin, bittet vor Ort erneut um einen Termin. Und in der Tat, Göring empfängt sie. Die 22-Jährige beschreibt die Szenerie für die französische *Le Jour*: »Ein großes Wohnzimmer. Blumen. Helles Licht. Herr Göring steht. Er zeigt mir seinen Rücken und liest dabei eine Zeitung. Er trägt seine blaue Uniform als Luftwaffengeneral. Als ich reingehe, dreht er sich um und reicht mir die Hand.«[13] Sie sprechen über ihren Fußmarsch von Paris nach Warschau, er habe dies lautstark bewundert: »Unglaublich!«[14]

Ebenso erstaunlich scheint Sergueiew zu finden, dass sie Göring gegenübersitzt: »Ich kann kaum glauben, dass ich mich vor dem mächtigsten Mann Deutschlands nach Hitler befinde.«[15] Zuerst fragt sie ihn, ob er ihr ein Treffen mit Hitler organisieren könne. Göring sagt zu, für das neue Jahr. Dann geht es um seine Eindrücke aus Belgrad, um die Beziehungen zwischen Jugoslawien und Frankreich sowie Deutschland, wobei Göring immer mal wieder auf Französisch antwortet. Dann geht es um Österreich, Sergueiew fragt, ob es dort auch »den Nationalsozialismus«[16] geben werde. Göring habe gelächelt und gesagt: »Sicher ist, dass das aktuelle Regime nicht mehr lange dauern kann.«[17] Dreieinhalb Jahre später wird der »Anschluss« vollzogen. Zum Schluss bittet Sergueiew Göring, ein paar Wörter in ihrem Notizbuch zu hinterlassen. Er schreibt: »Ein Deutschland der Ehre wird immer der sicherste Garant für den Frieden der Welt sein.«[18] Sechs Jahre danach wird Deutschland den Krieg beginnen, der weltweit bis heute die meisten Toten gefordert hat, und in dem die Nazis systematisch Juden und andere Minderheiten ermorden.

Im Februar 1935 reist Sergueiew nach Berlin und trifft Göring zum zweiten Mal. Das Interview mit Hitler klappt allerdings nicht. Stattdessen darf sie erneut in ein Arbeitslager, um darüber zu berichten. Und sie nimmt 1936 an zwei »Kraft durch Freude«-Reisen teil, nach Bad Ems und an die Nordsee. Die Nazis hatten die Organisation gegründet, damit sich die Arbeiterinnen und Arbeiter in ihrer Freizeit schnell erholen und im Job noch produktiver sind. Es war preiswerter, als ihre Gehälter zu erhöhen. In den folgenden Monaten erledigt Sergueiew ein paar

Jobs für Dassel, den Berliner Journalisten mit dem ungesunden Teint. Sie reist für ihn in die Tschechoslowakei, in die Ukraine und nach Belarus, soll ihm über die Probleme der deutschen und russischen Minderheiten berichten. 1937 eröffnet er ihr, dass er Nachrichtendienstler sei, Journalist sei er nur zur Tarnung. Er will sie anwerben, doch sie lehnt ab.

Danach lebt Sergueiew wieder in Paris und bereitet ihr neuestes Großprojekt vor: 1938 will sie allein von Paris bis ins vietnamesische Saigon radeln, rund 17000 Kilometer wären das. Sie kündigt ihre Reise öffentlich an, bekommt ein neues Fahrrad und ein Zelt gesponsert. Am 23. September 1938 startet die inzwischen 26-Jährige am Triumphbogen, Menschen recken Fahrräder in die Höhe, bilden so ein Spalier für sie. Bis Mai hat sie knapp 3000 Kilometer geschafft, interviewt in Istanbul den türkischen Außenminister, bevor sie weiterfährt. Als die Deutschen in Polen einmarschieren, ist sie in Aleppo. Sergueiew verkürzt ihren Trip, radelt nur noch nach Beirut, wo sie eine Ausbildung zur Krankenpflegerin macht. Im März 1940 besteht sie die Prüfung. Als die Franzosen ein halbes Jahr später einen Waffenstillstand unterzeichnen, ist sie fassungslos. Sie entscheidet dennoch, nach Frankreich zurückzukehren.

Denn: In Beirut hat Sergueiew einen Plan entwickelt. Zwei Tage und Nächte habe sie hin und her überlegt, schreibt sie in ihrem Tagebuch. »Nachts, im Bett, wenn die Lichter aus waren, schien es alles so einfach! Aber morgens, am helllichten Tag, wirkte mein Plan verrückt und kindisch – wie etwas, von dem man in Büchern liest, was aber im wirklichen Leben nicht vorkommt.«[19] Am Ende entscheidet sie sich, ihr Glück zu versuchen – um ihr geliebtes Paris, das die Nationalsozialisten besetzt haben, zu befreien. Das ist ihre Motivation.

Ende Dezember 1940 arrangiert sie ein Treffen mit Dassel, gibt ihm zu verstehen, dass sie nun doch für sein Angebot offen ist. Am 22. Januar treffen sie sich im pompösen Maxim's in Paris, einem Restaurant im Jugendstil mit roten Samtsitzen und goldverschnörkelten Spiegeln. Dort dinieren sonst die Schönen und Reichen, darunter Greta Garbo, Marlene Dietrich und Adlige wie der britische König Edward VII. Während der deutschen Besatzung gehört es zu den beliebtesten Restaurants der Nationalsozialisten, auch der luxusverliebte Göring war wenige Monate vor Dassel und Sergueiew dort. Kaum sitzt die 28-Jährige, ist sie nicht mehr nervös: »Der Schrecken, den ich noch vor kurzem verspürte, hat mich verlassen.«[20] Dassel fragt sie, was sie von den Briten halte. »Diese Schlappschwänze sind schuld, dass ich meine Reise unterbrechen musste. Und dass Frankreich am Krieg teilgenommen hat«[21], lügt Sergueiew. Ob sie sich vorstellen könne, mit den Deutschen gegen sie zu arbeiten? Sie bejaht, er bestellt Champagner.

Der erste Teil des Plans hat schon mal funktioniert. Ganz geheuer ist er ihr laut Tagebucheintrag allerdings nicht, zumindest flüstert Sergueiew ihrem Hund Babs zu Hause ins Ohr: »Es ist ein schönes Spiel, es ist ein großartiges Spiel, aber wenn wir es verlieren, verlieren wir unser Leben… oder zumindest meines.«[22] An den Gedanken zu sterben müsse sie sich nun wohl gewöhnen.

Dass die deutsche Abwehr die eigenwillige Sergueiew, die sich Männern nie untergeordnet hat und mit 28 noch unverheiratet und kinderlos ist, überhaupt einsetzen will, ist bemerkenswert. Schließlich entspricht sie so gar nicht dem Frauenbild der Nationalsozialisten. Adolf Hitler schreibt 1925 in *Mein Kampf:* »Das Ziel der weiblichen Erziehung hat unverrückbar die kommende Mutter zu sein.« Seine Partei, die NSDAP, beschließt schon 1921: »Eine Frau kann in der Führung der Partei und in den leitenden Ausschuß nie aufgenommen werden.« Da ab Mitte 1933 nur noch die NSDAP zur Wahl steht, macht es für Frauen kaum mehr Sinn, sich politisch zu engagieren. Kinderreiche Familien erhalten zudem finanzielle Förderung. Der Muttertag wird zum Feiertag erklärt und das Mutterkreuz eingeführt: ab vier Kindern bekommt man das bronzene, ab sechs das silberne und ab acht das goldene.

Schon 1933 verabschieden die Nationalsozialisten, die »Rassenhygiene« herstellen wollen, wie sie es nennen, zudem das »Gesetz zur Verhütung erbkranken Nachwuchses«. Auf dessen Grundlage werden rund 400000 Menschen zwangssterilisiert. Unter den Tausenden, die an den Folgen des Eingriffs sterben, sind mehrheitlich Frauen. Aus den Universitäten werden Frauen verdrängt, eine Zeit lang dürfen laut eines neuen Gesetzes nur zehn Prozent der jährlich zugelassenen Studienanfänger weiblich sein. Zudem wird das »Ehestandsdarlehen« eingeführt, mit dem frisch Verheiratete ihren gemeinsamen Haushalt ausstatten sollen. Um es zu bekommen, muss die Ehefrau allerdings aufhören zu arbeiten. So wurden Stellen für arbeitslose Männer geschaffen. Die Regeln werden erst gelockert, als die Kriegsvorbereitungen intensiviert werden.

Ansonsten machen nur wenige Frauen in Nazideutschland Karriere: etwa die Filmemacherin Leni Riefenstahl, die Propagandastreifen dreht. Oder die Schauspielerinnen Olga Tschechowa, Marika Rökk und Zarah Leander – über die in den vergangenen Jahren immer wieder spekuliert wurde, dass sie für den russischen Geheimdienst KGB gearbeitet haben. Oder Elly Beinhorn, eine Pilotin, die 1931 allein von Berlin bis in das heutige Guinea-Bissau nach Afrika fliegt. Sie wird zum Star, schreibt Bücher, dreht Dokumentarfilme und fliegt um die Welt – in einer Zeit, als Frauen von der kommerziellen Luftfahrt ausgeschlossen sind. Beinhorn darf es nur, weil die Nationalsozialisten ihre Popularität ausnutzen wollen, sie wirbt beispielsweise in den USA für die Olympischen Spiele unter dem Hakenkreuz, die 1936 stattfinden. Die spätere Erotik-Unternehmerin Beate Uhse ist ebenfalls Pilotin, macht Testflüge und überführt Flugzeuge, später erreicht sie den Rang Hauptmann der Luftwaffe und bringt Jagdflugzeuge an die Front. Eine andere Fliegerin, die der Propagandaapparat gerne vorzeigte, war Hanna Reitsch. Die Testfliegerin von Militärflugzeugen gehört zu den erfolgreichsten Pilotinnen ihrer Zeit, erhält als einzige Frau das Eiserne Kreuz 1. Klasse.

Von der Frauenrechtsbewegung aus der Weimarer Republik ist nun kaum mehr etwas übrig, die Vereine werden gleichgeschaltet oder lösen sich auf. Es gibt stattdessen die »NS-Frauenschaft« und das »Deutsche Frauenwerk« mit mehreren Millionen Mitgliedern, ohne progressive Forderungen oder auch nur dem Wunsch nach Gleichberechtigung. Und es gibt den »Bund Deutscher Mädel«, in dem ab 1936 alle Mädchen und jungen Frauen nationalsozialistisch erzogen werden.

Sergueiew kann mit alledem wenig bis nichts anfangen, im Gegenteil, doch das weiß Dassel nicht. Ende Januar 1940 holt er sie nach Berlin für eine Art Bewerbungsgespräch mit seinem Vorgesetzten. Sie übernachtet in einem Hotel auf dem Kurfürstendamm, Mittagessen gibt es im Kempinski – und sie besteht. Fortan wird sie in den Akten der Deutschen als »Tramp« geführt, Landstreicherin. Sie bekommt ihren ersten Unterricht im Schreiben mit geheimer Tinte: Dafür muss sie eine Tablette Antipyrin in einem Esslöffel Alkohol auflösen, tunkt dann einen Zahnstocher, um den Baumwolle gewickelt ist, darin und schreibt damit. Anschließend muss sie das Papier in Alkohol baden, bevor sie es zwischen Löschpapier zwei Stunden trocknet. Sechs Tage trainiert sie, dann kehrt sie nach Paris zurück – und wartet vergeblich auf Nachricht der Deutschen. Nach drei Monaten droht die ungeduldige Sergueiew in einem Brief, dass sie bald allein losziehen würde. Prompt meldet Dassel sich, kündigt einen Besuch in Paris an. Doch auch dann geht es noch nicht los. In den Monaten darauf entwickeln die Deutschen zwar immer neue Ideen, wo sie ihre Agentin hinschicken wollen. Wegen des sich rasant entwickelnden Krieges verwerfen sie diese aber immer wieder.

Im Oktober 1941 bekommt Sergueiew einen neuen Ansprechpartner: Emil Kliemann. Der 46-jährige Österreicher mit dem »dicken Oberlippenbart«[23] und breiten

Schultern hat im Ersten Weltkrieg gekämpft, wurde Oberstleutnant. Danach schien er erst einmal seine Berufung zu suchen, machte ein Volontariat bei der Österreichischen Anzeigen-Gesellschaft, verkaufte selbst gemachte Schnitzereien und arbeitete als Kontrolleur im Kriegsgefangenenamt Wien. Er besuchte Bank- und Handelskurse an der Volkshochschule und beschäftigte sich mit Kunstgeschichte und Kostümkunde, bevor er sich als Drehbuchbearbeiter, Regieassistent und Innenarchitekt selbstständig machte. Nach drei Jahren bei einer Bank wurde er 1925 Chefbuchhalter bei einem Getreidegroßhändler. So halten es die Deutschen in seiner Personalakte fest. 1939 tritt er in die Wehrmacht ein und fängt bei der Abwehrstelle Wien an. Nach einer Zwischenstation in Wiesbaden wechselt er 1940 nach Paris, wo er zum Major befördert und Sergueiew zugeordnet wird. Kliemann gilt als hilfsbereit, fleißig und »offener Kamerad mit sehr guten Umgangsformen«[24]. Glühender Nationalsozialist war er wohl nicht, in einer »Erklärung über politische Vergangenheit und Einstellung« antwortet er auf die Frage nach einer NSDAP-Mitgliedschaft: »indirekt durch Überleitung der Mitglieder des Sudetendeutschen Heimatbundes«.[25]

Seiner neuen Agentin traut Kliemann offenbar nicht sofort, packt bei einem gemeinsamen Essen ihr Handgelenk und fragt sie, warum sie für die Deutschen arbeiten will. Sergueiew reagiert geschickt: »Major, Sie sind ein intelligenter Mann: was kann Ihnen meine Antwort wert sein? Ich kann sagen, dass ich es aus Überzeugung tue oder aus Prinzip oder weil ich die Deutschen liebe oder weil ich die

Briten hasse. Aber wenn ich ihr Feind wäre, wenn ich hier wäre, um gegen Sie zu spionieren, Sie zu verraten, glauben Sie, dass meine Antwort eine andere wäre?«[26] Kliemann lächelt und lässt ihr Handgelenk los.

In den kommenden Wochen sorgt Kliemann dafür, dass sie Morsen lernt. Sie denken sich Decknamen aus, er ist nun »Moustache«, sie »Solange«. Losreisen kann sie immer noch nicht, die Papiere fehlen. Nach zehn Monaten probt sie den Aufstand: »Gib Moustache bitte die Nachricht, dass ich übermorgen mit einer Freundin in den Süden fahren werde«[27], sagt sie Ende Juli 1942 zu dessen Assistentin. »Ich mag es nicht, wenn man mich zum Narren hält.«[28] Am Tag darauf will Kliemann sie endlich treffen, verspätet sich aber, weswegen Sergueiew wieder geht. Einen Tag später ist er plötzlich pünktlich, sie hält ihm trotzdem eine Standpauke: »Ich werde nicht mehr warten.«[29] Er solle sich jemand anderen suchen. Da zückt Kliemann ein orangenes Papier – es ist ihr Pass, mit dem sie über Spanien nach England kommen soll. Sergueiew ist glücklich und packt ihre Koffer. Endlich kann der zweite Teil ihres Plans beginnen, denkt sie.

Doch die Polizei will ihr kein Visum geben. Und dann marschieren die Deutschen im November 1942 auch noch im bis dahin nicht besetzten Teil Frankreichs ein, weswegen sie ihre Reiseroute wieder ändern muss. Die erneute Planänderung kostet Zeit, Sergueiew überbrückt sie, indem sie funken trainiert. Und sie prägt sich ein, wie die Küstenverteidigung der Briten funktioniert. Außerdem muss sie auswendig lernen, was sie für die Deutschen ausspionieren soll: die Beschreibung von Flughäfen, Truppenbewegungen, Flugabwehrraketengeschütze, alles rund um die Hochebene Salisbury Plain und darüber, ob die Briten Gas als Kampfmittel benutzen wollen und wie. Sie trainiert auch ihre Fähigkeit, in ungeplanten Situationen geschickt zu reagieren: Als sie im Februar 1943 mit dem Zug nach Vichy fährt, gerät sie in eine Kontrolle, bei der alle Reisenden abgetastet werden. Sie hat Briefe dabei, die nicht gefunden werden dürfen. Als sie an der Reihe ist und die Grenzkontrolleurin sie anfasst, fängt sie an zu kichern. »Sie kitzeln mich!«[30], sagt sie. »Ach, unmöglich«[31], antwortet die Grenzkontrolleurin. Aber wo sie berührt wird, am Handgelenk, am Rücken, am Nacken, Sergueiew fängt an zu lachen und sich zu schütteln. Bald lacht das ganze Abteil mit ihr – und die Frau beendet die Leibesvisitation. Die Briefe sind sicher.

Am Mittwoch, den 23. Juni 1943, zweieinhalb Jahre nachdem sie sich von den Deutschen anwerben ließ, sitzt Sergueiew dann endlich im Zug nach Madrid. Nun kann sie den zweiten Teil ihres Plans in die Tat umsetzen. Sie macht einen Termin beim britischen Konsulat. »Sie wollen nach England gehen um ihre Familie wiederzusehen?«[32], fragt der Beamte. »Nicht wirklich. Ich gehe dorthin um zu spionieren.«[33] Er zieht die Augenbraue hoch. Sie erzählt von ihrem Plan: Während die Deutschen sie für die perfekte Agentin halten, wolle sie für die Engländer arbeiten. Der Brite kann sein Glück kaum fassen, informiert seine Vorgesetzten und lobt Sergueiew: »Ein guter Plan!«[34] Er kümmert sich um ihre Papiere und verspricht, dass ihr Hund Babs ebenfalls nach England geschmuggelt wird ohne in Quarantäne zu müssen.

Während sie in Madrid ist, kommuniziert sie immer wieder mit Kliemann und stellt fest: »Ich kann inzwischen sehr gut lügen.«[35] Auch ihre Tricks werden immer raffinierter. Als Kliemann im September nach Madrid kommt, findet das Treffen in jener Villa statt, die er und die Abwehr dort als Geheimquartier nutzen. Sergueiew will für die Engländer unbedingt herausbekommen, wo diese ist, es ist der Moment, in dem sie ihre Handtasche fallen lässt. Kliemann bemerkt nichts davon, vertraut ihr inzwischen sogar soweit, dass er ihr von seinen Liebesproblemen erzählt: Er hat eine Affäre mit seiner Assistentin und fürchtet, sie könnte ihm fremdgehen. Sergueiew solle ihr deswegen hinterherspionieren. Sie schimpft zwar, hilft ihm aber und kann ihm seine Sorgen nehmen.

Nun kann es wirklich losgehen. Anfang Oktober 1943 reist Sergueiew nach Gibraltar und fliegt am 5. November nach Bristol. An der Passkontrolle nutzt sie den neuen Namen, den die Briten ihr besorgt haben, reist als »Dorothy Tremaine«[36] nach London. Dort bekommt sie eine Wohnung und eine Agentenführerin: Mary Shearer. Und sie trifft Colonel Thomas Argyll Robertson, ihren Boss, wie Shearer ihn nennt. Der Schotte begrüßt sie überschwänglich: »Da sind Sie ja endlich. Zunächst will ich Sie beglückwünschen: Ihre Arbeit ist ein großer Erfolg.«[37] Er betrachte sie als »einen Trumpf im Spiel der Geheimdienste«[38], der mehr wert sei als eine Panzerdivision. Denn: Die Deutschen würden ihr komplett vertrauen »und so sind wir in der einzigartigen Lage, sie mit falschen Informationen zu füttern«[39] – etwas, von dem Nachrichtendienstler sonst nur träumen könnten. Es gehe um nicht weniger als

»die Operation, die den Ausgang des Krieges bestimmen wird«[40], so der Colonel. Er wird Recht behalten.

In den vergangenen Monaten hatten die Deutschen schon viele Niederlagen eingefahren, mussten sich an mehreren Fronten zurückziehen, kapitulierten in Stalingrad. Doch sie gaben nicht auf, der Propagandaminister Joseph Goebbels rief im Februar stattdessen den »Totalen Krieg« aus. Die Briten kämpfen seither mit allen Mitteln gegen die Deutschen, die Royal Air Force fliegt etwa gezielt Luftangriffe gegen die Zivilbevölkerung, um deren Unterstützung für Hitler zu brechen. Und sie nutzen vermehrt Spionagemethoden. Der Inlandsnachrichtendienst »Security Service«, besser bekannt als MI5, hat das »Double-Cross System« ins Leben gerufen, auch »XX System« abgekürzt. Dabei werden deutsche Agentinnen und Agenten »umgedreht«. Es ist so erfolgreich, dass die Briten später festhalten: »Mit Hilfe des Double-Cross Systems haben wir die deutsche Spionage in diesem Land geführt und kontrolliert.«[41]

Dafür zuständig ist MI5-Agent Robertson, Sergueiews Boss. Er eröffnet ihr direkt am ersten Abend den genauen Plan, sagt ihr, dass die Deutschen zuletzt verzweifelt versucht hätten, herauszufinden, wo auf dem europäischen Festland die alliierten Truppen anlanden wollen. Noch sei es ihnen nicht gelungen. Mit ihrer Hilfe könne man »aus der Defensive in die Offensive kommen«[42] und die Deutschen glauben lassen, dass die Briten ein Gebiet auserkoren hätten, allerdings eins, wo diese am Ende gar nicht hinwollen. So könnten die Soldaten der Alliierten ohne viel Gegenwehr anlanden – und der Krieg gewonnen werden. Sergueiew ist damit nicht nur Teil des »Double-Cross Systems«, sondern auch der »Operation Fortitude«. So heißt die Desinformationskampagne, mit der die Alliierten den Deutschen falsche Hinweise zuspielen. Es ist ein großes Unterfangen, für das sie sogar eine Armeeeinheit erfinden, die »First United States Army Group« (FUSAG). Sie fingieren Funksprüche und stellen Militärattrappen auf, um die Täuschung zu perfektionieren. Es funktioniert: Regelmäßig gehen Meldungen über die FUSAG bei den Deutschen ein, die heute im Militärarchiv in Freiburg liegen.

Am Ende von alledem steht die Landung in der Normandie, »Operation Overlord«, und die dazugehörige Desinformation, die Sergueiew übermitteln soll. Sie dürfe dabei keine Fehler machen, bläut Robinson ihr ein: »Die Möglichkeiten, die sich uns bieten, sind so wertvoll, dass wir nicht einmal die kleinsten Risiken eingehen dürfen.«[43] Wie wichtig sie für die Briten ist, zeigt auch ihr Spitzname Treasure. Sergueiew lebt sich erst einmal ein, schickt Kliemann einen Brief, dass sie gut angekommen ist, und berichtet den Briten alles, was sie über die Funkgeräte der Abwehr weiß. Dann wird sie krank. Mary, ihre Assistentin, schimpft: »Sie müssen auf sich aufpassen! Sie können nicht krank sein. Sie haben kein Recht dazu!«[44] Doch es nutzt nichts, sie fällt mehrere Wochen aus. Der Doktor sagt, beide Nieren seien beschädigt, sie habe nur noch sechs Monate zu leben. Er will eine ihrer Nieren entfernen. Sergueiew weigert sich, glaubt, mit nur einer sterbe sie schneller. Als sie wieder etwas fitter ist, organisiert sie in Absprache mit den Briten ein Treffen mit Kliemann. Von diesem soll sie endlich das Funkgerät mitbringen, mit denen sie ihre Falschnachrichten an die Deutschen übermitteln kann. Darauf drängen die Briten schon länger, auch das steht in den Akten.

Im März 1944 trifft sie Kliemann dann endlich in Lissabon. Er schöpft keinen Verdacht, im Gegenteil, er ist begeistert von seiner Agentin: »Du hast alle Hoffnungen übertroffen«[45]. Er fragt, ob sie eine Idee habe, wie sie das Funkgerät nach London transportiert bekomme. Sie erzählt ihm, was sie sich mit den Briten ausgedacht hat: Sie kenne einen Botschaftsmitarbeiter, den sie bitten würde, es per Diplomatenkoffer zu schicken, damit sie keine Steuern zahlen muss. Sergueiew fürchtet, dass Kliemann die Legende durchschaut. Doch er ist begeistert: »Du bist wunderbar!«[46] Er bringt ihr das Funkgerät, sie lernt, wie man es auseinander- und wieder zusammenbaut. Sie bekommt die Frequenzen genannt und neue Anweisungen. Die Deutschen wollen neben dem zuvor Besprochenen nun auch Wetterberichte haben – und alles zu den Plänen der Alliierten rund um eine Landung auf dem europäischen Festland wissen. »Unsere einzige Chance zu gewinnen ist im Moment, wenn wir sie ins Meer zurückwerfen können«[47]. Es könnte in Belgien oder Holland sein, aber man sei ziemlich sicher, dass es in Frankreich passiere, am Pas-de-Calais oder in der Normandie. Sie solle beobachten, ob sich dort Truppen bewegten. »Ich glaube nicht, dass eine Frau jemals eine ähnliche Gelegenheit hatte, den Lauf der Geschichte zu verändern«[48], sagt Kliemann zu ihr.

Einerseits ist der Major vorsichtig, fürchtet sowohl den Abenteurergeist seiner Agentin als auch die Briten. Er warnt Sergueiew, nicht zu viele Risiken einzugehen, nennt sie »verrückt«. Und er macht ein Notfallzeichen mit ihr aus, sollten die Briten sie enttarnen und zwingen, verfälschte Nachrichten an die Deutschen zu schicken. Wenn sie zwischen dem Anfang des Funktextes und der ersten Nummer einen Strich mache, wisse er, dass man den Inhalten nicht trauen kann. Ein solcher Geheimcode ist üblich, damit Agentinnen oder Agenten unauffällig mitteilen können, wenn sie nicht mehr aus freien Stücken mit ihren Auftraggebern kommunizieren. Bei Briefen ändern sie etwa Unterschriften ab, beim Funken die Struktur der Nachricht. Andererseits vertraut Kliemann seiner Agentin offenbar komplett, kann sich nicht vorstellen, dass sie ihn hintergeht. Bevor die Doppelagentin nach London zurückkehrt, lässt er sich sogar von ihr fotografieren.

Die Briten sind begeistert von Sergueiews Mitbringseln, vor allem von den Fotos. Endlich wissen sie genau, wie Kliemann aussieht. Und sie können funken. Mitte April schicken sie die erste verschlüsselte und verfälschte Nachricht zu den Deutschen, mitten in der Nacht. Sergueiew, die immer noch nicht wieder gesund ist, hat einen Schwächeanfall. Sie sieht schon Sterne, will aber unbedingt fertig werden: »Ich muss…«[49]. Sie schafft es gerade so, zieht die Kopfhörer ab und legt sich ins Bett. »Dann spüre ich dummerweise, wie mir zwei Tränen über die Wangen laufen: Schwäche, Nervosität und auch Wut – eine tiefe Wut darüber, dass ich meine Schwäche vor diesen Leuten nicht verbergen kann«[50], notiert sie in ihrem Tagebuch. Danach ändern sie die Routine, ab jetzt wird tagsüber gefunkt. Und Sergueiew redet sich gut zu: Sie habe ihr in Beirut gefasstes Ziel fast erreicht. Sollte sie wirklich, wie vom Arzt prognostiziert, in zwei Monaten sterben, sollen die Briten einfach in ihrem Namen weitermorsen. Die deutschen Nachrichtendienstler hätten ihr zwar gesagt, dass man den Stil von verschiedenen Funkern unterscheiden könne, »aber die Briten werden das einfach riskieren müssen«[51].

Doch die inzwischen 32-Jährige stirbt nicht – und erlebt, dass die Funkleitung steht. Am 19. Mai 1944 schicken die Deutschen endlich auf diesem Weg eine Nachricht zurück. »Diese Finger haben vor ein paar Minuten Kontakt zwischen dem britischen Intelligence Service und der deutschen Abwehr hergestellt«[52], freut sich Sergueiew. Es sei der Moment, wo sie sich sagen könne, dass sie nicht komplett nutzlos in diesem Krieg war, findet sie. Ab jetzt schickt sie etwa sechs Nachrichten pro Woche an die Deutschen. Die Engländer geben ihr Informationen über militärische Abzeichen, Panzer, Flugzeuge, Truppenbewegungen, die unverfänglich bis falsch sind. Dienstags, mittwochs und donnerstags schreibt sie die Infos in Französisch auf, verschlüsselt sie, ein MI5-Offizier diktiert ihr, sie funkt. So geht es schneller. Während die Deutschen denken, dass sie am Wochenende fleißig durch England reist, um all die Informationen zu sammeln, die sie übermittelt, entspannt sie in Wahrheit bei Freunden in Bristol. Immer wieder bedanken sich die Deutschen für ihre Nachrichten, schöpfen nicht den geringsten Verdacht.

Mit ihren Funksprüchen sorgt Sergueiew mit dafür, dass die Deutschen glauben, die Alliierten wollten nicht in der Normandie, sondern östlich des französischen Departements Pas-de-Calais landen. Sie statten ihren »Atlantikwall«, den sie seit 1942 zum Schutz gegen die Alliierten aufbauen, dort besonders stark aus. In der Nacht zum 6. Juni 1944 können über 3100 kleine Boote an fünf verschiedenen Stränden der Normandie anlanden, also ein gutes Stück weiter westlich. Begleitet von 1200 Kriegsschiffen und 7500 Flugzeugen, die Feuerschutz bieten, kommen so rund 150000 Briten, Franzosen, Amerikaner, Polen, Kanadier und andere Angehörige von Commonwealth-Staaten an Land. Luftlandetruppen und Fallschirmjäger können weitere strategische Orte sichern. Der »D-Day«, wie der 6. Juni genannt wird, ist ein voller Erfolg. Allein in den kommenden Wochen werden die Alliierten die Zahl der Soldaten auf knapp eine Million erhöhen. Letztendlich befreien sie Frankreich, gewinnen mithilfe der Russen den Krieg und beenden die Diktatur der Nationalsozialisten.

Nathalie Sergueiew kann das erfolgreiche Manöver erst gar nicht glauben: »Sie sind gelandet«[53], wiederholt sie mantraartig. Und jubelt: »Die Befreiung hat begonnen! Die Deutschen werden aus Frankreich vertrieben! Paris wird frei sein!«[54] All ihr Tun hat plötzlich einen Sinn, schreibt sie in ihr Tagebuch. Ihre Mission ist erfüllt.

Die Französin ist nicht die einzige Frau, die ihren Anteil am Erfolg der Landung hat. Es gibt noch weitere »D-Day Girls«. Etwa Odette Sansom, eine junge Mutter, die sich vom häuslichen Leben erdrückt fühlt und den Krieg als Ausweg sieht. Oder Lise de Baissac, eine Aristokratin, die Führungsqualitäten besaß. Oder Andrée Borrel, eine listige Organisatorin des Pariser Widerstands. Sie bringen Züge zum Entgleisen, jagen Waffenlager in die Luft, zerstören Strom- und Telefonleitungen und sammeln wichtige Informationen. Es ist ein weiterer Grundstein für die erfolgreiche Invasion am D-Day.

Sie alle sind damals Teil einer geheimen Einheit, die der britische Premierminister Winston Churchill 1942 in seinem Kampf gegen die Nationalsozialisten gründet: die Special Operations Executive (SOE). Ihm geht es nicht um normale Spionage, er spricht selbst vom »Ministerium der Nicht-Gentleman-haften Kriegsführung«. Dabei klingt selbst das noch zu harmlos für das, worin die Agentinnen und Agenten ausgebildet werden. Sie lernen schießen und wie sie Dinge sprengen, sie sollen Menschen in Geiselhaft nehmen, foltern oder ermorden, wenn es hilft, die Nazis zu besiegen. Und weil die meisten Männer im Krieg sind, werden bei den Briten erstmals Frauen rekrutiert, um hinter der feindlichen Linie zu arbeiten. Das war zuvor immer abgelehnt worden, weil den Männern die Gefahr zu groß schien, dass die Nazis Vergewaltigung als Waffe einsetzen – was sie auch taten. Frauen kämpften zwar schon im Krieg mit, aber bislang nicht hinter der deutschen Front. Ein Hauptmann argumentiert nun, dass Frauen notwendig seien, um geheime Aufgaben besonders gut ausführen zu können, weil sie »heimlichtuerisch seien, an Isolation gewöhnt und oftmals mit einem kühlen und einsamen Mut ausgestattet seien«[55]. Außerdem würden sie weniger auffallen. Er setzt sich durch. 39 Frauen finden sich, die fertig Ausgebildeten springen per Fallschirm hinter der Front ab und bereiten dort unter anderem den

D-Day vor. Am Ende wird die Hälfte von ihnen gefasst, ein Drittel stirbt im Einsatz.

Frauen helfen nicht nur beim D-Day, sondern auch im sonstigen Kampf gegen Hitler, mit und ohne Spionage. Der weibliche Widerstand gegen die Nationalsozialisten ist vielfältig, kommt aus allen gesellschaftlichen Schichten und allen vom NS-Regime besetzten und kontrollierten Gebieten. Die Frauen sammeln und schmuggeln Informationen, transportieren Waffen und Menschen, verüben Anschläge und Attentate, drucken und verteilen Flugblätter, verstecken Jüdinnen und Juden.

In Osteuropa etwa sind viele junge Frauen im jüdischen Widerstand aktiv. Die Aufgaben der sogenannten »Kashariyot« sind vielfältig. Sie schmuggeln neben Dokumenten auch gefälschte Ausweise, Geld, Waffen und mehr aus und in die Ghettos, in denen die Deutschen Jüdinnen und Juden interniert haben. Sie riskieren verhaftet, gefoltert oder ermordet zu werden. Besonders aktiv war Niuta Teitelbaum[56] aus Polen. Die junge Kommunistin mit auffällig langen, blonden Zöpfen hat es sich zur Aufgabe gemacht, Nazis in Warschau zu ermorden. Als sie 24 Jahre alt ist, läuft sie in das Gestapo-Hauptquartier, fragt nach einem der höchsten Offiziere, geht zu seinem Büro, zieht ihre Waffe mit Schalldämpfer aus der Handtasche, erschießt ihn – und verlässt das Gebäude fürs Erste unbehelligt. Dabei hängt ihr Steckbrief bereits in jeder Amtsstelle, sie ist eine der meistgesuchtesten »Terroristinnen« der Zeit. Teitelbaum ist keine Einzelkämpferin, sie bildet andere Frauen an der Waffe aus und sprengt am 8. Oktober 1942 mit ihrer Einheit die Eisenbahnlinie nach Warschau an sieben Stellen in die Luft. Weitere Anschläge folgen. Sie tötet mehrere deutsche Besatzer, bevor die Gestapo sie 1943 verhaftet, foltert und ermordet.

Auch in Deutschland selbst gibt es Widerstandsgruppen, die sich untereinander vernetzen. Sie geben militärische Infos weiter, dokumentieren die Gewaltverbrechen der Nationalsozialisten, helfen Menschen, die von ihnen verfolgt werden, und verbreiten Flugschriften. Die Gestapo ermittelt gegen sie unter dem Namen »Rote Kappelle«. Von den insgesamt mehr als 150 Mitgliedern, die am Ende identifiziert werden können, sind rund 40 Prozent Frauen. 19 von ihnen werden von den Nazis hingerichtet. Mancherorts beginnt der Widerstand besonders früh. Bei den »Leipziger Meuten« schließen sich Gruppen von Jugendlichen zusammen, die jenseits vom Bund Deutscher Mädel und der Hitlerjugend ohne Zwang und Geschlechtertrennung ihre Freizeit gestalten wollen. Meuten-Mitglieder prügeln sich mit Angehörigen der Hitlerjugend, zerstören deren propagandistischen Aushänge oder verbreiten Papierzettel mit der Aufschrift »HJ verrecke«. Rund 1500 sind es insgesamt, in den größeren Cliquen sind davon mindestens ein Viertel Mädchen. Die NS-Behörden gehen hart gegen die Meuten vor, viele landen im Gefängnis oder im KZ-ähnlichen Jugendschulungslager.

Das NS-Regime macht keinen großen Unterschied zwischen männlichen und weiblichen Gefangenen, sie werden aber meist getrennt inhaftiert. In Berlin-Charlottenburg etwa gibt es ein kleines Frauengefängnis. Oder sie kommen nach Ravensbrück, in das größte Konzentrationslager für Frauen. Dort sind von 1939 bis 1945 über

120000 Frauen und Kinder eingesperrt. Sie kommen aus mehr als 30 Ländern, es sind Widerständlerinnen, Jüdinnen, Sintize und Romnja, Kommunistinnen, Prostituierte und Zeuginnen Jehovas. Zehntausende werden vergast, erschossen, gequält, sterben durch Hunger, Krankheit und medizinische Experimente. Viele müssen Zwangsarbeit leisten oder werden in Lagerbordellen anderer KZs zwangsprostituiert, die die Nazis für Häftlinge errichtet haben. Sie meinen damit dafür zu sorgen, dass diese motivierter arbeiten. Nur jüdische Männer und sowjetische Kriegsgefangene dürfen nicht in die Bordelle. Die SS setzt außerdem tausende Frauen als Aufseherinnen ein und bildet sie dafür vor allem in Ravensbrück aus.

Trotz ihres Frauenbilds rekrutieren die Deutschen Frauen für Spionagezwecke, teils sogar im Ausland. Das geht aus Akten des Schweizerischen Bundesarchivs hervor. Am 1. Oktober 1942 nehmen die Schweizer beispielsweise die in der Tschechischen Republik geborene, aber in Zürich lebende Elsa Schmehlik fest. Nach ihren Ermittlungen haben sie keinerlei Zweifel, dass die 43-jährige ehemalige Röntgenassistentin eine »Spionageagentin von höchster Klasse«[57] ist. Sie übermittelte den Deutschen wichtige militärische Dokumente und schrieb mindestens drei Briefe mit Geheimtinte, die über eine Tarnadresse in Bayern an die Abwehr gehen. So viel können die Schweizer feststellen, der Inhalt der Briefe ließ sich allerdings nicht mehr ermitteln. Rund um den Jahreswechsel 1941/1942 arbeitete Schmehlik außerdem mit Agenten aus dem sogenannten »Panoramaheim« in Stuttgart zusammen, das der SS unterstand. Die Villa in der Panoramastraße 11 ist ein Anlaufpunkt für NS-Sympathisanten aus der Schweiz, von dort wird die Spionage gegen die Eidgenossen gesteuert. Die Schweiz gilt während des Zweiten Weltkriegs als »neutral«, die deutschen Nachrichtendienste wollen dennoch wissen, was sich militärisch und politisch dort entwickelt.

Die Schweizer Bundesanwaltschaft vermutet, dass Schmehlik »für ihre Verwendung im deutschen Nachrichtendienst speziell geschult worden ist«, damit sie mit ihren vielseitigen Kenntnissen, ihrer »geistigen Regsamkeit« und »ihrem anziehenden Aeussern (früher Filmschauspielerin)« erfolgreich spionieren könne.[58] Auch im Urteil heißt es, sie sei hochintelligent, raffiniert und habe in ihren beiden Mitangeklagten »willfährige Instrumente«[59] gefunden.

Denn Schmehlik hat es geschafft, dass ihr zwei Männer bei ihrer Spionage helfen. Ein Soldat, den sie wahrscheinlich im Dezember 1940 im Restaurant Huguenin in Zürich kennenlernt. Sie trifft ihn mehrmals, bis sie ihm im Mai 1941 in der *Alex-Bar* verrät, dass sie deutsche Agentin ist, und ihn um einen Gefallen bittet. Da sie demnächst an einem »Kurs für Agenten«[60] in Lindau teilnehmen wolle, brauche sie den Filter aus einer bestimmten Armee-Gasmaske. Sie wolle sich diesen nur 14 Tage von ihm ausleihen. Der Soldat hat die entsprechende Maske nicht, lässt sich aber auf ihre Bitte ein, sie extra zu besorgen. Während eines Zeltlagers seiner Einheit auf dem Berg Rigi im Juli klaut er eine Gasmaske und übergibt sie ihr in einem Wäschesack. Noch am selben Abend leitet Schmehlik den Versand der Maske nach Deutschland in die Wege. Der Soldat erzählt später in seiner Vernehmung, dass ihm die

Agentin »durch ihre charmante äussere Erscheinung aufgefallen war und in ihm die Hoffnung auf ein galantes Abenteuer aufkommen liess«[61]. Die Richter finden, dass die Art und Weise wie er »auf das Geplauder der Schmehlik« reagiert habe, beweise, »wie geschickt diese vorzugehen wusste.«[62]

Den zweiten Mann hatte sie schon im Sommer oder Herbst 1940 kennengelernt, einen Major des Motorwagendienstes im Armeestab. Auch ihm sagt sie offen, dass sie für die Deutschen arbeitet. Er liefert ihr bis Herbst 1942 mehrere Dokumente, darunter eine Karte auf der er die Grenzen des Réduit, einer Verteidigungsanlage in den Schweizer Alpen, samt Reifenlager und deren Bestände notiert hat. Außerdem händigt er ihr ein Verzeichnis der schweizerischen Benzindepots samt Mengenangaben, eine Liste mit Stellungsplätzen der Fahrzeuge und den »Geheimbefehl des Oberbefehlshabers der Armee vom 10. März 1942 betr. die Mobilmachungsübung des 2. Armeekorps« aus. Das zugehörige Verzeichnis der daran teilnehmenden Truppen und deren Sammelplätze bekommt sie auch. In seiner Vernehmung gibt er zu, dass er Schmehlik alles gab und sagte, »was ich für den deutschen Nachrichtendienst als interessant betrachtete, und was mir Kraft meiner militärischen Stellung bekannt wurde.«[63]

Die Agentin ist weitestgehend geständig und bestreitet nur kleine Details. Schmehlik meint etwa, dass »von einer eigentlichen Anstiftung nicht gesprochen werden könne«[64], da ihre beiden Quellen, die mitangeklagt sind, eine große Bereitschaft gehabt hätten, für den deutschen Nachrichtendienst zu arbeiten. Das Gericht sieht das anders.

Zwar sei bei den beiden Männern zweifellos Bereitschaft vorhanden gewesen, aber man könne Anstiftung durch sie nicht ausschließen, weil sie ihre Helfer geschickt ausgesucht habe. Das sei »ein notwendiges Requisit der erfolgreichen Tätigkeit jedes Anstifters und jedes Agenten«[65]. Die intelligente Schmehlik habe einfach durch »wenige Plauderstunden« die richtigen Quellen gefunden. Am 3. März 1944 wird sie zu einer lebenslänglichen Haftstrafe und für den Fall einer vorzeitigen Entlassung zu einer »Landesverweisung auf die Dauer von 15 Jahren« verurteilt.

Ihre Topquelle, den Major aus dem Armeestab, trifft es schlimmer. Auch wenn der Richter ihm zugutehält, dass er »dem Einfluss der raffinierten Schmehlik erlegen«[66] ist, wiegt die Aufgabe wichtiger militärischer Geheimnisse schwer. Er wird wegen Landesverrats zum Tod verurteilt und durch ein Erschießungskommando hingerichtet. Und während es über ihn heute einen Wikipedia-Artikel gibt, ist Schmehlik in Vergessenheit geraten.

Bis auf Ausnahmen wie Schmehlik und Sergueiew sind Frauen dem NS-Regime offenbar ungeheuer, die Nazis wittern überall Agentinnen und Verrat. In einem »Abwehrmerkblatt für mobile Truppen«[67] von 1944 heißt es, die Soldaten sollten äußerst argwöhnisch gegenüber der Bevölkerung in besetzten Gebieten sein. Ganz im Besonderen bei »Personen, die Mitleid erregen, alte Männer, Frauen, Mädchen und Kinder!«[68]. Der feindliche Nachrichtendienst würde in ihnen willige Helfer finden und nutze die »deutsche Gutmütigkeit und Vertrauensseligkeit«[69] bewusst aus. Als die Schweizer Zolldirektion Anfang 1944 die Deutschen bittet, 1800 Französinnen zwischen Frankreich und der Schweiz reisen zu lassen, damit sie mehrere Wochen in den Weinbergen arbeiten können, interveniert die Abwehr. Die Frauen kommen aus Gebieten, die mit Terroristengruppen durchsetzt seien, schreiben sie. Diese hätten ihre eigenen Nachrichtendienste. »Es liege die Gefahr nahe, dass die Frauen alle als Nachrichtenübermittlerinnen benutzt würden«[70]. Die Zolldirektion bekommt eine Absage.

Dabei sind die gefährlichen Spioninnen viel näher an ihnen dran. Ab 1942 arbeitet etwa Erika Wendt als Sekretärin für die Abwehr bei der deutschen Gesandtschaft in Stockholm. Die Deutsche lässt sich vom schwedischen Nachrichtendienst, dem C-Büro, anwerben – ihr Deckname bei den Schweden ist »Onkel«. Sie liefert »unschätzbare Informationen«[71], übergibt etwa Hinweise auf Gestapo-Agenten und die Inhalte dechiffrierter Nachrichten. So können die Schweden die Verschlüsselungscodes der Deutschen knacken. 1944 soll sie zurück nach Deutschland, doch da ihre Enttarnung befürchtet wird, bekommt sie von den Schweden eine neue Identität. Sie bleibt dort und arbeitet unter dem Namen Ellen Bergh als Übersetzerin. 1998 erhält sie für ihren Einsatz eine Verdienstmedaille in Silber, fünf Jahre später stirbt sie.

Dabei sind die Nationalsozialisten eigentlich schon lange vor dem Krieg äußerst vorsichtig. Sie wissen, dass unter anderem die Franzosen versuchen, die Namen von Reinigungskräften in Erfahrung zu bringen, die an wichtigen Standorten arbeiten, etwa bei der Luftwaffe. Sie wollen sie anwerben. In einem »Merkblatt für Abwehr von Spionage und Verrat«[72] von 1934 widmet man sich solchen »Reinemachfrauen«. Als Präventionsmaßnahme sollen Werkstätten, Zeichenbüros und Lichtpausanstalten, in denen geheime Sachen bearbeitet werden, gesichert werden. Aufgespannte Zeichnungen seien nach Feierabend abzunehmen und wegzuschließen oder auf den Zeichentischen durch Deckel mit Schlössern zu schützen.

Wie im Nationalsozialismus auf Spioninnen geblickt wird, geht aus einem Leitfaden zur »Einführung in die abwehrmäßige Agentenbefragung«[73] hervor. Bei ihnen müsse man besonders aufpassen, insbesondere, wenn der Offizier, der sie vernimmt, durch Äußerlichkeiten hervorgerufene Sympathie empfinde, heißt es: »Der treuherzige Augenaufschlag, das artige Ziehen des Rockes über die Knie, das schalkhafte, leise Lächeln verfehlen bei den meisten Männern ihre Wirkung nicht«[74]. Damit der »Vernehmende« nicht »abgleite«, müsse er sich äußerst konzentrieren und Charakterstärke beweisen. Sie haben auch zwei Tipps: Wenn der Offizier die Frau »als Wesen sächlichen Geschlechts« behandeln würde, könne er auf sie ganz besonders männlich wirken, sozusagen als »Übermann«.[75] Oder er solle versuchen, sie zu betören, wenn er glaube, damit seinem Ziel näher zu kommen. Er müsse dabei aber immun bleiben. Sonst würde aus dem Vernehmenden »bald ein Vernommener und Ausgehorchter«.[76]

Die Abwehr fürchtet auch, dass Frauen nicht nur ihr Äußeres einsetzen. Sie seien zwar passive Elemente, schreiben sie. Doch da Frauen im Gegensatz zum aktiven Mann beim Verhör keine »Kraft« einsetzen könnten, würden sie sich durch »List, durch kleinere und größere Intrigen«[77] verteidigen. So würden Frauen einfach Vorwürfe sexualisierter Gewalt erheben, heißt es. Als Beleg reicht den Nationalsozialisten ein Erlebnis: »Nach einer Vernehmung behauptete eine z. B., daß der Vernehmende sich ihr zu nähern versucht hat«[78]. Auch vorgetäuschte Ohnmachtsanfälle und simulierte Krankheiten seien keine Seltenheit. Den Offizieren wird daher geraten, Frauen nicht allein zu befragen. Frauen würden zudem ständig lügen, ihre Verstellungskunst, wie sie es nennen, sei viel größer als beim Mann. Selbst wenn sie nur Ja oder Nein sage, sei die Frau nicht ehrlich, schreiben die Männer der Abwehr: »In besonderem Maße steigert sich dieser Hang zur Unaufrichtigkeit während der Menstruation, während der Schwangerschaft und in den Wechseljahren.«[79] Vernehmungen sollte man deswegen nach Möglichkeit immer in die Zeit nach der Periode verschieben. Außerdem seien Frauen weniger vernünftig als Männer. »Selbst, wenn sie logisch einer Tat längst überführt ist, leugnet sie unentwegt weiter, ohne daß ihr das Unsinnige ihres Verhaltens zum Bewußtsein kommt.«[80] Eine Frau, die sich nicht überzeugen lassen wolle, bekäme man auch mit Logik nicht dazu. Eine wahre Aussage oder ein Geständnis bekäme man nur über ihr Gefühl.

Es gibt auch Anleitungen für Durchsuchungen. Zunächst müsse jedes Kleidungsstück ausgezogen und eins nach dem anderen untersucht werden, dabei »Futter, Rockkragen, Ärmelumschläge, Hutband, Hutfutter und dergleichen aufgetrennt werden«[81]. Bei Schuhen müsse geprüft werden, ob sie eine frische Sohle haben oder etwas im hohlen Absatz versteckt ist. Selbst zwischen Leder und Innenfutter könne sich etwas verbergen. Auf umgestülpte Socken sowie Bandagen und Verbände müsse geachtet werden. Da »selbst am nackten Körper Gegenstände noch verborgen werden« könnten, solle sich jede Abwehrstelle eine ältere Frau »halten«, die geschult und zuverlässig sei, um Frauen weiter zu durchsuchen.[82] Die Haare müssten durchgekämmt werden, die Mundhöhle überprüft. »Daß bei Frauen die überhängenden Brüste, ja selbst die inneren Geschlechtsorgane und bei beiden Geschlechtern die Gegend der Afteröffnung wie auch die Achselhöhle als Versteck benützt werden, sei bemerkt.«[83]

Wenn es positive Berichte über Frauen gibt, haben sie meist mit ihrer Wirkung auf Männer zu tun. Ein Sonderführer der Abwehr, der damals in Frankreich stationiert war, meldet: »Wenn ich an die Frauen zurückdenke, die mir als langjährigem Agentenprofi in der geheimdienstlichen Tätigkeit tatkräftig zur Hand gingen, komme ich zunächst zu der Auffassung, man irrt sich gewaltig, wenn man glaubt, das Ewig-Weibliche sei im Geheimdienst fehl am Platze.«[84] Seine Erfahrung lehre ihn das Gegenteil. Sein wertvollster Agent sei die erprobte und zuverlässige Helen J. gewesen, »mit allen Wassern der Seinestadt gewaschen und in allen Sätteln gerecht, war sie – je nach den Erfordernissen des Falles – Dame oder Hure.«[85] Es habe ihr nichts ausgemacht, sich »herausgeputzt wie eine Prostituierte an eine Straßenecke zu stellen, um Personen zu überwachen, die in einem bestimmten Hause ein- und ausgingen.«[86] Wenn sie dort angesprochen wurde, habe sie sich zum Schein als solche benommen und gesagt: »Jetzt nicht, mon chéri! Ich erwarte meinen mec (Zuhälter). Sei mir nicht böse!«[87]

Die in Paris weitverbreitete Prostitution können Abwehr und Wehrmacht jedoch nicht nur für sich nutzen, sie stellt sie auch vor ein Problem: Geschlechtskrankheiten bei ihren Agenten. Trotz »umfangreicher Abwehrmassnahmen« sei kein »wesentlicher Rückgang zu verzeichnen«, heißt es in einem Schreiben von 1942.[88] Der Versuch, geschlechtskranke Frauen durch Kontrollen aus dem Verkehr zu ziehen, scheitert. Die französischen Prostituierten würden von ihren Zuhältern falsche Papiere bekommen, was die Fahndung nach erkrankten Frauen behindere, heißt es. Ein weiteres Problem aus Sicht der Deutschen: Die Zuhälter würden kommunistische Propaganda verbreiten und Terrorgruppen finanzieren, sowie die Frauen zur Spionage einsetzen.

Die Deutschen versuchen ebenso, Prostitution für sich zu nutzen. Neben den Lagerbordellen in KZs bauen Wehrmacht und SS in den von Deutschland besetzten Ländern seit 1939 hunderte Bordelle für die eigenen Soldaten auf. In Berlin gab es zudem einen Puff gehobener Art, zumindest berichten das Zeitzeugen, Dokumente gibt es dazu nicht. Demnach haben die Nationalsozialisten den Salon Kitty in der Giesebrechtstraße 11 im Berliner Stadtteil Charlottenburg für Spionage genutzt. Dort sollen bekannte Größen des NS-Staats und seiner Verbündeten verkehrt haben, der Sicherheitsdienst der SS hatte Abhörtechnik installiert. Eine Prostituierte, die von 1940 bis 1945 dort gearbeitet hat, erzählt später in einem Interview mit dem *SPIEGEL*[89], dass etwa der Reichssportführer, ein bekannter Generaloberst und Ritterkreuzträger sowie der Schwiegersohn des italienischen faschistischen Diktators Benito Mussolini bei ihr zu Gast gewesen seien.

In der Zeit werden auch neue Spionagewerkzeuge entwickelt. Im November 1937 warnt die Gestapo vor »neuartigen Transporttaschen der Kuriere des russischen Nachrichtenapparates«[90]. Durch eine Quelle sei bekannt geworden, dass die Reisetaschen vornehmlich von Frauen benutzt würden. Sie seien 50 mal 30 mal 30 Zentimeter groß und in Mode, sodass sie nicht besonders auffällig wirken. Im Boden befinde sich ein Hohlraum, der durch einen simplen Mechanismus geöffnet werden kann.

Zwei Jahre später ist ihnen zudem eine neue Geheimtinte der Franzosen aufgefallen, die in Parfümfläschchen abgefüllt wird. Sie sei grünlich und rieche sogar wie die üblichen Parfüms. Verborgen zwischen Wäschestücken oder im Reisegepäck errege das Fläschchen keine Aufmerksamkeit. Auch würden die üblichen Methoden zur Erkennung von Geheimtinte mit der neuen Zusammensetzung der Flüssigkeit nicht mehr funktionieren, schreiben sie. »Zur Sichtbarmachung der Schriftzeichen ist vielmehr eine Spezialbehandlung erforderlich.«[91] Verdächtige Briefe könnten allerdings daran erkannt werden, dass sie in einem außergewöhnlich breiten Zeilenabstand geschrieben sind und stark nach Parfüm riechen.

Die Deutschen stellen außerdem fest, dass Frauen oft für den Spionagebrieftaubenverkehr eingesetzt werden. So heißt es in einem Dokument der Wehrmacht von 1941: »Schon in Friedenszeiten werden Spionagebrieftauben auf bestimmte Fluglinien eingeflogen und bei politischer Spannung durch Agenten auf geheimen Wegen über die Grenze befördert.«[92] Dort würden sie an abgelegenen Orten, im Wald oder anderen Schlupfwinkeln versteckt, auch »Agentenschläge« genannt. Wenn sie dann gebraucht werden, können sie sofort starten. Die Agenten, die sich darum kümmern, kämen aus neutralen Staaten und seien häufig Frauen. In Kriegszeiten würden Tauben durch Flugzeuge, Freiballons oder Fallschirme hinter der Front abgesetzt, entweder mit den für sie zuständigen Agenten oder mit schriftlichen Anweisungen.

Was beziehungsweise wen die deutsche Abwehr allerdings nicht enttarnt: die Doppelagentin Nathalie Sergueiew, die mit für den Erfolg des D-Days verantwortlich ist. Und das, obwohl die Nazis auch noch das »Forschungsamt des Reichsluftfahrtministeriums« haben. Tatsächlich hat das riesige Amt nichts mit wissenschaftlicher Forschung oder mit dem Luftfahrtministerium zu tun, es ist eher die deutsche Version der später gegründeten amerikanischen National Security Agency (NSA). Das angebliche Forschungsamt kümmert sich nämlich um die Überwachung des Telefonverkehrs, des Funkverkehrs sowie das Abfangen von Telegrammen. Und es ist zuständig für das Knacken von Verschlüsselungen. Dafür hat es Tausende Mitarbeiterinnen und Mitarbeiter sowie Überwachungsstationen in ganz Deutschland und den besetzten Gebieten.

Doch Sergueiew schafft es, sowohl den deutschen als auch den englischen Nachrichtendienst lebendig und ohne Ermittlungen oder Gerichtsverfahren zu verlassen. Nach dem gelungenen D-Day am 6. Juni 1944 will sie am liebsten sofort zurück in ihr geliebtes Paris, »dann fällt mir plötzlich ein, dass ich durch meine Arbeit in London bleiben muss«[93]. Sie ist schon länger sauer auf die Briten, weil die einen Teil des Deals nicht eingehalten haben: Sie haben ihren geliebten Hund Babs nicht zu ihr nach London gebracht. Er starb allein in Gibraltar. In ihrer Wut hat sie ihrer Agentenführerin Mary Shearer im Mai sogar verraten, dass sie ein Geheimzeichen mit den Deutschen vereinbart hat und die britische Mission schnell auffliegen lassen könnte, wenn sie wollte. »Sie dürfen also nicht versuchen, ohne mich zu arbeiten.«[94] Shearer fragt nach dem Zeichen, Sergueiew verrät es aber nicht. Die Briten entscheiden, sie erst einmal weiter arbeiten zu lassen, ihre Nachrichten jedoch besonders zu prüfen.

Eine gute Woche nach dem D-Day kommt plötzlich der Boss, Colonel Robertson, zu Sergueiew in die Wohnung und schmeißt sie raus. Man könne ihr nicht mehr vertrauen, jetzt, wo man wisse, dass sie einen Geheimcode mit den Deutschen habe. Sie bekäme weiter fünf Pfund die Woche und man werde einen Weg suchen, wie sie nach Paris zurückkomme. Bis das klappe, müsse sie allerdings die Wohnung verlassen. Wenn sie irgendwelche Schwierigkeiten mache oder mit jemandem rede, werde sie im Gefängnis landen, droht er ihr. Sergueiew lässt sich nicht einschüchtern. »Er erinnert mich an einen schlechten Schauspieler in einem billigen Melodrama«, notiert sie, »ich habe die Nase voll von der ganzen Angelegenheit.«[95] Sie lehnt sowohl das Geld als auch die Organisation der Rückreise ab. Sie habe Frankreich ohne seine Hilfe verlassen und werde auf dieselbe Weise zurückfinden. So steht es in ihrem Tagebuch. Robertson fasst das Gespräch fast identisch zusammen.[96] Er schreibt noch, er habe angeboten, ihre nötige Operation sowie ihre Arztrechnungen zu zahlen. Außerdem bittet er sie, ihnen ab und an Fragen zu beantworten, damit seine Leute sie besser imitieren können beim Funkverkehr.

Als Robertson wütend und enttäuscht geht, wird Sergueiew nachdenklich: »Ich sehe die Bemühungen und Täuschungen von drei Jahren, den endgültigen Erfolg… und nun das.«[97] Sie habe so viel gekämpft, gehofft, geglaubt, nur um jetzt an diesen Punkt zu kommen. Sie beruhigt sich damit, dass sie sich nicht habe besiegen lassen, selbst jetzt geht es ihr noch um ihren Stolz. »Aber was für ein schwacher Trost, wenn ich weiß, dass ich mein eigenes Werk zerstört habe, oder zumindest unbrauchbar gemacht habe.«[98] Also verrät sie Shearer den Code doch noch, am Ende ist ihr wichtiger, dass Hitler bestmöglich bekämpft werden kann. Sie verlässt die Wohnung und schmiedet einen Plan, wie sie nach Frankreich kommt.

Anfang Juli schließt sich Sergueiew im südenglischen Camberley der französischen Armee an, sie bekommt die Nummer 75054. Natürlich meldet sie sich für die Front. Die Briten intervenieren, bitten sie, das nicht zu tun, da sie dort auffallen könnte. Würde sie in die Hände der Deutschen fallen, könnten sie das Funkgerät nicht mehr in ihrem Namen nutzen. Sergueiew habe zugestimmt, meldet ein Offizier am 17. Juli an Robertson. Ganz sicher ist er sich bei ihr jedoch nicht: »Sie schien meinen Standpunkt zu verstehen, aber wir haben natürlich keine Garantie dafür, was sie tun wird, wenn sie in Frankreich angekommen ist.«[99]

Während Sergueiew dann mit den Soldaten und Soldatinnen unterwegs ist, um Paris zu befreien, was Ende August gelingt, denken die Deutschen immer noch, dass sie mit ihr in Funkkontakt sind. In den Akten des Generalstabs der Luftwaffe, die im Militärarchiv in Freiburg liegen, findet sich ein Funkspruch von »Tramp«, wie die Abwehr sie nennt. Er ist vom 6. Juli 1944: »In Bedford viel von der 8. Luftflotte. Abzeichen auch rotes Kreuz auf rotem Schild. Erfahren, daß tschechisches Hauptquartier in Südost Huntingdon, auch daß die Untergrundbahnstrecke durch eine fliegende Bombe getroffen und am Westbahnhof Hammersmith der Verkehr unterbrochen ist.«[100] Es ist nicht klar, ob und wann die Deutschen merken, dass sie gar nicht mehr mit Sergueiew funken, Unterlagen dazu ließen sich nicht finden. Die Nazis haben regelmäßig Akten vernichtet, umso mehr, als sie merkten, dass sie den Krieg verlieren. Andere Dokumente wurden in den Trümmern zerstört oder von den Alliierten mitgenommen.

Emil Kliemann, Sergueiews Agentenführer von der deutschen Abwehr, wird jedenfalls im Herbst von den Alliierten vernommen. Er wird »höflich, wenn auch streng behandelt«[101] und stellt alle Informationen freiwillig zur Verfügung. Auf die, die ihn befragen, macht er einen zwielichtigen Eindruck: er redet viel und spielt seine eigene Rolle herunter, sie vermuten, dass er seine Haut retten will. Bei dieser und weiteren Vernehmungen packt er umfänglich aus, verrät Agenten inklusive Deck- und Klarnamen, die Aufgaben bestimmter Abteilungen der Abwehr, nennt

Details zu seiner Arbeit. Selbst über Sergueiew und ihre Mission spricht er, allerdings vergleichsweise wenig. Kliemann hat offenbar Angst, die Briten hatten ihn aus einem französischen Gefängnis geholt, um ihn zu befragen. Kurz zuvor war seine Wohnung von der Gestapo durchsucht worden – wohl im Zusammenhang mit dem versuchten Attentat auf Hitler am 20. Juli.

Innerhalb eines Teils der deutschen Abwehr hatte sich nämlich Widerstand gegen den Diktator formiert. Diese Nachrichtendienstler sammelten Informationen über die Verbrechen der Nationalsozialisten, gaben militärische Informationen an das Ausland weiter und machten Juden zu Mitarbeitern, um sie vor Verfolgung zu schützen und ihnen die Flucht ins Ausland zu ermöglichen. Hochrangige Abwehr-Angehörige gehörten außerdem zum Kreis der Attentäter auf Hitler vom 20. Juli. Schon seit Jahren tobte ein Konkurrenzkampf zwischen Abwehr und »Sicherheitsdienst«, den die SS als eigenen Nachrichtendienst aufgebaut hat und der auch im Ausland agiert. Im Januar 1944 hatte Hitler die widerspenstige Abwehr dann entmachtet, indem er sie in das Reichssicherheitshauptamt eingliederte. Darin waren 1939 schon der Sicherheitsdienst und die Sicherheitspolizei, zu der die Gestapo gehörte, zusammengelegt worden. Die SS ging als mächtigste Institution aus dem Machtkampf hervor.

Ob Kliemann wirklich etwas mit dem versuchten Attentat auf Hitler oder der Opposition innerhalb der Abwehr zu tun hatte, ist unklar. Klar ist nur, dass er im Verhör mit den Engländern betont, nie Mitglied der NSDAP gewesen zu sein. Nach einer Zwischenstation in der britischen Besatzungszone wird er Ende 1945 freigelassen. Ab 1948 ist Kliemann dann wieder in Wien gemeldet und lebt bis zu seinem Tod am 17. April 1953 in der Hadikgasse im Bezirk Penzing, wo er schon vor dem Krieg gewohnt hatte. Heute liegt er im Familiengrab auf dem Wiener Zentralfriedhof.

Sergueiew, seine alte Agentin, macht den Briten dagegen weitaus mehr Ärger. Sie will ein Buch über ihre Spionagetätigkeit schreiben, wovon sie im Oktober 1944 Wind bekommen. Da sie über ihren Fußmarsch von Paris nach Warschau und ihre Fahrradtour bereits zwei Bücher veröffentlicht hatte, nehmen die Briten das Projekt ernst. »Ich glaube nicht, dass wir irgendetwas mit dieser elenden Frau machen können«[102], beschwert sich Colonel Robertson, ihr ehemaliger Boss, in einem Brief: »Sie wird immer wieder Quell von Ärger für uns sein«[103]. Die Franzosen wüssten nun Bescheid über sie und ihre Spionagetätigkeit. Und sie will ihr Buchmanuskript einfach nicht rausrücken. Er setzt alles in Bewegung, bittet einen Kollegen sowie ihre alte Agentenführerin bei ihr nachzuhorchen. Der Kollege antwortet: »Die Frage, ob man Treasure Ratschläge geben sollte, stellt sich nicht wirklich, da sie weder darum bitten noch sie annehmen würde.«[104] Er würde lieber versuchen, einen Blick in ihr »biestiges Buch«[105] zu werfen und es zu fotografieren. In einem Brief vom März 1945 schwört Sergueiew, das Buch sei kein Racheakt, nennt die Ex-Kollegen vom MI5 aber »Gangster«. Robertson fürchtet das Buch und die möglichen Enthüllungen so sehr, dass er im Juni 1946 sogar die Amerikaner bittet, ihr einen Besuch abzustatten.

Denn Sergueiew wohnt inzwischen im US-Bundesstaat Michigan, mit ihrem Mann, dem Militärgouverneur John Barton Collings, genannt »Bart«. Den hatte sie ein Jahr zuvor in Erfurt kennengelernt, Collings und seine amerikanischen Soldaten hatten die Stadt am 12. April 1945 befreit. Sergueiew war wegen ihrer Sprachkenntnisse als französische Verbindungsoffizierin vor Ort, arbeitete für die »Nothilfe- und Wiederaufbauverwaltung der Vereinten Nationen« (UNRRA).[106] Die kümmert sich seit 1943 um sogenannte »displaced persons«, also all jene nichtdeutschen Zivilisten, die von den Nationalsozialisten verschleppt worden waren oder sich wegen des Kriegs bei dessen Ende nicht in ihrem Herkunftsland aufhielten. Es waren Millionen. Sergueiews Team half an verschiedenen Orten, im französischen Verdun, im hessischen Lollar und dann im Konzentrationslager Buchenwald bei Weimar in Thüringen. Die Amerikaner hatten das KZ am 11. April befreit. Seit der Errichtung 1937 waren dort rund 280000 Menschen aus über 50 Ländern unter menschenunwürdigen Bedingungen gefangen gehalten. Über 56000 sterben grausam durch Hinrichtung, Folter, medizinische Experimente, Zwangsarbeit, Hunger und Krankheiten. Kurz bevor die US-Armee anrückt, schickt die SS rund 28000 Häftlinge auf sogenannte Todesmärsche, etwa jeder Dritte stirbt dabei.

Diejenigen, die es überlebten, wurden auch von der UNRRA versorgt. Sergueiew betreut überwiegend russische Ex-Häftlinge, sie bringen 1945 ein Buch über das KZ heraus. Die Französin bekommt ein Exemplar, darin ist gedruckt: »Dieses Buch wird überreicht an Leutnant

Nathalie Sergueiew« und zwar »als Dank für die amerikanische Befreiung von Buchenwald und ihre Arbeit im russischen Displaced Persons Camp in Erfurt, Deutschland«. Ihr späterer Mann Collings erhält ebenso ein Exemplar mit namentlicher Widmung.

Anfang 1946 zieht Sergueiew, inzwischen Collings, zu ihrem Mann in die USA, Colonel Robertson war also durchaus richtig informiert. Im Gegensatz zum FBI, das auf seine Anfrage schreibt, dass man nichts davon wisse, dass Sergueiew in Amerika sei und dass sie ein Buch veröffentlichen wolle. Und selbst wenn: »Es scheint nicht so zu sein, dass das FBI formale Schritte unternehmen kann, um eine Buchveröffentlichung von ihr zu verhindern.«[107] Man könne sie höchstens befragen und sie an ihre Vereinbarung mit dem britischen Geheimdienst erinnern, dass sie keine vertraulichen Informationen preisgeben solle. Robertson muss allerdings eingestehen: »Aus unseren Unterlagen geht hervor, dass keine Bedingungen verabredet wurden, als diese Frau bei uns anfing zu arbeiten.«[108]

Am 17. Mai 1950 stirbt Sergueiew in Michigan, wo sie mit ihrem Mann und Hunden lebt. Ihre Nieren versagen doch noch, wenn auch sechs Jahre später als ihr Arzt in London prophezeit hatte. Ihr Buch hat sie bis dahin nicht veröffentlicht. Ihre Mutter holt das 1966 nach, bringt zumindest ihr Tagebuch heraus, erst in Frankreich und zwei Jahre später in England. Den Ruhm, der Nathalie Sergueiew eigentlich zustehen würde, bekam sie jedoch nie.

4

Tratschen, Trinken, Abhören

Die Agentinnen der CIA in Ost-Berlin

Alles muss sie abgeben. Ihren Betriebsausweis, die Wochenkarte der Berliner Verkehrsbetriebe, ihr Konsum-Mitgliedsbuch, ihren Notizkalender, ihr Sparkassenbuch zum Konto 7899, auf dem 1325,39 Ostmark liegen sowie die 50, die sie bar bei sich hat. Auch ausziehen muss die 44-Jährige sich, ihre rotbraune Kostümjacke, das weiße Hemd, den grünen Rock und den gelb-schwarzen Unterrock, dazu ihren weißen Schlüpfer und ihren weißen BH sowie ihren rosa Hüfthalter. Ihren Ring aus 333er Gold sowie einen mit rotbraunem Stein übergibt sie. Die Tasche wird entleert, der Knirps-Regenschirm wird ihr ebenso abgenommen wie ihre Brief- und ihre Kulturtasche, ihre Stifte, eine Creme von Florena und ein Päckchen Tempos.[1]

Erika Lokenvitz kommt an diesem 17. Oktober 1966 ins Gefängnis. Vor zwei Tagen schon wurde sie festgenommen, doch erst einmal in ein Gebäude der Staatssicherheit verschleppt, die in der DDR Nachrichtendienst und Geheimpolizei zugleich ist. Nachdem sie verhört wurde, hat man sie nach Bautzen II gebracht, zum »Stasi-Knast«. Zehn Jahre zuvor hatte das Ministerium für Staatssicherheit (MfS) dort eine Sonderhaftanstalt eingerichtet. Offiziell ist es eine Einrichtung des Innenministeriums, doch in Wahrheit ist es ein Hochsicherheitstrakt für 200 Gefangene. Hier werden diejenigen inhaftiert, die das MfS für besonders gefährlich hält. So wie Lokenvitz. Als sie verhaftet wird, hat die unauffällige Stenotypistin zwölf Jahre lang spioniert – für die CIA, den amerikanischen Auslandsgeheimdienst.

Es ist die Zeit des Kalten Kriegs. Nachdem die Alliierten gemeinsam Adolf Hitler besiegt und Deutschland von der Diktatur befreit haben, teilten sie es in vier Besatzungszonen und Berlin in vier Sektoren auf. Danach zerbröckelt die Allianz, die Sowjetunion und die USA kämpfen um die Vormachtstellung in der Welt. Auch auf deutschem Boden prallen die unterschiedlichen Gesellschaftssysteme der Russen und der Westmächte aufeinander: Aus der sowjetischen Besatzungszone wird im Oktober 1949 die DDR, die anderen drei hatten sich schon zuvor vereinigt. Mit der Verabschiedung des Grundgesetzes im Mai gründet sich dort die Bundesrepublik.

Die DDR und ihr »großer Bruder«, die Sowjetunion, legen ihre Spionage-Netze mit dem MfS und dem »Komitee für Staatssicherheit«, besser bekannt als KGB, in Westdeutschland aus. In Ostdeutschland sind die Verfassungsschutzämter und die Organisation Gehlen aktiv, aus der 1956 der Bundesnachrichtendienst erwächst. Und natürlich die Nachrichtendienste der Amerikaner, Briten und Franzosen, sie haben tausende von Spioninnen und Spionen im Einsatz. Der Kalte Krieg ist geprägt von verdeckten Aktionen, Desinformations-Attacken und Propaganda-Operationen – bis hin zu Sabotage, Anschlägen und Morden. Es gibt mehr und mehr internationale Spionageoperationen, zudem beginnt die Ära der Überläuferinnen und Doppelagenten.

Mit Lokenvitz hat die CIA, die eine entscheidende Rolle gegen den KGB spielt, eine der wertvollsten Agentinnen. Sie besorgt ihnen Informationen, etwa zu den »bedeutendsten Bauvorhaben auf dem Gebiete der Nachrichtentechnik hinsichtlich der Verteidigungsbereitschaft der DDR«[2], wie es in Akten des MfS heißt, die heute bei der Stasi-Unterlagen-Behörde einsehbar sind. Neben Fragen der Landesverteidigung hatte Lokenvitz Einblicke in Protokolle, in denen es um Probleme bei den Außenwirtschaftsbeziehungen ging. Denn sie arbeitet beim VEB Funk- und Fernmeldeanlagenbau Berlin, die vor allem Fernsprechämter montieren, also Telefonzentralen. Und zwar nicht für irgendwen, sondern für das Ministerium des Innern, das Ministerium für Staatssicherheit, das Ministerium für Nationale Verteidigung sowie das Zentralkomitee der SED, das höchste Parteiorgan. Über ihren Schreibtisch geht der gesamte Schriftverkehr mit den Ministerien sowie den Zulieferbetrieben. Sie hat sogar Zugriff auf den Panzerschrank, in dem alle Unterlagen verschlossen werden.

Außerdem war sie für die Ausfertigung der sogenannten Bautaschen verantwortlich, jenen Plänen, die zeigen, wie die Anlagen aufgebaut werden sollen. Die Unterlagen enthielten Informationen über Art und Typen der zu montierenden Anlagen ebenso wie die dazu benötigten Materialien. Und Lokenvitz wusste, welche ihrer Kolleginnen und Kollegen wo zur Montage geschickt werden, gab detaillierte Einschätzungen über deren politische Einstellung an die CIA weiter für eine mögliche Anwerbung. Im Urteil heißt es, dass sie die Voraussetzungen dafür schuf, dass der amerikanische Geheimdienst »Maßnahmen der Sicherheitsorgane der DDR durchkreuzen konnte«[3]. Bei Operationen der Stasi seien durch sie gewisse Stagnationen aufgetreten.

Die CIA-Agentin ist Teil eines weiblichen Duos, sie arbeitet mit einer Freundin zusammen: Gertrud Liebing, die zehn Jahre älter ist.[4] Die gelernte Fleischerei-Verkäuferin und Monteurin hält den direkten Kontakt zu den Amerikanern. Mindestens 130 Mal reist sie dafür nach West-Berlin, transportiert Unterlagen in einer steingrauen Handtasche mit Geheimfach. Nach dem Mauerbau wechselt sie auf Funkverkehr und Briefe mit Geheimtinte. Einer davon wird den beiden 1966 zum Verhängnis: Er fällt der Stasi in die Hände, sie können die Schrift sichtbar machen, kommen so auf Liebing. Nach sieben Monaten Observation verhaften sie sie im September, drei Monate später wird sie wegen »ihrer verbrecherischen Tätigkeit«[5] zu zwölf Jahren Haft verurteilt. In den Verhören verrät sie ihre Freundin und beste Quelle nicht. Doch im Haftkrankenhaus öffnet sich die inzwischen schwer kranke Frau gegenüber einer Krankenschwester. Ein Fehler, denn diese gibt die Informationen weiter. So wird auch Lokenvitz verhaftet.

Erika Lokenvitz ist ein Kriegskind, wird am 10. Dezember 1921 als Erika Hahn geboren. Ihr Vater ist Heizer, Maschinist – und Alkoholiker. Das prägt ihre Kindheit: »Vor meinem Vater hatte ich stets Angst, wenn er angetrunken nach Hause kam.«[6] Sie habe bei der Mutter im Bett auf seine Rückkehr gewartet. »Im Zustand der Volltrunkenheit war mein Vater unberechenbar und es kam oftmals zu heftigen Szenen, bei denen er gegen meine Mutter tätlich wurde.«[7] Auch sie habe er sehr oft geschlagen. Die Mutter ging arbeiten, um die Familie ernähren zu können, da der Vater alles versoff. Sechs Jahre lang war er arbeitslos. Lokenvitz sagt, dass insbesondere das Verhalten des Vaters dazu beigetragen habe, dass sie sich in charakterlicher Hinsicht labil entwickelt habe. Außerdem prägen der Zweite Weltkrieg und die Nazidiktatur Lokenvitz. Sie spielt mit den jüdischen Kindern, die im Haus wohnen, verbringt viel Zeit bei einer älteren jüdischen Frau, die sie Oma nennt. »Dann erlebte ich durch die Gestapo und SA die Verschleppung der Juden.«[8] Sie erinnere sich »deutlich«, wie die jüdische Oma mit Gewehren »über den Kopf geschlagen wurde und auf ein grosses Auto flog.«[9]

Mit 18 Jahren verlobt sie sich mit Heinz-Günther Lokenvitz. Am Tag nach der Hochzeit muss ihr Mann an die Front, bekommt nicht mal Urlaub, als Anfang 1943 das erste Mal die Wohnung zerbombt wird. Stattdessen hilft die Wehrmacht, Möbel zu verpacken und in den »Speicher für Ausgebombte« in den Messehallen Witzleben zu bringen. In der Nacht vom 22. auf den 23. November 1943 wird Berlin von den Alliierten so bombardiert wie nie zuvor, die Gedächtniskirche erinnert bis heute daran. Das

Haus, in dem Lokenvitz mit ihren beiden jungen Töchtern inzwischen wohnt, brennt ab. »Mit der Tasche voll Papieren, das Kind in nasse Decken gehüllt, rannte ich durch die Feuernacht über Leichen, Schutt und Trümmer«[10], schreibt sie später. Mit Hunderten anderen rettet sie sich in den U-Bahnhof Victoria-Luise-Platz. Es sei nicht in Worte zu fassen, was man durchgemacht habe. Als sie wenig später ihre Möbel holen will, ist selbst der Speicher zerbombt. Ihren Mann sieht sie Weihnachten 1944 noch einmal: »Das war unser letztes Zusammensein. Am 9. Februar 1945 erhielt ich die Nachricht: ›Für Führer und Volk gefallen, Heil Hitler‹.«[11] Während die Mutter zusammengebrochen sei, habe der Vater wenig Mitgefühl gezeigt: »Wenn erst die Rote Armee kommt, wird alles gut. Sie werden für uns sorgen. Es werden keinem Kind die Augen ausgestochen, wie es die Nazis gesagt hatten.«[12] Er habe Recht behalten, schreibt Lokenvitz später, das erste Stück Brot hätten sie aus sowjetischer Hand bekommen. Und sie seien gut zu den Kindern gewesen. »Ich habe sie alle in guter Erinnerung – ich liebe die Sowjet-Menschen – sie waren und sind unsere Freunde.«[13]

So vorgeprägt, hätte aus Lokenvitz eine Vorzeigegenossin werden können. Im September 1945 heiratet die Witwe aber zunächst einen Mechaniker, den sie beim Anstehen für Kohlenkarten kennengelernt hatte. Sie will versorgt sein, doch er ist Epileptiker und aggressiv. Sie steht fünf Jahre der Angst mit ihm durch, wie sie es nennt, dann lässt sie sich scheiden – und braucht einen Job. Sie startet als Stenotypistin beim Kabelwerk Oberspree, wird später Sekretärin des Leiters vom Betriebsschutz, einem Dienstzweig der Volkspolizei, die in größeren Betrieben mit hoher volkswirtschaftlicher Bedeutung für Sicherheit sorgen sollen. Und sie beginnt, sich gesellschaftlich zu engagieren, wird Hauptkassiererin des Freien Deutschen Gewerkschaftsbunds innerhalb des Betriebsschutzes und Mitglied im Vorstand der Gesellschaft für Deutsch-Sowjetische Freundschaft. Sie nimmt an allen Veranstaltungen teil, empfängt Delegationen, lernt »viele Sowjet-Menschen«[14] kennen. In der Nacht zum 17. Juni 1953, an dem rund eine Million Menschen in der DDR gegen das Regime protestieren, bezieht sie Prügel von »Halbstarken«, weil sie Uniform trägt: »In diesem Jahr bat ich um Aufnahme als Kandidat in die Partei. Ich wollte mithelfen, am Aufbau des Sozialismus.«[15] Sie wird Mitglied der SED. Später nimmt sie auch an marxistisch-leninistischen Schulungen teil – und macht Propagandaeinsätze mit: Vor Wahlen sei sie in den Westen gefahren, habe dort entsprechende Materialien verbreitet.

Außerdem hilft sie ab März 1955 dem MfS. Ihr Neffe arbeitet dort und benutzt die Wohnung seiner Tante als geheimen Treff, oder KW, wie es im DDR-Jargon heißt, Konspirative Wohnung. Sie bekommt 50 Mark im Monat, unterzeichnet mit dem Decknamen »Heideblume«[16]. Ihr Neffe vertraut ihr völlig. Er erzählt ihr etwa, welche speziellen Aufgaben er »beim Schutz von Staatsfunktionären, bei der Aufspürung von Funkagenten sowie bei der Sicherung der Verkehrswege nach West-Berlin und Westdeutschland zu erfüllen hatte«[17]. Selbst über die Personalstärke und übers Funken spricht er mit ihr, gibt er später bei seinen Verhören zu. Er kann immer noch nicht glauben, dass seine Tante die Infos an die Amerikaner weitergeben hat.

1956 erkrankt die Mutter von Erika Lokenvitz schwer. Da der Vater weiterhin alles Geld vertrinkt, klaut sie sich nach und nach 200 Mark aus der Gewerkschaftskasse. Der Diebstahl wird entdeckt, bevor sie das Geld zurückzahlen kann, zumindest sagt sie später, dass sie das vorgehabt habe. Das Verfahren wird zwar eingestellt, doch sie ist ihren Job los. Ihre Suche nach einer neuen Stelle ist lange erfolglos. »Meinem Leben wollte ich ein Ende machen«[18], schreibt sie später über die Zeit. Sie wendet sich an die Kreisleitung der SED in Friedrichshain, die sie 1956 zum VEB Funk- und Fernmeldeanlagenbau schickt. Ausgerechnet ein Organ der SED sorgt so dafür, dass Lokenvitz sich von der ergebenen Genossin in wenigen Jahren zur Top-Spionin des kapitalistischen Feindes entwickeln wird. Erst einmal aber arbeitet sie fleißig, meldet sich immer, wenn jemand für eine Sonderschicht gebraucht wird. Sie sei lautstark und resolut, aber auch offenherzig aufgetreten, heißt es in einer Beurteilung der Firma. So habe sie viel erzählt über ihre persönlichen Sorgen und ihren Wunsch, einen Partner zu finden. Außerdem habe sie eine übertriebene Neugier und immer versucht, andere von ihrer Meinung zu überzeugen. »Andererseits war sie jedoch sehr schnell umstimmbar.«[19]

Diesen Charakterzug nutzt Gertrud Liebing aus. 1956 lernen Lokenvitz und sie sich auf der Arbeit kennen. Eine anständige und sympathische Genossin, findet Lokenvitz. Sie freundet sich mit der zehn Jahre älteren Frau an, die ihr immer wieder Geschenke macht. Sie treffen sich, mal in Gaststätten, meist zu Hause. Und sie trinken, »in der Regel«[20] eine Flasche Weinbrand (0,3 Liter) plus einige Flaschen Bier. Vor allem aber hört Liebing gut zu: Sie zeige eine »sehr große Anteilnahme in persönlichen Fragen« und habe sie »von ihrer Ehrlichkeit und ihrem guten Willen mir gegenüber« überzeugt, so zumindest verteidigt sich Lokenvitz später in ihren Verhören.[21] Liebing habe dazu beigetragen, dass sie der Partei Schuld für die schlechten Dinge in ihrem Leben gegeben habe. Schließlich habe sie viele schwere Momente und Enttäuschungen wegen Genossen erlebt: »Gerade in diesen Fragen verstand es die Liebing, meine inneren Zweifel und mein Schwanken auszunutzen und mich zu der Meinung zu führen, daß viele Fehler vonseiten der Partei gemacht werden.«[22] Es sei in ihren Gesprächen alles immer darauf hinausgelaufen, dass die Maßnahmen von Regierung und Partei Schwindel seien und man sich um den einzelnen Menschen nicht kümmere. Auf dieser Grundlage habe sich eine Ablehnung gegen alles, was von der Partei kam, bei ihr entwickelt. Im Gefängnis reflektiert Lokenvitz sogar ihre Wankelmütigkeit: Sie habe sich immer schon von den Menschen in ihrem Umfeld beeinflussen lassen. »Ich habe in meinem gesamten bisherigen Leben nie richtig gewußt, wo ich hingehöre und auch nie eine eigene feste Meinung gehabt.«[23]

Bei Liebing ist das anders, sie ist von ihrer Spionagetätigkeit überzeugt. Sie lehnt die gesellschaftlichen Verhältnisse in der DDR ab – unter anderem beeinflusst von Reisen in den Westen. Noch dazu mag sie, wie die Agenten der CIA mit ihr umgehen: »Wenn ich da bin, gibt es immer gebratene Hühnchen, Kaffee und Torte mit Sahne«[24], habe sie zu Lokenvitz gesagt. Die Männer seien anders als die Genossen, die würden wenigstens was springen lassen.

Liebing, geboren am 3. Mai 1911, ist Arbeiterkind. Mit 14 Jahren lernt sie Fleischerei-Verkäuferin, arbeitet danach aber als Monteurin bei Record-Metallwaren, bis die Firma 1936 aufgelöst wird. Sie wechselt Betriebe und Jobs, wird Löterin, verdient nach Kriegsende ihr Geld als Putzfrau bei der Sowjetischen Militäradministration in Deutschland, dann wieder als Löterin. Ab 1952 ist sie beim VEB Funk- und Fernmelde-Anlagenbau tätig. In einer Beurteilung von 1956 heißt es, sie arbeite vorbildlich und zeige besonders bei Katastrophenfällen »eine gute Einsatzbereitschaft«.[25] Ihre Beurteilung ähnelt der von Lokenvitz in weiteren Punkten: Liebing wird als sehr hilfsbereit eingeschätzt, bringe in Diskussionen offen ihre Meinung zum Ausdruck. Sie habe zu ihren Kollegen und Genossen einen guten Kontakt, angeblich hatte die Witwe sogar Affären mit ein oder zwei Kollegen. Liebings Mann, ein Alkoholiker, war 1952 an tuberkuloser Hirnhautentzündung gestorben.

Auch politisch ist Liebing aktiv. Schon vor dem Zweiten Weltkrieg war sie Mitglied der KPD, wird es direkt danach wieder. 1946 tritt sie der SED, der Gesellschaft für Deutsch-Sowjetische Freundschaft und dem Freien Deutschen Gewerkschaftsbund bei. Anfang der 50er Jahre wird sie Mitglied der Betriebsparteileitung und der Kreisleitung, nimmt 1954 als Delegierte am IV. Parteitag der SED teil. Und sie geht zu mehrwöchigen Lehrgängen für Propagandisten. In der Beurteilung heißt es, dass »die

Haltung der Genossin Liebing einwandfrei positiv« sei, sie sei »ein aktives parteiverbundenes und diszipliniertes Mitglied« und habe alle ihr übertragenen Aufträge »gewissenhaft« durchgeführt.[26] Außerdem wird sie als aufrichtig bewertet, dabei arbeitet sie zu dem Zeitpunkt schon längst für die CIA.

1954 hatte sie eine ehemalige Arbeitskollegin in West-Berlin besucht und beim Kaffeeklatsch in einer Konditorei in Charlottenburg einen Mann kennengelernt. Sie mochte die reichhaltigen Speisen und Getränke lieber als die in der DDR, verabredete sich auch deswegen erneut mit ihm. Sie machten eine Stadtrundfahrt, von der sie beeindruckt war. Sie begann, den Radiosender RIAS zu hören, Westfernsehen zu schauen – und lehnte die DDR immer mehr ab. Nach weiteren Treffen stimmte sie zu, für die CIA zu spionieren. Ab dem Sommer 1955 trifft Liebing sich nun alle zwei Wochen mit Agenten in West-Berlin, sechs Jahre lang. Sie fährt zu einem vorab vereinbarten S-Bahnhof, angeblich, um ihre Mutter zu besuchen. Dort warten CIA-Männer in einem Opel Rekord oder einem VW auf sie und bringen sie zu »Treffwohnungen«, wie Liebing sie nennt. Eine war in Dahlem, eine andere in Mitte, an weitere will sie sich beim Verhör später nicht erinnern können. Für den Fall, dass sie verhindert ist, hat sie eine West-Berliner Telefonnummer, bei der sie mit ihrem Decknamen anrufen soll: Markus. Die Nummer hatte sie in ihr braunes Notizbuch notiert, getarnt als Geldbetrag, den sie angeblich an einen Rechtsanwalt zahlen muss.

Liebing ist auch sonst geschickt, schafft es, elf Jahre lang erfolgreich zu spionieren und nicht aufzufliegen. Nur eins kann sie nicht gut: Funken. Die Amerikaner versuchen 1960, ihr das beizubringen, falls es schwieriger werden sollte, sich zu treffen. Sie testen sie mit einer Übungsmorsetaste, resignieren aber schnell und entscheiden, sie nur im Empfangen und Entschlüsseln von Funkverkehr zu trainieren. Sie selbst soll ihre Informationen per Brief mit geheimer Schrift überbringen. Dafür bekommt Liebing vorpräpariertes Papier, das sie zwischen normales Papier legen soll, um darauf mit Bleistift zu schreiben. Über die unsichtbar bleibenden Zeilen auf der unteren Seite muss sie dann noch einen belanglosen Text notieren, damit der Brief in der Post nicht auffällt. Die CIA-Agenten können die geheime Schrift unter der normalen mit einer Flüssigkeit sichtbar machen. Liebing bekommt außerdem Pillen, um Geheimbotschaften der Amerikaner sichtbar machen zu können. In ihrem roten Notizbuch findet sich eine Anleitung dazu, getarnt als Mittel gegen Zahnschmerzen: »Paradentose eine Pille, ein Teelöffel Wasser, etwas Watte leicht den Zahn bestreichen.«[27] In Wahrheit sollten mit der in die Flüssigkeit getränkten Watte die Briefe bearbeitet werden, die bei ihr ankommen.

1961 baut die DDR die Mauer, Liebing kann nun tatsächlich nicht mehr einfach in den Westen fahren, um ihre Informationen zu überbringen. Die Teilung der Hauptstadt verlangt eine Neuausrichtung der Arbeit von BOB, der »Berlin Operations Base«, dem Hauptquartier der CIA in Deutschland, notiert ein Nachrichtendienstler. Das Konzept sieht vor allem die Reaktivierung von Agentinnen und Agenten im Osten vor, zu denen der Kontakt abgebrochen ist. »Unsere mehr als 100 Agenten in Ost-Berlin und Ostdeutschland haben wahrscheinlich einen größeren Wert als alles, was wir in Ostdeutschland durch neue Rekrutierungen werden aufbauen können«[28], schreibt er. Kuriere sollen ihnen Anweisungen und Kommunikationsmittel bringen.

Aber auch neue Quellen sollen erschlossen werden – etwa Westdeutsche, die Geschäfte in der DDR machen, oder Studierende, die mehrere Jahre dort bleiben könnten. Verdeckte Operationen hält er zudem für sinnvoll, um das Regime zu schikanieren und die Moral in West-Berlin zu stärken. So könnte man Botschaften auf die Seiten von LKWs projizieren, die dann an der Grenze entlangfahren, eventuell sogar mit Lautsprechern. Damit könne man vielleicht einige Ostdeutsche, vor allem aber DDR-Grenzsoldaten zum Überlaufen motivieren. Oder Letztere zumindest davon überzeugen, nicht auf Flüchtende zu schießen. Der CIA-Mann schlägt auch einen Spruch dafür vor: »Lasst euch nicht zu Lumpen machen!« Das hatte der SPD-Politiker Willy Brandt, damals Bürgermeister von Berlin, auf einer Kundgebung anlässlich des Mauerbaus schon in Richtung der Grenzsoldaten gesagt.

Mit dem Mauerbau gewinnt auch das Abhören von Kommunikation noch mal an Bedeutung. Nicht nur wegen der offensichtlichen Feinde, sondern auch, weil die Amerikaner wussten, dass es unter ihren Agenten Überläufer gab, die für die Stasi arbeiteten. Die abgefangenen Nachrichten dienten daher auch dazu, die Wahrhaftigkeit der eigenen Spione zu überprüfen. Die USA nutzen dafür den Teufelsberg im Berliner Grunewald. Dort haben sie in den 1950er-Jahren eine der wichtigsten und größten Abhöranlagen der NSA aufgebaut, die auch von den Briten genutzt wird und mit der besonders weit in den Osten gehorcht werden kann. In der Hochphase arbeiten dort mehr als 1000 Frauen und Männer. Allerdings sind unter ihnen Verräter. Sie helfen der Stasi, übergeben unzählige streng geheime Dokumente, darunter Projektpläne mit technischen Details und die Informationen, gegen wen sie eingesetzt werden.

Der Mauerbau zwingt Liebing zu einer Spionagepause. Wie zuvor mit den Amerikanern verabredet, tut sie erst einmal nichts, gar nichts, vier Monate lang. Bis ihr an Silvester 1961 ein Brief mit neuen Anweisungen unter der Tür durchgeschoben wird: Sie soll ein Radiogerät kaufen, Modell »Ilmenau«, um funken zu können. Es liegen zwei dünne Seidenpapiere bei, auf denen Zahlengruppen zum Entschlüsseln notiert sind. Wenige Wochen später ist Liebing startklar, empfängt an jedem ersten und dritten Sonntag im Monat um 12.00 Uhr auf einer bestimmten Wellenlänge Nachrichten. Dafür sucht sie in der Nähe des 60-Meter-Bandes die Erkennungsmelodie: Bei einer Sendung mit relevantem Inhalt tönt »Wer soll das bezahlen« aus dem Radio, sonst »Kornblumenblau«.[29] Dann werden Zahlen durchgegeben, die sie anschließend mithilfe der Codeblöcke in Buchstaben umwandelt. So wird ihr mitgeteilt, wohin ihre nächsten Briefe gehen sollen und ob die CIA etwas Bestimmtes interessiert. Und so erfährt sie auch, wo die toten Briefkästen sind, in denen Geld, präpariertes Papier und weitere Entschlüsselungszahlen für sie deponiert werden: einer auf dem Friedhof in der Leninallee, zwei in Lokalen in der Warschauer Straße und in der Dunckerstraße und einer in einem Museum am Marx-Engels-Platz.

108 Funksprüche empfängt sie auf die Art, verschickt entsprechend viele Briefe. Darin teilt sie den Amerikanern mit, was sie selbst herausgefunden hat, etwa über das Zentralkomitee der SED. Sie berichtet über dessen Struktur, die Abteilungen, die Bewachung des Gebäudes, sogar über »durchgeführte Schießübungen und Kampfgruppenausbildungen«[30]. Sie nennt Namen und klaut einmal sogar das Telefonverzeichnis, fährt damit nach West-Berlin, um es den CIA-Agenten zu zeigen, und bringt es später zurück ins Büro. Und sie nutzt Lokenvitz. Nur vier Monate nachdem sich die beiden Frauen kennengelernt haben, beginnt die gemeinsame Spionage. Als Stenotypistin hat Lokenvitz Einsicht in alle Unterlagen, die zwischen ihrer Firma und den Ministerien für Nationale Verteidigung, Staatssicherheit und des Innern sowie dem Zentralkomitee der SED hin- und hergehen. Liebing will von ihr wissen, welche Kollegen aus der Abteilung für die Bearbeitung welcher Einrichtungen verantwortlich sind und was sie über diejenigen herausfinden kann.

Die Jüngere ist fleißig, sammelt Informationen zu rund 50 Kolleginnen und Kollegen, darunter Partei- und Wirtschaftsfunktionäre, Sekretärinnen, Auslandsreisekader und Personen, die negativ aufgefallen waren. Neben Namen, Alter, Wohnanschrift und konkreter Funktion innerhalb des Betriebs findet sie heraus, wie diese privat leben und in welchen Parteien und Organisationen sie sind. Auch über Ministeriumsbeamte, die sie kennenlernt, spricht sie mit Liebing. Alle zwei Wochen treffen sich die Freundinnen. »Meine Neigung zur Schwatzhaftigkeit«, gibt Lokenvitz hinterher zu, habe der Freundin »sicher in vielen Fällen geholfen«.[31] Diese nutzt unter anderem ihre Kenntnisse als Stenotypistin oder versucht es zumindest. Liebing bringt ihr Blöcke, die sie beim Zentralkomitee hat mitgehen lassen, will, dass die Freundin sie in Langschrift »übersetzt« und mit geheimer Tinte auf Papier notiert. Lokenvitz, die 1935 zur Stenotypistin ausgebildet wurde, kann die neuere Steno-Schrift, die Ende der 1950er-Jahre genutzt wird, jedoch kaum entziffern. Also gehen sie dazu über, einen Durchschlag mehr anzufertigen, um ihn der CIA zu übergeben. Bis auf einen Streit Ende 1957, den sie nach ein paar Monaten beilegen, arbeiten die beiden zehn Jahre lang gut zusammen.

Am 7. Februar 1966 fällt einem Postmitarbeiter bei der Kontrolle eines Briefes, der bis heute bei der Stasi-Unterlagenbehörde liegt, etwas auf. Er hatte das Kuvert über Wasserdampf geöffnet, den Text gelesen, entdeckt, dass weder das »Onkelchen« noch die Skatbrüder beim Namen genannt werden. Er fragt seinen Kollegen, der den Brief über einer beleuchteten Glasplatte untersucht und zwischen der schwarzen Tinte schemenhaft hellrote Ziffern entdeckt. Mit chemischen Verfahren macht das MfS anschließend auch noch den unverschlüsselten Text sichtbar, den Liebing mitgeschickt hatte.

Erst einmal wissen die Nachrichtendienstler nur, dass der Brief in Berlin-Lichtenberg aufgegeben wurde, direkt vor der Haustür des Zentralkomitees. Da sie aufgrund des Inhalts vermuten, dass der Agent eine technische Kraft ist, nennen sie ihn »Handwerker«. Dass es sich bei dem Agenten um eine Frau handeln könnte, kommt ihnen nicht in den Sinn. Aufgrund der guten Qualität der Geheimtinte und des Textaufbaus analysieren sie, dass es sich um einen CIA-Mann handeln müsse. Schließlich würden die Amerikaner Kreuze statt Satzzeichen und Vokale anstelle von Umlauten nutzen. Die Stasi-Leute beginnen eine Sonderkontrolle der gesamten Post des Bezirks Berlin-Lichtenberg. Fast anderthalb Monate lang passiert nichts, erst dann finden sie einen weiteren Brief. Weil Liebing darin von der »Prämie« schreibt, die sie am 8. März, also am Frauentag, erhalten sollte, weiß das MfS nun, dass der »Handwerker« nur eine Frau sein kann. Sie berichtet auch von ihrer Gallenerkrankung, ein wichtiger Hinweis, der dazu führt, dass Liebing unter allen infrage kommenden Frauen, die eine Prämie erhalten sollen, »als unter dringendem Verdacht stehende Person«[32] identifiziert wird.

Die Stasi-Agenten besorgen sich ihre Personalakte mit konspirativen Mitteln, überprüfen, ob Liebings Mutter wirklich in West-Berlin lebt und was sonstige Verwandte von ihr machen. Sie starten eine riesige Observationsaktion, beobachten, wenn Liebing aus dem Fenster guckt und wann und wohin sie geht. Sie stellen fest, dass sie sich »sicher und selbstbewußt« und damit »nicht auffällig« bewegt, vor allem U- und Straßenbahn fährt und in ihrer Nachbarschaft bekannt ist.[33] Sie wendet zudem Tricks an, um festzustellen, ob ihr jemand folgt: sie bleibt kurz stehen, schaut in ihre Tasche oder fasst sich an den Knöchel – und dreht sich vorsichtig nach hinten. Die Agenten sind beeindruckt, schreiben, es handele sich um raffinierte Methoden,

»die auf natürliche Bewegungen eines Bürgers ausgerichtet sind«[34], alles wirke rein zufällig. Ihrem Gesicht sei dabei keine Regung anzusehen, sie wirke ruhig und besonnen.

Im Sommer folgt ihr sogar ein erfahrener »inoffizieller Mitarbeiter« (IM) nach Bad Elster, wo sie wegen einer Operation an der Galle in Kur war. Er sollte sich mit ihr bekannt machen, um ihr anzubieten, sie mit dem Auto zurück nach Berlin zu fahren – und sie so zu ihrer Verhaftung bringen. Doch Liebing verlässt kaum ihr Zimmer. »Die Agentin Handwerker macht gesundheitlich einen sehr schlechten Eindruck«[35], heißt es in einem Bericht. Sie laufe sehr langsam und leicht nach vorn gebeugt. »Ihr Haar war in einem sehr unordentlichen, ungepflegten Zustand. Ihr Gesicht ist sehr eingefallen und sehr blaß.«[36] Das MfS ändert seinen Plan, spielt verschiedene Szenarien durch, wie man Liebing am besten festnehmen könne, und ordnet die Durchsuchung ihrer Wohnung an. Doch die Spezialisten scheitern am Türschloss, ziehen nach dreieinhalb Stunden erfolglos wieder ab. Der Plan, sie sofort zu verhaften, wird verworfen, stattdessen observieren sie Liebing weiter, als diese wieder in Berlin ist. Am 1. September 1966 wirft sie einen Brief ein, den die Agenten abfangen. Es scheint ihr etwas besser zu gehen, die Tage darauf kauft sie wieder selbst ein, besucht Freunde und nimmt einen Arzttermin wahr. Was Liebing nicht weiß und auch nicht gesagt bekommt: Sie hat Bauchspeicheldrüsenkrebs und höchstens noch zwei Jahre zu leben. Das war schon im Mai im Volkspolizei-Krankenhaus festgestellt worden, jedoch wurde Liebing absichtlich nicht über den Befund informiert. Das MfS wollte nicht, dass sie weiß, dass sie nicht mehr lange zu leben hat. Man befürchtete, dass sie sonst beim Verhör nicht auspacken würde.

Der Plan der Stasi geht auf. Am 14. September 1966 wird Liebing auf offener Straße festgenommen – und ist größtenteils geständig. Sie sagt zwar, dass sie sich »nie als ein Spion gefühlt«[37] habe, schließlich habe sie lediglich Informationen übermittelt, die der Wahrheit entsprächen. Ihr sei allerdings klar, dass dies nach den bestehenden Gesetzen der DDR verboten sei. Noch dazu habe sie das Geld gelockt, »weil ich mir dadurch ein angenehmeres Leben bereiten konnte«[38]. Insgesamt habe sie vielleicht 7600 Mark erhalten. Während der Verhöre wird Liebing immer wieder ohnmächtig, weswegen sie ins Haftkrankenhaus verlegt wird. Mit einer Krankenschwester und einem Arzt an ihrer Seite muss sie bis zu sechs Stunden am Tag Fragen beantworten. Mitte Dezember wird sie zu zwölf Jahren Haft verurteilt, doch schon sechs Wochen später stirbt sie.

Lokenvitz, die von der Stasi nur gefunden wird, weil Liebing ihrer Krankenschwester vertraut, wird am 15. Oktober festgenommen. Zunächst lügt sie, sagt, sie habe weder spioniert noch gewusst, dass die ältere Freundin eine Agentin sei: »Ich kann es nicht fassen und begreifen, daß ich jahrelang einen Feind als Freund betrachtet haben soll.«[39] Wenn sie Liebing unter Alkoholeinfluss etwas über das MfS berichtet habe, dann keineswegs zur Unterstützung ihrer feindlichen Tätigkeit, sondern im Glauben eine wahre Genossin vor sich zu haben. Ohne Unterlass wird sie weiter vernommen – und erklärt bald, »damit nach 1 1/2 Tagen endlich Ruhe einkehrt«[40], dass Liebing immer auf die Partei geschimpft habe. Sie gibt auch zu, dass sie eine Mittäterschaft habe und nun ihre Strafe erwarte. Mehr aber will sie vorerst nicht sagen.

Doch Tag für Tag, Verhör für Verhör gibt sie mehr Informationen preis. »Mein Fehler war, der LIEBING blindlings zu vertrauen, und deshalb kam es dazu, daß ich ihr trotz meiner Schweigepflicht solche Mitteilungen machte.«[41] Nach einer Vorführung beim Haftrichter schreibt sie auf: »Ich bin nicht mehr die gute und treue Genossin, die ich war.«[42] Bei einem Verhör zwei Tage später bittet sie allerdings darum zu berücksichtigen, dass sie nervlich fast am Ende ihrer Kraft sei. Die Bitte wird ignoriert. Am Tag darauf ist es soweit, sie packt über ihre Komplizenschaft aus, spricht über die Stenoblöcke, die geheime Tinte und dass die Freundin einen zweiten Pass für Grenzübertritte hatte. Sie sagt gar, dass Liebing Wanzen in Telefone eingebaut habe, selbst beim ZK, das sei angeblich einfach gewesen, denn dort lägen dicke Teppiche. Liebing hätte geprahlt: »Was denkst Du wo ich sonst meine Informationen herhätte, ich zapf da einfach eine Leitung an und habe alles!«[43] Zwei Tage später belastet sie die alte Freundin erneut schwer: Diese hätte »mit äußerstem Fanatismus« an die Richtigkeit der Spionage geglaubt und ihr immer wieder erklärt, dass »das ganze System in der DDR beseitigt wird, da ja nicht nur wir, sondern ein ganzes Netz von Agenten tätig ist, die alle dazu beitragen.«[44] Für manche DDR-Funktionäre sei gar schon ein Baum ausgesucht, an dem sie hängen sollten.

Erst Anfang Dezember kommt die Stasi darauf, dass Lokenvitz noch für einen zweiten feindlichen Dienst spioniert hat: das Landesamt für Verfassungsschutz in West-

Berlin. Ein Cousin hatte sie im Sommer 1957 angeworben, sie trafen sich erst alle drei Wochen, später alle 14 Tage in West-Berlin. Sie erzählte ihm, welche Informationen sie der CIA weitergab, berichtete von der Stimmung und Versorgungslage in der DDR und offenbarte, dass ihr Neffe ihre Wohnung für Stasi-Tätigkeiten nutzte. Über insgesamt rund 80 Personen will sie ihm Informationen gegeben, selbst ein Foto ihrer Freundin Liebing soll sie weitergereicht haben. 1961 beendete sie die Zusammenarbeit, nachdem ihr Cousin vorgeschlagen hatte, dass sie in den Westen übersiedeln solle – ohne ihre Kinder. Sie konzentriert sich ab da wieder auf die CIA. Dafür interessiert sich die Stasi dann auch mehr.

Nach acht Wochen mit zahlreichen Verhören notiert Lokenvitz: Sie sei »spät abends, in dem Glauben, das Leben geht nicht mehr weiter, tränenüberschüttet in diese Zelle eingeliefert« worden.[45] Inzwischen habe sie Husten. Außerdem mache sie die nervliche Anstrengung bei den Vernehmungen und das Kopfzerbrechen allein in der Zelle kaputt. Sie schlafe schlecht ein, »die Nerven arbeiten weiter. Ach, könnt ich meine Nerven doch anbinden, sie laufen allein.«[46] Ihre Kinder hätten ihr nicht einmal zum Geburtstag geschrieben. Lokenvitz ist desillusioniert. Kurz darauf stellen die Ermittler fest, dass sie keine Verpflichtung auf Geheimhaltung unterschrieben hatte, weder bei ihrer Firma noch bei der Kreisleitung der SED. Sie versucht sich zumindest ein bisschen zu verteidigen, sagt, dass sie nie Geld für die Informationen bekommen habe, obwohl Liebing ihr »anfänglich gesagte hatte, daß ich nach einer gewissen Zeit der Bewährung durch die Tätigkeit für die ›Amerikaner‹ sehr viel Geld verdienen könnte«[47]. Sie habe nur ab und an Geschenke und Kleidung bekommen, Letztere allerdings sei von ihrer Freundin bereits benutzt gewesen.

Im März 1967 wird Lokenvitz zu zehn Jahren Haft verurteilt. Die ersten zwei verbringt sie in Einzelhaft, nach fünf Jahren wird sie frühzeitig entlassen, bevor sie 1982 in der DDR an Herzversagen verstirbt.[48] Die CIA und der West-Berliner Verfassungsschutz haben sich nicht um einen Agentenaustausch bemüht – weder bei ihr noch bei Liebing.[49]

Der schlechte Umgang der CIA mit Agentinnen führt schon früh zu Ärger. Als Direktor Allen Welsh Dulles kurz nach seinem Amtsantritt 1953 mit einer Gruppe von frisch eingestellten Mitarbeiterinnen und Mitarbeitern spricht, stellen sie Fragen: »Warum werden Frauen in einer niedrigeren Besoldungsgruppe eingestellt als Männer? Denken Sie, dass Frauen in der Central Intelligence Agency ausreichend anerkannt werden? Und werden Sie als neuer Direktor der CIA etwas gegen die berufliche Diskriminierung von Frauen unternehmen?«[50] Dulles nimmt die Fragestellerinnen offenbar ernst und beruft ein Gremium ein. Der »Ausschuss zu den Karrierechancen von Frauen in der CIA« wird intern von vielen »Petticoat Ausschuss« genannt, in Anlehnung an die bauschigen Unterröcke, die damals in Mode sind. Im Juli tagt er das erste Mal, zehn Frauen kommen zusammen, später wächst er auf 13 Frauen und neun Stellvertreterinnen an. Sie alle arbeiten seit mehreren Jahren für die CIA, einige waren schon für dessen Vorläufer »Office for Strategic Services« (OSS) tätig. Alle hatten während des Zweiten Weltkriegs gedient, manche von ihnen hatten danach allerdings ihren Job verloren – an männliche Veteranen.

Der Ausschuss hat zunächst Probleme, die bei einem Nachrichtendienst nicht ungewöhnlich sind: Die Personalabteilung will keine Daten und Statistiken liefern, da diese als geheim eingestuft sind. Doch die Frauen setzen sich durch. Und sie arbeiten schnell. Schon im November legen sie einen 48-seitigen Bericht vor. Zwar gebe es im Vergleich zu anderen US-Bundesbehörden etwas mehr Frauen bei der CIA, trotzdem herrsche Ungleichheit: zu wenige Frauen in Führungspositionen, weniger Gehalt bei gleicher Arbeit und antifeministische Vorurteile. »Die Karrieremöglichkeiten für Frauen waren in der Agentur in fast allen Berufsbereichen begrenzt«[51], hält der Bericht fest.

Eine dieser Frauen ist Virgina Hall. Sie beginnt am 3. Dezember 1951 bei der CIA – und zählt damals schon zu den erfahrensten Agenten der Zeit. Sie hatte »mehr nachhaltige Kriegserfahrung hinter feindlichen Linien als die große Mehrheit der Männer«[52], heißt es in der CIA-Analyse über den »Petticoat Ausschuss«. Schließlich war Hall eine der meistgesuchten Frauen der Nationalsozialisten im besetzten Frankreich. Klaus Barbie, der für seine Grausamkeit bekannte Gestapo-Mann und »Schlächter von Lyon«, scheiterte daran, sie zu finden. Dennoch verdient sie nun weniger Geld als ihre CIA-Kollegen und macht keine große Karriere. Hall ist eine der wenigen Spioninnen, deren Geschichte gut aufgearbeitet ist, es gibt

Artikel und Bücher über sie. Geboren am 6. April 1906 in Baltimore, studiert sie Französisch, Italienisch und Deutsch in den USA und Europa. Eigentlich will sie in den Auswärtigen Dienst, schafft die Aufnahmeprüfung aber zweimal nicht und beginnt 1931 als einfache Konsulatsangestellte in der amerikanischen Botschaft in Warschau. Sie wechselt an die Botschaft in der Türkei. Dort schießt sie sich bei einem Jagdunfall ins linke Bein, es muss bis zum Knie amputiert werden. Ihr Traum, Diplomatin zu werden, ist damit geplatzt. Stattdessen arbeitet sie in Italien und Estland, mit Holzbein, das sie »Cuthbert« nennt.

Zu Beginn des Zweiten Weltkriegs meldet sich Hall in Frankreich freiwillig als Krankenwagenfahrerin und bekommt eine Erste-Hilfe-Ausbildung. Als die Nazis das Land besetzen, flieht sie über Spanien nach Großbritannien und wird zur Agentin des britischen Special Operations Executive (SOE), jener Sondereinheit mit Lizenz zum Töten, die Churchill damals gründete. Hall bekommt eine umfangreiche Ausbildung an der Waffe, Schulungen über geheime Kommunikation und ein Sicherheitstraining. Sie ist so gut, dass sie im August 1941 als erste Agentin vom SOE nach Frankreich geschickt wird, getarnt als »Brigitte LeContre«, eine Journalistin, die für die *New York Post* berichtet. In Wirklichkeit baut sie in Lyon Widerstandsgruppen auf, besorgt Waffen und Geld, rekrutiert Frauen und Männer für den Untergrund und hilft alliierten Piloten, die abgeschossen worden waren, bei der Flucht nach Großbritannien. Die Nationalsozialisten wissen von ihr, suchen sie, bekommen lange aber nicht mal ihre richtige Nationalität heraus. »Ich würde alles geben, um diese hinkende kanadische Schlampe in die Finger zu bekommen«[53], soll Gestapo-Chef Barbie geschrien haben. Er lässt Tausende Fahndungsplakate mit einem lebensgroßen Porträt von ihr drucken, auf denen steht: »Die gefährlichste Spionin des Feindes: Wir müssen sie finden und vernichten!«

Als die Nazis im November 1942 auch Vichy besetzen, flieht Hall – zu Fuß über die Pyrenäen nach Spanien, mitten im Winter. Hall ist zäh, schafft es auf der Flucht sogar, dem SOE eine Nachricht zu übermitteln: Ihr gehe es gut, nur Cuthbert mache ihr Probleme. Die Antwort aus London: »Wenn Cuthbert Ihnen Schwierigkeiten bereitet, schalten Sie ihn aus.«[54] Offenbar weiß der SOE-Agent, mit dem sie kommuniziert, nicht, dass damit ihr Holzbein gemeint ist. In Madrid angekommen, arbeitet sie als vermeintliche Journalistin der *Chicago Tribune*. In Wahrheit organisiert sie sichere Unterkünfte für Widerstandskämpfer. Dann reist sie weiter nach London, wo sie vom britischen SOE zum amerikanischen OSS wechselt. 1944 kehrt sie für Letzteres sogar noch einmal nach Frankreich zurück, tarnt sich als ältere Frau, färbt sich dafür die Haare und trägt weite Kleidung. Sie heißt nun Marcelle Montagne und meldet deutsche Truppenbewegungen nach London. Außerdem sucht sie gute Abwurfpunkte für Waffen, die von den Alliierten für den Widerstand geliefert werden. Und sie und ihr Team führen Sabotageoperationen durch, um den Vormarsch der deutschen Truppen zu verlangsam: Sie sprengen Brücken, lassen Güterzüge entgleisen, zerstören Bahnlinien und töten Deutsche.

Nach dem Krieg erhält Hall als einzige weibliche Zivilistin das »Distinguished Service Cross«, eine vom amerikanischen Präsidenten verliehene Auszeichnung. Sie nimmt diese aber nur in kleinem Kreis entgegen, da sie weiter spionieren und deswegen nicht erkannt werden will. Sie wird zudem Teil des britischen Ritterordens »Member of the British Empire«, die Urkunde unterzeichnet König George VI. persönlich. Doch auch diese Ehrung findet heimlich statt. Hall arbeitet bis zu ihrem Ruhestand 1966 weiter für die CIA. Mit ihrem Wissen zu Untergrundarbeit kümmert sie sich vor allem um den Aufbau von geheimen Widerstandsgruppen gegen eine mögliche kommunistische Invasion in Europa. Sie wird zwar befördert, doch die CIA schöpft die Fähigkeiten, die Hall ihnen bietet, nicht vollständig aus: Sie habe oft allein an ihrem Schreibtisch gesessen, berichtet ein bekannter Agent. »Ihre Erfahrungen und Fähigkeiten wurden nie richtig genutzt.«[55] Und fügt hinzu: »Die nicht kampferfahrenen CIA-Typen, womit ich Bürokraten meine, schämten sich im Vergleich zu ihr.«[56]

Der Umgang mit Hall ist einer der Gründe, warum die amerikanischen Agentinnen Anfang der 1950er-Jahre aufbegehren. Ihr »Petticoat Ausschuss« macht mehrere Vorschläge, um die Benachteiligung der Frauen zu stoppen: Wenn Männer für eine Stelle gesucht werden, solle künftig geprüft werden, ob die Einschränkung auf das Geschlecht gerechtfertigt ist. Qualifizierten Frauen sollten außerdem mehr Möglichkeiten geboten werden, in Führungspositionen aufzusteigen. Im Anschluss beugt sich das »Career Service Board«, dem nur Männer angehören, über den

Bericht. Nach sorgfältiger Prüfung sind sie »der Ansicht, dass die Stellung der Frauen in der Firma keine dringenden Korrekturmaßnahmen erfordert, sondern vielmehr eine überlegte und bewusste Verbesserung, in erster Linie durch die Ausbildung von Vorgesetzten«[57]. Die Männer beglückwünschen ihre Kolleginnen lediglich zu ihrer methodisch guten und objektiven Untersuchung. Außerdem bekommen die Frauen Belobigungsschreiben, die in ihre Personalakten eingehen. Ansonsten tut sich erst einmal nichts. Außer, dass Frauen einmal in der Woche Zutritt zum Fitnessstudio erhalten, wie ein Mitglied des »Petticoat Ausschusses« später erzählt. Ernsthafte Veränderungen folgen erst 20 Jahre später, als die gesellschaftliche Entwicklung von der CIA nicht mehr länger ignoriert werden kann. Plötzlich werden die Dinge umgesetzt, die der »Petticoat Ausschuss« schon damals empfohlen hatte.

Dabei setzt sich der amerikanische Geheimdienst in den 1950er-Jahren sehr wohl mit Frauen und ihren Bedürfnissen auseinander, zumindest in Berlin. Die CIA-Station dort sieht Frauen als »bedeutendes Bollwerk des Individualismus und als Zentrum des Widerstands gegen die kommunistisch gelenkten Bolschewisierungsversuche der ostdeutschen Bevölkerung«[58] – und betreut ein Projekt der psychologischen Kriegsführung, das auch auf sie zugeschnitten ist. Mit der Operation »LCCASSOCK« fälscht die CIA verschiedene bekannte Ost-Publikationen, druckt davon rund 20000 im Monat und verschickt sie mit der Post oder verteilt sie per Hand, manche werden gar verkauft. Während sie von außen wie bekannte DDR-Medien aussehen, finden sich im Inneren Cartoons und Texte, die nicht im Interesse des SED-Regimes sind. Darin wird sich über die DDR und die Sowjetunion lustig gemacht, vor der Stasi gewarnt und Ost-Propaganda über den Westen richtiggestellt. Selbst über die Hinrichtung einer Spionin des Bundesnachrichtendienstes (BND) durch die DDR werden die Leserinnen und Leser informiert.

Das Sortiment an gefälschten Ausgaben ist groß, reicht von Tageszeitungen über Illustrierte zu Magazinen, die sich an junge Menschen, Bauern, Gewerkschafter oder Frauen richten: beispielsweise *Junge Generation*, das für Funktionäre der Freien Deutschen Jugend geschrieben war, *Tribüne*, das Zentralorgan des Freien Deutschen Gewerkschaftsbunds in der DDR, *Die Volkspolizei*, eine Zeitschrift für die Angehörigen der ostdeutschen Polizei oder *Die Frau von heute*, eine Illustrierte. Sie werden von einer eigenen Redaktion in Westdeutschland geschrieben, die sich professionell beraten lässt, um glaubwürdig zu wirken. Bei der Fälschung helfen unter anderem die Falken, ein sozialistischer Kinder- und Jugendverband, oder der Deutsche Gewerkschaftsbund. Die CIA will durch das »hochspezialisierte Propagandamaterial« den Widerstandsgeist in der DDR fördern, und zwar auf bestimmte Zielgruppen zugeschnitten, die sonst »der westlichen Propaganda im Allgemeinen nicht zugänglich sind«.[59] So beschreibt es der Nachrichtendienst 1956 selbst in inzwischen deklassifizierten Akten.

Für die Frauen, die in der DDR leben, erfindet die CIA sogar eine eigene Illustrierte, es ist eines ihrer Hauptprodukte. Die Inhalte sollen eine Nachfrage nach mehr

Gleichberechtigung, besseren Konsumgütern und einem allgemein verbesserten Lebensstandard wecken, um die Unzufriedenheit mit dem Leben in der DDR zu steigern. Auch soll »der gefühllosen Haltung gegenüber der Weiblichkeit in der DDR ein Ende«[60] bereitet werden. Die neue Illustrierte trägt den schlichten Namen *Die Frau.* In den Ausgaben geht es klassisch um Mode- und Frisurentipps sowie Ideen zur Verschönerung von Wohnungen, inklusive Fotos und Zeichnungen. Die obligatorischen Ratschläge, wie Frauen mithilfe von Astrologie den richtigen Partner auswählen können, sind schon damals dabei.

Daneben gibt es Texte über Frauen, die Karriere gemacht haben. Sie schreiben, dass die bedeutenden Frauen der Geschichte nicht unbedingt schön waren, aber ihren eigenen Stil hatten und die Leserinnen ihren deswegen ebenso finden sollten. Dabei wird thematisiert, dass es in West-Supermärkten eine größere Vielfalt an Waren gibt als im Osten. An anderer Stelle findet sich ein Artikel über die Lebensgeschichte einer russischstämmigen Ballerina aus Ostdeutschland, die in den Westen flieht und dort unterrichtet. Auch die Lebensweise von Studentinnen in der Bundesrepublik wird beschrieben und dass Frauen dort frei ihren Beruf auswählen können, ohne staatliche Einmischung. Und es gibt Motivationssprüche wie diesen: »Eine Frau, der es gelingt, einen Volkspolizisten nur durch ihren Anblick so zu fesseln, daß er sich in der Marschkolonne nach ihr umdreht, hat fast schon den Tatbestand der Wehrkraftzersetzung erfüllt.«[61]

In der Redaktion für das Geheimprojekt arbeiten auch Frauen. Sie heißen Wally, Charlotte, Minna, Ella, Renate,

Brigitte und Erika, sind Redakteurinnen, Sekretärinnen oder Reinigungskräfte. Getarnt als »Werbebüro Cramer« gestalten sie die Zeitung, die aus Sicherheitsgründen von einer anderen Adresse aus verteilt wird. Treffen mit Vertriebsmitarbeitern finden grundsätzlich außerhalb der beiden Büros statt, die Lieferwagen werden regelmäßig gewechselt. Gestartet hatte das Projekt ein ehemaliger deutscher Marineoffizier, der nach dem Zweiten Weltkrieg zunächst mit finanzieller Unterstützung des westdeutschen »Bundesministeriums für gesamtdeutsche Fragen« arbeitete. Als das Ministerium jedoch die Namen seiner Quellen und Verteiler wissen will, lehnte er ab, diese preiszugeben. Die CIA übernahm das Projekt, finanziert es ab 1954 komplett. In einer Evaluation des Projekts im Jahr 1956 zeigt sich der amerikanische Nachrichtendienst zufrieden und befindet, dass *Die Frau* Meinungen beeinflussen könne. Es heißt darin aber auch, dass die Illustrierte zu vorsichtig geschrieben sei: »Wir sind jedoch der Meinung, dass das in dieser Zeitschrift präsentierte Material eine sehr subtile Art von Propaganda ist.«[62] Sie könne effektiver sein, wenn sie das ostdeutsche Regime noch direkter angreifen würde.

Wie viel Aufwand die CIA betreibt, um mehr über die DDR herauszubekommen und den Kommunismus zu bekämpfen, zeigt auch die »Operation Gold«, eine der spektakulärsten und bekanntesten Nachrichtendienstoperationen des Kalten Kriegs. Was dabei allerdings kaum beschrieben wird: entscheidend für den Erfolg war eine Frau. Das geht aus inzwischen deklassifizierten Unterlagen der CIA und der NSA hervor. 1954 baut die CIA gemeinsam mit dem britischen MI6 direkt an der innerdeutschen Grenze im Bezirk Rudow, damals amerikanischer Sektor, ein Lagerhaus und Baracken. Für die neugierigen Blicke aus der DDR sieht das Ganze aus wie eine Radarstation, umzäunt von Stacheldraht. Doch das Gebäude ist nur Tarnung – im Inneren werden heimlich tausende Tonnen Erde ausgehoben für einen Tunnel, der bis in den Osten reicht. Noch bevor mit dem Bau begonnen wird, rekrutiert die CIA verschiedene Quellen, die das nötige Hintergrundwissen über die Kabel- und Kommunikationswege im Osten liefern. Die »Operation Gold«, die bei den Briten unter dem Namen »Operation Stopwatch« läuft, ist präzise geplant. In den USA und in Großbritannien werden bestimmte Teile des Tunnels zur Probe gebaut. Alles wird durchdacht: Im Lagerhaus werden sogar eine Waschmaschine und ein Trockner aufgestellt, damit die Tunnelarbeiter das Gebäude nach vollendeter Arbeit wieder mit sauberer Kleidung verlassen können und keine Aufmerksamkeit erregen.

Dann wird rund um die Uhr an dem Tunnel gegraben. Als die Arbeiter unterhalb des Grenzstreifens angekommen sind, stoppen sie jedes Mal, wenn die DDR-Grenzer über ihnen Patrouille laufen. Zu groß ist die Sorge, dass diese etwas hören. Auch ist erst nicht ganz klar, wie weit der Tunnel gegraben werden muss, um an die richtigen Kabel zu kommen, schließlich kann man auf DDR-Seite nicht einfach messen gehen. Die CIA aber hat eine Idee, wie sie die Strecke berechnen können: Sie werfen »aus Versehen«[63] einen Baseball über die Grenze, an jene Stelle, an der die Kabel liegen, die von unten aus dem Tunnel angezapft werden sollen. Mithilfe von Trigonometrie könne man dann die Distanz bestimmen, so die Idee. Das Vorhaben scheitert allerdings daran, dass die DDR-Grenzer den Baseball immer wieder zurückwerfen. Am Ende nutzt die CIA einen Agenten, der in der DDR arbeitet und einen Van an der Stelle parkt, um die Messung möglich zu machen.

Im Februar 1955 ist es geschafft: 125 Tonnen Stahl wurden verbaut, der Tunnel ist nun 450 Meter lang, begehbar – und drei Kabel sind erfolgreich angezapft. An der Stelle, wo der Tunnel vom Westen in den Osten übergeht, ist Sprengstoff platziert, um im Notfall alles zerstören zu können. Zur Abschreckung steht auf der Tür im Ostteil in großen Buchstaben auf Deutsch und Russisch: »Der Zutritt ist auf Befehl des Kommandierenden Generals verboten«[64]. Die Alliierten hoffen, dass sowohl sowjetische als auch DDR-Soldaten erst einmal Rücksprache halten würden, sollten sie die Tür je finden. Das würde ihnen zumindest etwas Zeit verschaffen. Die Amerikaner beschließen, »jegliche Kenntnis des Tunnels pauschal leugnen«[65] zu wollen, sollte dessen Existenz bekannt werden.

CIA und MI6 können über die drei Kabel die Inhalte von 28 Fernschreibern und 121 Telefonaten gleichzeitig mitschneiden. In London sind zu Spitzenzeiten 317 Personen mit der Bearbeitung beschäftigt, in den USA weitere 350. Die Menge an Daten ist riesig: Allein in London werden 67 000 Stunden Telefonate gesichert und Hunderttausende dieser Gespräche transkribiert. Die angezapften Leitungen waren eine »einzigartige Quelle«[66] für aktuelle

Informationen aus dem Ostblock, hält die CIA später fest. Hunderte Nachrichtendienstler der Sowjetunion, die in Moskau oder in der DDR arbeiten, können so identifiziert werden. Auch Informationen über das Militär werden gesammelt und politische Planungen verfolgt.

Dass die Operation gelingt, liegt zu einem entscheidenden Teil am »Nummernmädchen«. Bis heute ist ihr Name nicht bekannt, selbst die an der Operation Beteiligten wissen ihn nicht. Nur der Agent, der sie anwarb, kennt ihre wahre Identität. Es gibt auch keine genauen Berichte darüber, wie sie aussah. Einer der Gründerväter der CIA, Hugh Montgomery, hat sie gegenüber dem US-amerikanischen Journalisten Stephen Vogel einmal als »eine dieser kleinen alten Damen in Tennisschuhen«[67] beschrieben. Sie habe immer alles auf Karteikarten notiert. Die Frau arbeitet damals in einer Telefonvermittlung für Ferngespräche, wo Anrufer durch das Umstecken von Kabeln miteinander verbunden werden. Dadurch hat sie den Überblick, weiß genau, welche Kabel von hochrangigen sowjetischen und ostdeutschen Beamten benutzt werden, etwa aus Karlshorst, wo der KGB seine Zentrale hat. Nur dank ihr wissen die Alliierten, auf welchen Leitungen die sensibelsten Informationen ausgetauscht werden: »Sie guckte einfach in ihre Karteikartensammlung und konnte sofort sagen, wer ein bestimmtes Kabelpaar benutzte. Sie hatte alles aufgeschrieben«[68], sagte Montgomery. Das »Nummernmädchen« sei schnell und akkurat gewesen, habe mitbekommen, wenn Verbindungen geändert wurden, um Abhöraktionen unmöglich zu machen. Ihre Arbeit sei laut Montgomery »die wertvollste von allen«[69] gewesen. Auch

Vogel sagt nach seinen Recherchen: »Das Nummernmädchen war eine der wichtigsten Agenten, die die Dienste je hatten.«

Am 21. April 1956 wird der Tunnel enttarnt, nach elf Monaten und elf Tagen, die er in Betrieb war.[70] In der Zeit haben CIA und MI6 rund 50000 Tonbänder, die zusammen 25 Tonnen wiegen, gefüllt. Heftige Regenfälle führen damals zu einer Störung im Telefonnetz, bei der Suche nach der defekten Leitung legen russische und ostdeutsche Soldaten den Tunnel frei. Das DDR-Regime weiß die Entdeckung zu nutzen, es informiert die Öffentlichkeit. Weltweite Berichte folgen, der Tunnel wird zu einer Attraktion, die von zehntausenden Ost-Berlinern besucht wird.

Das zumindest ist die offizielle Version. Denn tatsächlich weiß zumindest der KGB schon länger von dem Tunnel und der »Operation Gold«. Beim MI6 gibt es einen Doppelagenten, George Blake, der dem russischen Nachrichtendienst davon erzählt haben soll. Um ihn und seine Position zu schützen, soll der KGB aber weder dem russischen Militärgeheimdienst noch der Stasi von ihm und dem Tunnel berichtet haben. Bis er 1961 auffliegt, verhaftet und verurteilt wird. Welche Bedeutung Blake für Russland hatte, wohin er Mitte der 1960er-Jahre floh, zeigte sich nach seinem Tod 2020: Er wird mit militärischen Ehren beerdigt. Präsident Wladimir Putin, selbst ein ehemaliger KGB-Mann, kondoliert höchstpersönlich. Der Doppelagent sei »ein herausragender Fachmann mit besonderem Mut und Lebenserfahrung« gewesen, der im Laufe seines Lebens »einen wahrhaft unschätzbaren Beitrag zur Sicherung der strategischen Parität und zur Erhaltung des Friedens auf dem Planeten« geleistet habe, so Putin.[71]

Während des Kalten Krieges gibt es neben der »Operation Gold« viele weitere ausgefallene Operationen der CIA in Deutschland, die sich wie »LCCASSOCK« mit psychologischer Kriegsführung oder mit dem Aufbau von paramilitärischen Gruppen in Deutschland beschäftigen. Sollte der Krieg »heiß« werden, könnten diese auf Depots mit Waffen, Sprengstoff, Munition und Funkgeräten zugreifen, um Widerstand zu leisten. Dafür unterstützt die CIA sogar Rechtsextremisten.

Etwas klassischer ist dagegen die »Operation Catomic«, bei der die CIA in den Siebzigerjahren mit dem Bundesamt für Verfassungsschutz (BfV) und dem Bundesnachrichtendienst zusammenarbeitet, also sowohl dem Inlands- als auch dem Auslandsnachrichtendienst Westdeutschlands. Gesammelt werden sollen Informationen über bestimmte Sowjets, insbesondere über ihre »Verwundbarkeit oder Anfälligkeit«[72]. Die Hauptspionageziele sind die Sowjetische Botschaft in Rolandswerth nahe der westdeutschen Hauptstadt Bonn und die Sowjetische Handelsmission in der Aachener Straße 240 bis 244 in Köln. So steht es in deklassifizierten Akten der CIA. Zwar vertrauen sich die Dienste nicht komplett gegenseitig, die Amerikaner halten ab und an Informationen vor den Deutschen zurück, doch insgesamt verläuft die Zusammenarbeit gut. Das BfV und der BND sind für die Überwachung der Kommunikation zuständig, schließlich leben oder arbeiten die »Zielobjekte«

in Westdeutschland. »Praktisch jede Telefonleitung«[73] der Sowjets könne so abgehört werden, schwärmt die CIA. Denn die abgefangenen Informationen sind das »wichtigste Fenster in die sowjetische Community und liefert uns fast alle unsere Hinweise auf Personen mit sowjetischen Kontakten«[74]. Die Westdeutschen zapfen die Leitungen der Botschaft, der Handelsmission und die Büros der Zeitschrift *Die Sowjetunion heute* an, auch einzelne Mitarbeiter werden abgehört.

Unter anderem bekommen die Dienste so ein Gespräch mit, das darauf hindeutet, dass zwei westdeutsche Zahnärzte in die Sowjetunion fliegen, um hochrangige Patienten zu behandeln. Die Dienste werden aktiv, finden heraus, dass es letztlich zwar nur um einen Patienten ging, dafür aber um einen umso bedeutenderen: Leonid Breschnew, Generalsekretär der Kommunistische Partei der Sowjetunion. Der BND befragt einen der Zahnärzte und schafft es, dass er zur »Quelle einer Reihe von Berichten über den Gesundheitszustand von Breschnew«[75] wird. Das BfV betreibt außerdem Observationsposten gegenüber der Botschaft und der Handelsmission, um Bilder von Mitarbeitern zu machen und Kfz-Kennzeichen zu notieren. Neben zwei Privatdetektiven kommen vier Autos und ein Transporter mit Überwachungstechnik zum Einsatz.

Die CIA rekrutiert zudem Personal für die Operation, darunter viele Frauen: In einer unvollständigen Liste von 58 angeworbenen Agenten, die in der Observation tätig sind oder Zugang zu Zielpersonen haben, sind 19 weiblich. Sie werden alle nur mit ihrem Decknamen aufgeführt, so wie CATOMIC/8, eine Witwe, die Russisch an einer Hochschule im Raum Köln/Bonn lehrt. Oder CATOMIC/27, die eine Reihe von Kontakt- und Observationsmissionen unter Legende durchführt. Oder CATOMIC/37, eine »attraktive Vertreterin«[76] eines führenden Kosmetikunternehmens. Oder CATOMIC/46, jene ältere Dame, die den Observationsposten besetzt, von dem aus Fotos von der sowjetischen Botschaft geschossen werden. Unter den Männern sind Mitarbeiter von Ford, dem Deutschlandfunk und zwei Funktionäre der FDP und SPD.

CATOMIC/6 ist 40 Jahre alt, Mutter eines Kindes und freiberufliche Teilzeit-Journalistin, weswegen sie Mitglied im Verein der Ausländischen Presse in Deutschland ist.[77] Die Witwe eines ehemaligen pakistanischen Diplomaten ist spezialisiert auf Interviews mit wichtigen Persönlichkeiten aus Staat, Wirtschaft und diplomatischen Kreisen. Sie wird als attraktive, gut ausgebildete Frau beschrieben und im Juli 1969 rekrutiert. »CATOMIC/6 ist vor allem aus finanziellen Gründen zur Zusammenarbeit mit JKLANCE motiviert, zeigt aber auch großes Interesse an der Art der Arbeit, die ihr zugewiesen wurde«[78], notiert die CIA, die sich hinter dem Codenamen JKLANCE[79] verbirgt. CATOMIC/6 wird geschult, sie lernt beobachten und wie sie sich dabei schützt, wie sie ihre Berichte schreiben und mit dem Dienst kommunizieren soll. Mindestens dreimal im Monat trifft sie in Cafés, Restaurants oder in ihrer Wohnung ihren CIA-Verbindungsführer. Für brenzlige Situationen ist vorgesorgt: »Notfalltreffen können entweder von der Agentin über eine sichere Leitung oder vom Verbindungsführer über ein öffentliches Telefon eingeleitet werden, wobei die Treffen an einem vorher vereinbarten Ort stattfinden.«[80]

Die Agentin ist offensichtlich wertvoll und arbeitet zur vollsten Zufriedenheit. Sie hält engen Kontakt zu mehreren Russen und kennt zwei wichtige Zielpersonen persönlich. Sie berichtet etwa, dass »Wein, nicht Frauen«[81] die Schwäche eines im Visier stehenden Mannes sind. Sie wanzt sich zudem an einen Mann heran, der durch eine junge Geliebte erpressbar ist und als Kandidat für eine Rekrutierung durch die CIA gilt. »Ihre instinktiven Reaktionen auf Menschen haben sich in der Vergangenheit als ziemlich zuverlässig erwiesen«[82], schreiben die Amerikaner. Einmal teilt sie über eine Zielperson mit: »Er sieht aus, als ob er Sex liebt und noch nicht genug davon hat, mehr davon haben will. Er wirkt auf mich wie ein wildes junges Tier.«[83]

Solche Informationen sind wichtig für die CIA, schließlich wollen sie kompromittierendes Material erstellen, um Zielpersonen zu rekrutieren. So heißt es in einem CIA-Bericht von 1972, dass versucht wird, eine Zielperson »bei einer Trink- und Sexparty«[84] in der »Junggesellenbude« eines CATOMIC-Agenten in Köln zu filmen. Eine andere Zielperson sei mit einer körperlich unattraktiven Frau verheiratet, daher hoffe man, dass er auf »eine attraktive junge deutsche ›Swingerin‹«[85] positiv reagiere, die man an ihn heranspielen wolle. Im Kampf gegen den Kommunismus haben die Amerikaner offenkundig kein Problem damit, die vielbeschworenen Waffen einer Frau einzusetzen.

5

Affären, Observationen, Wanzen

Wie mit Sekretärinnen die DDR infiltriert wird

Am Freitag nach Feierabend soll die Falle zuschnappen, in einem Lokal in Berlin-Mitte. Die Signale sind verabredet: Wenn die Geheime Informantin »Grünspan« einen Handschuh auf den Tisch legt, wissen die zwei wartenden Stasi-Agenten, dass ihr Zielobjekt in der Gaststätte sitzt: Elli Barczatis. Eine Zigarette im Aschenbecher bedeutet, dass nur eine Kollegin von ihr da ist, die aber auch beobachtet werden soll. Wenn »Grünspan« die Streichholzschachtel auf ihre Zigarettenpackung legt, ist Karl Laurenz dort, jener Mann, den sie verdächtigen, gemeinsam mit Barczatis zu spionieren. Dreht »Grünspan« die Titelseite der Zeitung *Neues Deutschland* nach außen, wissen sie, dass er Material von Barczatis bekommen hat. Wenn sie nach innen gedreht ist, ist die Übergabe noch nicht erfolgt. Tatsächlich sitzt »Grünspan« wie geplant in der HO-Gaststätte Friedrichstraße Ecke Leipziger Straße.

Um besonders unauffällig zu wirken, hat sie sogar eine Freundin dabei, die allerdings nichts von der Observation weiß.[1]

Es ist ein Freitag Ende Januar 1951. Die DDR wurde ein gutes Jahr zuvor gegründet, Walter Ulbricht ist Generalsekretär des Zentralkomitees der SED und damit der mächtigste Mann im Staat, und die Stasi, die Geheimpolizei und Nachrichtendienst in einem ist, sucht schon fleißig nach Gegnern des Regimes. Vor allem die Westdeutschen und die Amerikaner sind in der DDR aktiv, wollen mitbekommen, wie sich der »kleine Bruder« der Sowjetunion entwickelt, wissen, ob eine Wiedervereinigung realistisch ist. Doch der Kalte Krieg, er hat schon begonnen. Die innerdeutsche Grenze ist plötzlich ein gewichtiger Teil des »Eisernen Vorhangs« – und international relevant, verläuft doch hier die Teilung zwischen Ost und West, mitten in einem Land. Und das, während beide Staaten noch ganz im Wiederaufbau sind nach dem zerstörerischen Zweiten Weltkrieg.

»Grünspan« will Barczatis wenige Wochen zuvor dabei beobachtet haben, wie sie in der Gaststätte ein Aktenbündel von einer Tasche in eine andere packte, nachdem Laurenz ihr einen vielsagenden Blick zugeworfen habe. Die Informantin wandte sich an die Stasi, die schnell den Observationsplan mit den verschiedenen Signalen entwarf. Denn Barczatis ist nicht irgendwer: Die 39-Jährige arbeitet als Sekretärin im Büro des Ministerpräsidenten Otto Grotewohl, über ihren Schreibtisch gehen die entscheidenden Unterlagen der DDR. Zuvor war sie persönliche Sekretärin des Präsidenten der »Hauptverwaltung Kohle«, ebenfalls ein wichtiger Posten in der planwirtschaftlich organisierten DDR. Die Stasi ist alarmiert. Doch weder Barczatis noch Laurenz tauchen an dem Abend in dem Lokal auf.

Vier Jahre wird es dauern, bis die Stasi Barczatis zu fassen bekommt. Tatsächlich ist sie dann eine der besten Quellen der westdeutschen Organisation Gehlen, also des späteren Bundesnachrichtendienstes. Ihre Operation wird dort mit dem Namen »Gänseblümchen« geführt. Mithilfe von Laurenz übermittelt sie fast alle Informationen und Staatsgeheimnisse, die sie in die Hände bekommt. Reinhard Gehlen, der Leiter der Organisation und spätere BND-Präsident, schreibt von der »außerordentlichen Bedeutung«[2] der Operation. Sie sei – neben einer weiteren Frau, die bei der Freien Deutschen Jugend spioniert habe – in ihrer Einsatzbereitschaft für die Sache der freien Welt nicht zu übertreffen. Er lobt, »was Elli B. und andere seinerzeit an Risiko und Opfern auf sich nahmen« und dankt besonders Barczatis für ihre hingebungsvolle und erfolgreiche Tätigkeit als »eine der ersten wichtigen Verbindungen des Dienstes im anderen Teil Deutschlands«[3]. Sie habe sich aus freien Stücken zur Verfügung gestellt, »um durch Beschaffung wichtiger Informationen ihren Beitrag im Kampf gegen das von ihr gehaßte Ulbricht-Regime zu leisten«.[4]

Der 1. Strafsenat des Obersten Gerichts der DDR urteilt 1955 entsprechend heftig: Barczatis' Spionagetätigkeit sei außerordentlich gefährlich gewesen, heißt es im Urteil. Sie und Laurenz hätten »die geheimsten Tatsachen aus dem unmittelbaren Tätigkeitsbereich des Ministerpräsidenten der Deutschen Demokratischen Republik berichtet« und der DDR damit »sehr großen Schaden zugefügt«.[5] Deswegen müsse es die schwerste aller Strafen geben: Beide werden zum Tode verurteilt. Gnadengesuche ihrer Verwandten werden abgelehnt, bei Barczatis heißt es, sie habe »durch bewußten Verrat von Staatsgeheimnissen nicht nur das in sie gesetzte Vertrauen auf schandbare Weise mißbraucht, sondern darüber hinaus dem deutschen Volke unermeßlichen Schaden zugefügt«[6]. Sie habe selbst zugegeben, sich mit ihrem Verbrechen »außerhalb aller anständigen staatsbewußten Patrioten«[7] gestellt zu haben. Der Grad an »Gesellschaftsgefährlichkeit« sei so hoch, dass man ihr Gnadengesuch nicht befürworten könne. Barczatis wird am 23. November 1955 hingerichtet, per Fallbeil, zehn Minuten vor Laurenz.

Elli Barczatis ist eine der wenigen deutschen Spioninnen, deren Geschichte gut aufgearbeitet ist, es gibt Texte, Fernseh- und Radiobeiträge zu ihr, sie hat einen eigenen Eintrag bei Wikipedia. Meist wird sie zwar als kompetente Sekretärin, aber ahnungslose Frau beschrieben, die nur aus Liebe zu Laurenz handelte, mit dem sie eine Affäre hatte, auch im *SPIEGEL*. Oft heißt es gar, dass sie nichts von der Spionage gewusst, sondern all die Jahre geglaubt habe, dass Laurenz die Informationen für journalistische Texte in Westzeitungen gebraucht habe. Barczatis ist demnach »bieder-brav«[8] und »ein spätes Mädchen«[9], weil sie noch nicht verheiratet ist. Sie »verkörpert den Typ der pflichtbewußten, entsagungsvollen Sekretärin«, die nur durch den charmanten, großen Laurenz »eine verlockendere Welt« entdeckt und ihm völlig »verfällt«.[10] Sie »gilt als schwächere Hälfte des Spionage-Duos«, auch wenn sie, die »schlichte Sekretärin«, den Sicherheitsapparat »jahrelang genarrt hat«.[11] Selbst 2021 erscheint noch ein Text, in dem Barczatis als »nicht das, was man gemeinhin hübsch nennt« beschrieben wird und laut dem sie »für den Geliebten« alles riskierte.[12] Und: »Ob sie wirklich begriff, was sie tat, ist bis heute unklar.«[13]

Doch liest man die knapp 2000 Aktenseiten über sie, die die Stasi-Unterlagenbehörde und der Bundesnachrichtendienst inzwischen deklassifiziert haben und auf Anfrage herausgeben, ist das höchst unwahrscheinlich: Demnach wusste Barczatis sehr wohl, was sie riskierte – und tat es trotzdem. Das gibt sie selbst bei den Verhören zu, wohlwissend, dass das ihre Strafe erhöhen dürfte. Sie war ideologisch nicht mit dem DDR-Regime einverstanden, hörte den West-Radiosender RIAS und las Zeitungen aus der Bundesrepublik. Sie durchschaute Laurenz, war sich früh sicher, dass er für eine westliche Dienststelle arbeitet und nicht als Journalist. Sie schrieb ihm von »der ewigen Angst«[14], die sie im Alltag empfindet. Und sie machte sich nicht einmal Illusionen darüber, dass er für sie seine Ehefrau verlassen würde, hatte Vor- und Nachteile der Affäre abgewogen. Das alles passt nicht zum Bild einer angeblich naiven Sekretärin, die nur aus Liebe handelte.

Elli Barczatis wird am 7. Januar 1912 in Berlin-Köpenick geboren, sie ist die dritte von vier Töchtern, der Vater ist Schneidermeister, die Mutter Hausfrau. Sie wird »im kleinbürgerlichen Sinne erzogen«[15], wie sie später beim Verhör erklärt. Das habe dazu geführt, dass sie »politischen Ereignissen gleichgültig gegenüberstand und auch nach der

Zerschlagung des Hitlerfaschismus keine klare politische Stellung«[16] bezogen habe. Barczatis besucht die Abendrealschule, macht danach eine Ausbildung zur kaufmännischen Angestellten. Ihr Vater stirbt, als sie 22 Jahre alt ist, danach lebt die Familie zurückgezogen. Sie arbeitet als Stenotypistin bei verschiedenen Firmen, ab 1938 bis zum Ende des Zweiten Weltkriegs etwa im ostelbischen Braunkohlensyndikat in Berlin. Am 3. Februar 1945 werden sie, ihre Mutter und ihre Schwestern »bei einem großen Tagesangriff vollkommen ausgebombt«[17]. Barczatis übernimmt den größten Teil des Unterhalts der Mutter. Anfang 1946 wechselt sie zur Deutschen Zentralverwaltung für Brennstoffindustrie, die spätere »Hauptverwaltung Kohle«. Sie ist die persönliche Sekretärin des Präsidenten – und lernt den Juristen Karl Laurenz kennen, der ebenfalls dort arbeitet.

Am 4. September 1949 kommt es zum ersten Kuss zwischen ihr und Laurenz, so notiert es die 37-jährige Barczatis. Die Affäre sorgt schnell für Ärger mit ihrer Schwester Hertha, die ihn »Ellies verheirateten Strolch«[18] nennt und nicht will, dass die beiden zusammen sind. Im Sommer 1950 schreibt Barczatis ihrer Schwester einen Brief: »Es ist mir wirklich vollkommen neu, daß ich Dich erst um Erlaubnis fragen muß, mit wem ich meine Freizeit verbringen darf.«[19] Schließlich seien sie erwachsen und »ob die liebe Mitwelt« das nun richtig oder falsch fände »ist wirklich pip egal«.[20] Diese habe sich ja auch die vergangenen Jahre, nachdem ihr Verlobter verstorben war, nicht um sie gekümmert. Laurenz sei ein »geistig sehr hochstehender Mensch« und »eine sehr angenehme Unterbrechung meines sonst nicht gerade ideal schönen Lebens«.[21] Ihr sei vollkommen klar, so Barczatis, dass sie in ihrem Alter und »bei der herrschenden Männerknappheit und meinem, weiß Gott nicht aufdringlichen Wesen, absolut keine Aussicht auf eine Heirat mehr habe«[22]. Sie sehe aber nicht ein, warum sie auf alle Freuden des Lebens verzichten solle. Und sie habe nicht die Absicht, eine Ehe zu zerstören, sie schätze und achte Laurenz' Frau. Sie sei sich im Klaren, »daß diese Art Freundschaften früher oder später einmal zu Ende gehen«, und wisse, dass ihr »als tief empfindendem Menschen dieses Auseinandergehen stets schwer fallen wird«[23]. Sie wolle aber nicht »als moralinsaure alte Jungfer mit klatschsüchtigem Einschlag« oder mit einem »Nervenklaps in der Heilanstalt« enden oder hysterisch werden, sondern lieber »ein Leben mit wenigstens etwas gesundem normalen Einschlag« führen.[24]

Auf ihre Arbeit hat die Affäre keinen Einfluss. In einem Zwischenzeugnis vom November 1949 der Hauptverwaltung Kohle heißt es, sie sei eine außerordentlich tüchtige und verlässliche Kraft. Ihre »schnelle Auffassungsgabe, ihre stete Hilfs- und Arbeitsbereitschaft und ihre absolute Verlässlichkeit machten sie zu einer wertvollen Mitarbeiterin«[25]. Sie habe ihre Aufgaben mit besonderem Taktgefühl zur besten Zufriedenheit erfüllt und sich unter den Kollegen durch ihr freundlich-korrektes Verhalten große Sympathien erworben. Seit 1946 ist sie zudem Mitglied der SED. In einer Beurteilung des Kreisvorstands von Köpenick wird sie als eine Genossin geschildert, »die sich des besten Leumunds erfreut«[26]. Häufig könne sie infolge ihrer Berufstätigkeit nicht für die Partei arbeiten, beteilige sich jedoch an »ausserregelmässigen Einsätzen wie Werbesonntagen, Quartier Werbungen usw.«[27], wenn es ihr Dienst zulasse. Und sie ist – wie damals üblich – Mitglied im Freien Deutschen Gewerkschaftsbund, bei Konsum und in der Gesellschaft für Deutsch-Sowjetische Freundschaft.

Otto Grotewohl, der DDR-Ministerpräsident, hat sich unterdessen in seine persönliche Sekretärin verliebt und von seiner Frau scheiden lassen, um sie zu heiraten. Der Posten der Sekretärin ist danach frei, ihn bekommt im April 1950 Barczatis. Sie ist nun Zielobjekt: Die westdeutsche Organisation Gehlen hat sie wegen ihrer hohen Position ab Ende 1951 im Visier und überlegt, wie eine Anwerbung gelingen könnte. Dass die Sekretärin dem Westen nicht ganz abgeneigt sein könnte, machen die Agenten daran fest, dass sie seit einem Urlaub im Harz »viel zugänglicher und ›westlicher‹ eingestellt« sei, nachdem sie zuvor kritischer über den Westen geredet habe.[28] Sie entscheiden sich, die Anwerbung über Laurenz zu versuchen, nachdem sie beobachtet hatten, wie die beiden Arm in Arm durch die Stadt liefen. Er hatte gerade Probleme mit den Ost-Behörden, war kurzzeitig festgenommen und aus der SED ausgeschlossen worden. 1952 begegnet den beiden – für sie zufällig – ein alter Kollege, der insgeheim für die Organisation Gehlen arbeitet. Die Anwerbung gelingt.

Laurenz spitzt Barczatis an, sagt ihr, dass er alle Informationen, die an den Ministerpräsidenten gehen und von seinem Büro verschickt würden, gebrauchen könne. »Er wies mich mehrfach darauf hin, auf alle wichtigen Dinge Acht zu gehen, ›Auge und Ohr offenzuhalten‹, wie er sich ausdrückte und ihm davon zu berichten.«[29] Angeblich will Laurenz sie nicht komplett eingeweiht haben, sondern nur gesagt haben, dass er mit ihren Informationen Texte für eine Westzeitung schreiben wolle. Barczatis selbst sagt während ihrer Vernehmungen, dass sie dies kurze Zeit später schon durchschaut hatte: »Mir war klar, dass es sich bei dieser angeblichen journalistischen Tätigkeit um Spionage gegen die Deutsche Demokratische Republik handelte.«[30] Laurenz habe ihr auch erzählt, dass er die Artikel in West-Berlin schreibe, um kein belastendes Material in seiner Wohnung zu haben. »Als ich einmal die Frage der Verhaftung erwähnte, erwiderte er ich brauche da nichts zu befürchten«[31], er würde seine Berichte entsprechend verschleiern, sodass die Quelle nicht mehr zu erkennen sei. Aber: »Sollte doch einmal eine Verhaftung erfolgen, dann müsse ich jede Informationslieferung zu ihm ableugnen.«[32]

Über Jahre teilt sie Laurenz nahezu alles mit, was sie erfährt, etwa über den gesamten diplomatischen Verkehr des Ministerpräsidenten oder die Besuche westdeutscher Persönlichkeiten und hoher geistlicher Würdenträger. Barczatis verrät die Struktur und die Arbeitsweise zentraler Regierungsorgane, weiß, wer dort arbeitet und wenn es in der Regierungskanzlei Veränderungen gibt. Einmal meldet »Gänseblümchen« etwa an die Organisation Gehlen, dass das Büro für Wirtschaftsfragen, also das künftige Rüstungsministerium, »von der Schnellerstraße 1–4 nach Berlin C 2, Glinkastraße«[33] verlegt worden sei, also in den Neubau des Innenministeriums. Ein andermal, dass von Verhandlungen zwischen Moskau und Washington nichts bekannt sei. Barczatis gibt die Informationen vor allem mündlich an Laurenz weiter, nimmt aber auch Akten und Protokolle zu sich nach Hause mit, die er sich anschaut. Er darf ihren Stenoblock einsehen beziehungsweise lässt ihn sich von ihr vorlesen.

Bei der Organisation Gehlen ist man sich eine Zeit lang unsicher, wie vertrauenswürdig die Meldungen des Duos sind, da sie durch Laurenz nur mündlich überliefert werden und man keinen direkten Draht zu Barczatis hat. Im Juli 1952 können die Agenten jedoch einen direkten Vergleich machen, die Sekretärin berichtet über die zweite Parteikonferenz der SED. Sie gibt an, dass dort eine Verwaltungsreform beschlossen werden solle, bei der die Länder aufgelöst und in Bezirke umgewandelt würden. Zudem soll die Kasernierte Volkspolizei, ein Vorläufer der Nationalen Volksarmee, gegründet werden. Und die Grenzkontrollen sollen verschärft werden, so die Informationen von Barczatis. Ein technischer Kaufmann und ehemaliger Oberstleutnant aus West-Berlin meldet den Gehlen-Leuten dagegen, dass die Sektorengrenzen in Berlin und die innerdeutsche Grenze vollständig geschlossen würden. Außerdem solle eine allgemeine Wehrpflicht eingeführt werden. Per Eilfernschreiben informiert die Organisation Gehlen das Kanzleramt über die Meldung des Leutnants. Doch seine Informationen sind fehlerhaft, Barczatis dagegen behielt recht. Ihr Wert steigt damit immens.

Als sie 1954 Referentin im Wirtschaftsreferat der Regierungskanzlei wird, reist sie in fast alle Großbetriebe der DDR, »um dort Aufträge für den Ministerpräsidenten auszuführen«[34]. Sie erzählt Laurenz wie die Betriebe produzieren, wie ihre Auftragslage ist und welche Exportaufträge sie haben. Vor allem aber berichtet sie über Schwierigkeiten bei Energie- und Materiallieferungen sowie bei der Lebensmittelversorgung der Bevölkerung. So informiert sie ihn über ein Werk, dass »auftragsgemäss nur zu 50 bis 60% ausgelastet war« und darüber, »dass ein Exportauftrag in Höhe 1 Million DM von der Volksrepublik China wieder zurückgezogen worden war«.[35] Sie weiß zudem von Beschwerdemitteilungen, weil sie Einblick in die Korrespondenz mit Treuhandstellen, mit dem Ministerium für Außenhandel und Innerdeutschen Handel sowie mit Dienststellen des Interzonenhandels hat.

Die Ermittler der Stasi lassen später einen Sachverständigen einschätzen, wie relevant die Informationen waren, die Barczatis weitergab. Laut Gutachten waren sie geeignet, die diplomatischen Beziehungen der Deutschen Demokratischen Republik mit befreundeten Staaten sowie die Handelsbeziehungen mit der Sowjetunion und anderen kommunistischen Ländern »zu zerstören«. Zudem hatten sie das Potenzial, die Beziehungen zu kapitalistischen Ländern »zu unterminieren«, urteilte der Sachverständige.[36]

Etwa alle zwei Wochen trifft Laurenz seinen Kontaktmann der Organisation Gehlen im Westen. Ab April 1953 übernimmt ein alter, erfahrener West-Berliner. »Zur Sicherstellung einer laufenden und schnelleren Berichterstattung«[37] legen sie ein wöchentliches Treffen fest, Laurenz soll nun schriftliche Spionageberichte abliefern. Die Organisation Gehlen überlegt auch immer wieder, Barczatis direkt zu führen. Schließlich sind sie mächtig stolz auf ihre gute Quelle, nennen sie »unser Gänseblümchen«[38]. Doch Laurenz winkt ab, das sei nicht »zweckmässig«. Vermutlich fürchtet er, dass man ihn dann nicht mehr braucht. Tatsächlich bekommt er für das Weitertragen der Informationen monatlich 400 DM, Barczatis für das Besorgen dagegen nichts. Laurenz macht ihr lediglich ab und an teure Geschenke, etwa ein Kostüm mit Sommermantel für 900 DM, einen Radioapparat für 350 DM, einen Teppich für 400 DM.

Die Stasi ist den beiden allerdings auf der Spur. Ab Juni 1952 wird die Post von Elli Barczatis und ihrer Mutter kontrolliert, später auch die ihrer Schwester sowie die von Laurenz und seiner Ehefrau. Ihre Telefonate werden abgehört. Und sie werden observiert. Doch dabei gibt es Probleme: Mal sind nicht genügend »Beobachter« verfügbar, wie die Stasi-Observanten heißen. Immer wieder müssen sie abbrechen, wenn Barczatis, »ca. 1,75–1,80, 38 Jahre alt, braune Haare, schlanke Figur«[39], in den Westsektor fährt. Oder wenn sie entdeckt werden: »Es ist nicht möglich, die Beobachtung auf der Straße unauffällig durchzuführen«[40], heißt es in einem Bericht. Es seien eine Menge Kinder auf der Straße gewesen: »Diesen ist unsere ständige Gegenwart aufgefallen und ein Junge sagte: ›Ick weeß ooch nich, früh steht ein Mann da, mittags steht er da und abends immer noch‹.«[41]

Barczatis scheint zudem sehr vorsichtig zu sein, läuft etwa kurz in ein Geschäft, wechselt nach wenigen Minuten in einen Supermarkt, bevor sie auch diesen wieder verlässt und in einem anderen Laden verschwindet. Danach fährt sie mit der S-Bahn in den Westteil der Stadt. Laurenz ist ebenso wachsam. Im April 1953 folgen ihm die Beobachter in den Westen, wo er ein kleines, weiß eingewickeltes Päckchen am Expressannahme-Schalter abgibt. Er trifft in der Konditorei Schilling am Kurfürstendamm 233 einen Mann, mit dem er sich unterhält und in einer Akte liest. Anschließend geht Laurenz zum Bahnhof Zoo, passt aber auf, ob ihm jemand folgt, wie sein Beobachter notiert. Im Bahnhof selbst wendet Laurenz einen Trick an, pendelt eine halbe Stunde zwischen der kleinen und der großen Bahnhofshalle hin und her: »Hier konnte die Beobachtung nicht mehr aufrechterhalten werden, da das Objekt kontrollierte und der Beobachter dem Objekt mehrere Male in die Arme lief.«[42]

Da das nicht reicht, um die Sekretärin und Laurenz dingfest zu machen, setzt die Stasi ab Dezember 1953 die Geheime Informantin »Lina« auf Barczatis an. Sie war mit ihr auf der Deutschen Verwaltungsakademie Walter Ulbricht und wird extra zur Referatsleiterin gemacht, um nah an ihr dran zu sein. Doch Barczatis ist geschickt: Sie benehme sich sehr devot und höflich, so »Lina«, nehme jede Kritik an und verhalte sich noch ruhiger als früher. »Wenn Meinungsverschiedenheiten unter den Kollegen herrschen, nimmt sie eine neutrale Haltung ein.«[43] Das einzig Auffällige: Zu Arbeitsbesprechungen, die in einem anderen Raum stattfinden, habe sie immer ihre Handtasche mitgenommen, auch wenn sie daraus nichts benötigte. Die Geheime Informantin, GI im Stasi-Jargon, schafft es nicht, eine Beziehung zu Barczatis aufzubauen: »Ich habe desöfteren versucht mit ihr Gespräche über persönliche Fragen anzuknüpfen, sie ist darauf nicht eingegangen.«[44] Sie sei auch mit keinem der Kollegen näher befreundet. Nach einem knappen Jahr gibt die Stasi selbst zu, dass die Maßnahme nicht richtig funktioniert. »Da unsere Anwerbung etwas zu spät erfolgte, konnte der GI kein richtiges persönliches Verhältnis mit der B. erhalten«.[45] Sie habe lediglich feststellen können, dass Barczatis auf gemeinsamen Dienstreisen negativ über die DDR spreche.

Die Strategie muss geändert werden, um Barczatis und Laurenz zu erwischen. »Lina« wird instruiert, ihr interessante Dokumente zu übergeben und zu kontrollieren, was sie damit macht und ob sie diese kopiert. Mitte November 1954 präpariert sie einen Brief an das Ministerium für Innerdeutschen Handel, Außenhandel und Materialversorgung, in dem es um den Stand von Exportaufträgen aus dem vergangenen Jahr geht. »Lina« ist gründlich: »Auf die 3. Seite hatte ich 3 gelbe Pünktchen aus einem Locher gelegt. Auf der Rückseite des Umschlages hatte ich ein Haar vom Leimpinsel angeklebt. Am Briefverschluß war ebenfalls ein kleines Pinselhaar mit eingeklebt worden. An der Seite schaute es ein kleines Stückchen heraus.«[46] Selbst bei der Anschrift hinterlässt sie geheime Markierungen: Unter dem »t« des Wortes »Minister« setzt sie einen schwarzen Punkt, über dem »s« ebenso. Am nächsten Tag überprüft sie den Brief: »Die 2 Pinselhaare waren weg. Die schwarzen Punkte ebenfalls.«[47] In der Anschrift seien zwei Tippfehler gewesen, auch hätten zwei der Locher-Pünktchen gefehlt. »Lina« erwischt Barczatis kurz darauf ein weiteres Mal, diesmal dabei, wie sie kurz vor Dienstschluss Papiere in ihre Tasche packt. Doch Barczatis verteidigt sich geschickt: »Ach ich bin schon ganz vergesslich, die

Zeitung wollte ich einstecken und habe aus Versehen einen Teil der Wiedervorlage erwischt.«[48] Sie habe daraufhin die Briefe wieder aus ihrer Einkaufstasche geholt.

Nun will die Stasi handeln. Sie entwerfen einen Operativplan: Sollte »Lina« nach Dienstschluss feststellen, dass im Panzerschrank Unterlagen fehlen, soll die Abteilung VIII Barczatis und Laurenz festnehmen. Auch ihre Schwester solle »unter Kontrolle gestellt werden«[49], dann könne man das Material suchen. Doch erst einmal fehlt nichts im Panzerschrank. Außerdem entscheidet sich die Stasi, Barczatis erst dann festzunehmen, wenn sie auf frischer Tat ertappt werde, um Beweismaterial in die Hände zu bekommen und die Chancen für eine erfolgreiche Vernehmung zu steigern. Die Agenten wollen das Spionage-Pärchen deswegen beobachten, wenn sie zusammen sind. Barczatis' Schwester erlaubt allerdings nicht mehr, dass der »verheiratete Strolch« in die Wohnung kommt, er darf nur noch bis in den Flur. Also schickt die Stasi die Schwester kurzerhand heimlich in den Urlaub: Über den Gewerkschaftsbund werden im Februar 1955 zwei Ferienplätze besorgt, die im Betrieb der Schwester scheinbar zufällig verteilt werden. Dann wird der Schwester eine der Ferienreisen nach Ilsenburg genehmigt. 170 Ostmark kostet die Aktion.

Doch erst drei Monate später gelingt der Durchbruch. Barczatis nimmt einen Bericht über die Vorbereitungen der Leipziger Messe mit nach Hause – versteckt in der Zeitschrift *Der Handel*. Am 4. Mai wird sie vor dem Büro zwischen Friedrichstraße und Französischer Straße von Ermittlern angesprochen. »Sie leistete keinen Widerstand und bestieg sofort das Auto«[50], heißt es in den Stasi-Akten. Sie wird in die Volkspolizei-Inspektion nach Lichtenberg gebracht. Auch Laurenz wird an dem Tag verhaftet, gegen 10 Uhr in der Nähe seines Hauses.

Die Organisation Gehlen bekommt am Abend darauf über die Schwester mit, dass Barczatis und Laurenz verschwunden sind. Zwei Tage später ist ihnen klar, dass wirklich etwas nicht stimmt, denn Laurenz erscheint nicht bei einem geplanten Treffen in der Reichskonditorei im Berliner Neu-Westend. Die Agenten 1842 und 8183, die auf ihn warten, haben stattdessen »zwei ssd maenner mit sicherheit erkannt«[51], wie sie an die Chefs melden. Diese hätten sich eigenartig, nämlich ohne Handschlag, begrüßt, kaum gesprochen und beide kein Gepäck oder keine Aktentasche dabei gehabt. »Der eine verschanzte sich hinter der Zeitung *Frankfurter Allgemeine*, der andere hinter dem *Kurier*. Beide schauten nach der Tür, sobald jemand den Raum betrat.«[52] Die West-Agenten warnen den dritten Kollegen vor Ort, der daraufhin unauffällig das Weite gesucht und dabei für die nächsten zwei Stunden seine Spur durch Irrfahrten verwischt habe. Erst sechs Tage nach der Festnahme von Barczatis und Laurenz wird ihren Verwandten mitgeteilt, dass ein Haftbefehl gegen sie erlassen wurde.

Die beiden werden über Wochen verhört, stundenlang, häufig von abends an bis mitten in die Nacht, er mindestens 34, sie mindestens 22 Mal. Ende März beschwert sich Laurenz. Er werde erst dann weiter aussagen, wenn die Vernehmungen tagsüber stattfänden. Doch der Stasi-Agent lässt sich nicht erweichen, notiert: »Nachtvernehmungen weiter.«[53] An einem noch zu bestimmenden Tag solle man Laurenz dann plötzlich tagsüber verhören. »Wenn kein Geständnis – weitere Nachtvernehmung.«[54] Laurenz wird die nächsten drei Male wieder nachts verhört, sagt aber nichts Neues aus. Und er provoziert die Stasi-Agenten mit einem Nazi-Vergleich, sagt, dass »die Behandlung der Häftlinge durch das Staatssekretariat für Staatssicherheit schlimmer als die Behandlung durch den SD und die Gestapo ist.«[55] Erst eine Woche nach seiner Beschwerde über die Nachtvernehmungen wird er tagsüber verhört, ab 14.30 Uhr. Die Taktik der Stasi geht auf: Laurenz packt Details über seine Agentenführer der Organisation Gehlen aus, verrät ihre Adressen, wie sie aussehen und dass sie Familien haben.

Barczatis ist gefasster, gibt nach und nach zu, was sie getan hat, sogar, dass sie immer wusste, dass Laurenz Agent war. Dabei schützt er sie in seinen Verhören bis zum Schluss, gibt an, dass sie nichts von seiner Spionagetätigkeit gewusst habe. »Ich sehe ein, dass ich mich objektiv verhalten habe wie ein Staats- und Parteifeind«[56], sagt sie. Sie sei »selbstherrlich geworden« und »nicht genügend parteiverbunden obwohl ich ständig versuchte, die gestellten Parteiaufgaben wenigstens formal zu erfüllen.«[57]

Nach fünfeinhalb Monaten in Untersuchungshaft fällt der 1. Strafsenat des Obersten Gerichts der DDR sein Urteil: Todesstrafe für beide. Schließlich hätten sie mit ihrem Verrat den »Terror der Adenauerschen Propagandamaschine«[58] möglich gemacht, wie die Stasi die westdeutsche, demokratische Regierung nennt. »Die Spionageorganisation Gehlen unternimmt im Auftrage der amerikanischen und deutschen Hintermänner alle Anstrengungen, um das Vertrauen der Bevölkerung der Deutschen Demokratischen Republik zu ihrer Regierung zu untergraben«[59], heißt es außerdem im Urteil. Barczatis und Laurenz hätten für einen Judaslohn ihr Vaterland an die imperialistischen Kriegstreiber verkauft. Am 23. November 1955 wird das Urteil ausgeführt: Nachts darf Barczatis rauchen und schreiben, sie ist ruhig und bereitete keinerlei Schwierigkeiten, wie es im sogenannten Vollstreckungsprotokoll heißt. Um 2.55 Uhr wird sie gefesselt, bekommt ihre Nackenhaare kurz geschnitten. Im Richtraum wird ihr das Urteil im Beisein eines Arztes erneut vorgelesen, bevor sie dem Scharfrichter übergeben wird, der das Fallbeil bedient. »Die Vollstreckung nahm ca. 3 Sek. in Anspruch.«[60] Zehn Minuten später ist Laurenz an der Reihe. Die Leichen der beiden werden zum Krematorium Tolkewitz gebracht und eingeäschert.

Öffentlich aber machen die DDR-Behörden den Fall nicht. Es ist ihnen offenbar peinlich, dass sie so lange von einer Sekretärin getäuscht wurden.[61]

Barczatis ist nicht die Einzige, die für die Organisation Gehlen in der DDR spioniert. Neben Sekretärinnen spitzeln auch Reinigungskräfte oder Telefonistinnen, etwa auf Militär-Flugplätzen in Brandenburg oder im Haushalt eines sowjetischen Generals in Thüringen. Drei Jahre nach dem Ende des Zweiten Weltkriegs sind 19,5 Prozent der Beschäftigten Frauen, 20 Jahre später, nach einer größeren Personalaufstockung und dem Umbau zum Bundesnachrichtendienst, machen sie ein gutes Drittel der Belegschaft aus.

Die Gründung des neuen deutschen Auslandsnachrichtendienstes wurde anfangs von der amerikanischen Armee beaufsichtigt. Das Projekt läuft 1946 unter dem Namen »Operation Rusty« und wird bald vom ehemaligen Wehrmachtsgeneral Reinhard Gehlen geleitet, der unter Adolf Hitler Chef der Wehrmachts-Abteilung »Fremde Heere Ost« war. Der stramme Antikommunist, der im Nationalsozialismus für Feindaufklärung im Osten zuständig war, hatte sieben Kisten voll mit Akten und Mikrofilmen in den bayerischen Bergen vergraben, als er das Ende des Kriegs kommen sah. Nach der Kapitulation grub er sie wieder aus und übergab sie den Amerikanern. So wird er zum Leiter des neuen Dienstes, der prompt nach ihm benannt wird und Ende 1947 in eine ehemalige NS-Siedlung in Pullach bei München zieht. Erst übernimmt die CIA die Kontrolle und Finanzierung des Nachrichtendienstes, 1955 beschließt dann die Bundesregierung die Einrichtung des Bundesnachrichtendienstes, Gehlen wird Präsident. Die Organisation ist durchsetzt mit ehemaligen Angehörigen aus Gestapo, Sicherheitsdienst, SS, Wehrmacht und Abwehr. »Da waren Massenmörder, da gibt es nichts zu beschönigen«[62], sagt der Nachrichtendienstexperte Wolfgang Krieger. Bis in die Sechzigerjahre hinein wurden Hunderte Politiker, Wissenschaftler und Journalisten illegal bespitzelt, mitten in Deutschland – darunter zahlreiche unverdächtige und demokratische Persönlichkeiten.

Die Nazidiktatur und der Krieg haben auch gesellschaftlich tiefe Spuren hinterlassen. Mehrere Millionen Deutsche wurden getötet, elf Millionen geraten in Kriegsgefangenschaft, die letzten kehren erst 1956 aus der Sowjetunion zurück. Für die Frauen sind die Rückkehrer oftmals kein Segen: Sie müssen die traumatisierten Männer versorgen. Viele verlieren außerdem ihre Jobs an die Rückkehrer. Zudem sind die Frauen häufig selbst traumatisiert, Hunderttausende von ihnen wurden durch Soldaten der Siegermächte vergewaltigt, Tausende werden so schwanger. Noch dazu leben sie vielerorts in zerstörten Städten und Ruinen. Tatkräftige »Trümmerfrauen« räumen Schutt weg, wenn auch nicht so viele wie lange gedacht, nur ein Bruchteil der Frauen im arbeitsfähigen Alter macht mit – die Arbeit wird überwiegend durch Bauunternehmen erledigt.

Die von den Nazis niedergeschlagene Frauenbewegung erwacht auffallend schnell wieder zum Leben: Noch bevor sich die demokratischen Parteien neu organisiert haben, gründen Frauen Ausschüsse, die für Gleichberechtigung werben – und für ein entnazifiziertes Deutschland. 1948 etwa findet in der Frankfurter Paulskirche unter dem Motto »Bekenntnis der deutschen Frau zur Demokratie« ein »Interzonaler Frauenkongreß« statt. Die 650 Teilnehmerinnen kommen aus Berlin, den drei Westzonen und dem Ausland. Trotz all der politischen Aktivitäten werden 1949 nur 28 Frauen in den ersten Bundestag gewählt – von 410 Abgeordneten, also nicht einmal sieben Prozent.

Und auch im Parlamentarischen Rat, der das Grundgesetz erarbeitet, sind nur vier von 65 Mitgliedern weiblich: Elisabeth Selbert und Friederike Nadig, beide SPD, Helene Weber von der CDU sowie Helene Wessel von der Zentrumspartei. Vor allem SPD-Frau Selbert, eine Anwältin, will, dass im Grundgesetz folgender Satz steht: »Männer und Frauen sind gleichberechtigt.« Die männlichen

Kollegen reagieren auf ihren Antrag mit Heiterkeit, er wird dreimal abgelehnt. Doch Selbert gibt nicht auf, reist durchs Land, mobilisiert Frauenverbände, Gewerkschafterinnen und die Gattinnen von CDU-Politikern. Sie überzeugt Journalisten, gibt Interviews und hält Vorträge. Ihre Kampagne hat Erfolg: Die Mitglieder des Parlamentarischen Rates bekommen wäschekörbeweise Briefe, allein 40 000 von Metallarbeiterinnen. Sie alle fordern die Aufnahme des Satzes zur Gleichberechtigung ins Grundgesetz. Bei der vierten Abstimmung wird der Antrag dann plötzlich angenommen – einstimmig. Artikel 3, Absatz 2 ist geboren. Selbert freut sich: »Dieser Tag war ein geschichtlicher Tag, eine Wende auf dem Wege der deutschen Frauen der Westzonen. Lächeln Sie nicht! Es ist nicht falsches Pathos einer Frauenrechtlerin, das mich so sprechen lässt. Ich bin Jurist und unpathetisch.«[63] Sie spreche aus dem Empfinden einer Sozialistin heraus, die nach jahrzehntelangem Kampf um Gleichberechtigung nun das Ziel erreicht habe.

Die Väter des Grundgesetzes meinen es trotz der erfolgreichen Kampagne allerdings weiterhin nicht wirklich ernst mit dem Feminismus, das sogenannte Gleichberechtigungsgesetz tritt erst mit fünfjähriger Verspätung in Kraft. Dabei hätten alle Gesetze, die der in der Verfassung verankerten Gleichberechtigung widersprechen, maximal bis zum 31. März 1953 gelten dürfen. Nach viel politischem Streit gilt ab 1958 dann endlich, dass Männer ihren Gattinnen nicht mehr verbieten können, arbeiten zu gehen – wenn auch mit der Einschränkung, dass diese ihren Ehepartner und die Kinder nicht vernachlässigen dürfen.

In die Ehe eingebrachtes Vermögen einer Frau fällt seitdem nicht mehr automatisch an den Mann und alles, was man gemeinsam erwirtschaftet, wird gleichberechtigt aufgeteilt.

Karriere jedoch machen Frauen kaum, auch im Bundesnachrichtendienst nicht. Deutlich wird das am Beispiel von 138 Frauen, die 1960 beim BND einsteigen. Nur 28 Prozent von ihnen arbeiten inhaltlich, werden Hilfssachbearbeiterinnen oder Sachbearbeiterinnen, die anderen sind vor allem Schreib- oder Reinigungskräfte. Lediglich eine der 138 wird Sachgebietsleiterin und ist zuständig für die Erstellung von Lagebildern über afrikanische Staaten südlich der Sahara. Und nur eine Frau steigt noch etwas höher auf als sie. Selbst bei einer größeren Stichprobe gibt der BND kein besseres Bild ab: Von 1332 zufällig ausgewählten Frauen, die seit mindestens 1968 dort arbeiten, konnten bis in die Neunzigerjahre hinein nur sieben in höhere Positionen aufsteigen, leiteten etwa Referate.[64]

Dabei wissen der Bundesnachrichtendienst und sein Vorläufer Frauen als Spioninnen durchaus zu schätzen. Präsident Gehlen selbst schreibt etwa, dass sich viele Frauen in den verschiedensten Funktionen des Dienstes ausgezeichnet bewährt haben, sowohl in der Zentrale als auch im Außendienst. Er habe angestrebt, dass »ausschließlich die nachrichtendienstliche Leistung, nicht aber das Geschlecht, bei der Besetzung von Dienstposten entscheiden sollte«[65]. Und er erinnere sich mit Anerkennung an viele Frauen im Dienst, »die das ihnen eigene Einfühlungsvermögen mit großer Einsatzbereitschaft verbinden konnten«[66]. Er wisse, dass das der in der Öffentlichkeit verbreiteten Meinung widerspreche, dass Frauen nur bedingt für eine Mitarbeit in wichtigen nachrichtendienstlichen Positionen geeignet seien. Seine langjährige Erfahrung habe ihm aber etwas anderes gezeigt.

Tatsächlich rekrutiert die Organisation Gehlen in den 1950er-Jahren gerne Zuträgerinnen, etwa über die Radiostation RIAS, den Rundfunk im amerikanischen Sektor. Es ist ein beliebter Sender, nicht nur im Westen. Barczatis und viele andere in der Ostzone hören ihn. Die Stasi nennt ihn ein »Zentrum amerikanischer Agenten und Saboteure«[67]. Viele DDR-Bürgerinnen und Bürger besuchen das Funkhaus in Berlin-Schöneberg, wo heute das Deutschlandradio seinen Sitz hat. Sie bringen nicht nur Neugier mit, sondern auch wertvolle Informationen für den Nachrichtendienst, weswegen sie dort befragt werden. Die Organisation Gehlen rekrutiert mindestens einen RIAS-Mitarbeiter, Ernst Fröhnel.[68] Er führt ein wertvolles Informantinnen-Netz, kennt mehrere Sekretärinnen aus Ost-Ministerien. Später wird Fröhnel sogar hauptamtlicher Agent.

Drei dieser Sekretärinnen haben eine herausragende Bedeutung: Lieselotte Klotschkoff, ihre Schwester Brunhilde Heinze und Hannelore Bohm. Letztere arbeitet für den Abteilungsleiter Energie der Staatlichen Plankommission der DDR. Fröhnel rekrutiert sie 1954, in Pullach läuft sie unter der Nummer V-6305,64. Sie liefert wichtige Informationen, unter anderem Dokumente über den zweiten Fünfjahresplan des selbst ernannten Arbeiter- und Bauernstaats. Ihre Informationen sind von »außerordentlichem Wert« und bringen der Organisation Gehlen ein seltenes Lob der Amerikaner ein. Bohm ist noch dazu besonders fleißig, liefert viel Material. Man schlägt ihr vor, zum Verstecken der Unterlagen Regenschirme oder Taschen mit Geheimfach zu nutzen. Doch Bohm lehnt ab, da diese nicht genügend Platz für die Menge an Dokumenten bieten, die sie aus ihrem Büro trägt. Obwohl es Hinweise gibt, dass sie bereits von der Stasi observiert wird, stellt die Organisation Gehlen die Zusammenarbeit mit ihr nicht ein. Im Mai 1956 wird sie gemeinsam mit ihrem Lebensgefährten, der als Kurier half, festgenommen. Sie wird zu acht Jahren Haft verurteilt, aber im März 1960 wegen schwerer Krankheit vorzeitig entlassen. Sie flieht in den Westen.

Fröhnel rekrutiert zudem die Schwestern Heinze und Klotschkoff. Heinze ist Sekretärin im Ministerium für Kohle und Energie und liefert »überdurchschnittlich gute Ergebnisse«[69], wie die Organisation Gehlen festhält. Die Stasi kommt ihr allerdings auf die Schliche – wenn auch nicht ganz: Sie nehmen an, Heinze sei eine amerikanische Spionin. In den Akten wird sie »Tanne«[70] genannt. Ihre Schwester Klotschkoff, die Chefsekretärin des Ministers für Aufbau ist, ist »Fichte«[71]. Sie ist besonders aktiv, übergibt Hunderte sensible Dokumente an Fröhnel. In Pullach notiert man, sie sei nicht mehr zu bremsen gewesen, habe »in übertriebenem Umfang Material«[72] geliefert, das dann auch mit Bestnoten bewertet wird. Und man bescheinigt Klotschkoff, eine »geborene Schauspielerin« zu sein, die es verstanden habe, »die Naive zu spielen«. Außerdem sei sie »äusserst aufnahmefähig«, habe ein »gutes Gedächtnis« und war »stets einsatzbereit gewesen«.[73] Im Februar 1957 wird sie festgenommen und zum Tode verurteilt, ihre Schwester »Tanne« wird am selben Tag verhaftet und soll 15 Jahre in Haft. Nach Begnadigung und frühzeitiger Entlassung können beide in den Achtzigerjahren in den Westen ausreisen.

In der Ostpresse lässt die Stasi detaillierte Informationen über die »RIAS-Hetzer« veröffentlichen, zeigt dabei, wie umfangreich ihre Informationen über die Spionage des Westens sind, um abzuschrecken. Sie schickt Inoffizielle Mitarbeiter als vermeintliche Quellen zum RIAS, nutzt Störsender und andere operative Mittel. Im Laufe der Jahre werden unzählige RIAS-Agentinnen und -Agenten verhaftet und verurteilt. Anfang der 1960er-Jahre ist das Netzwerk größtenteils zerschlagen.

Innerhalb des BND sorgt noch ein anderes Schwestern-Duo für Gespräche, wenn auch nicht für wohlmeinende: Anneliese Schmittbauer und Gertrud Stephani. Beide leben in der DDR, bis Gehlen sie selbst ins Amt holt – und dort protegiert. Stephani, die bis dahin bei der Stadtverwaltung Gotha gearbeitet hat, fängt 1954 in Pullach an. Dafür zieht sie extra aus Thüringen nach Bayern, tarnt dies mit einer angeblichen Hochzeit. Gehlen weist sie zudem an, falsche Angaben für die Personalakten zu machen, da die Einstellung von DDR-Bürgern ohne Sicherheitsüberprüfung eigentlich ein eklatanter Verstoß gegen die eigenen Kriterien ist. Doch Gehlen war einst mit Stephanis Ehemann befreundet, der 1943 in Stalingrad gefallen war – und kümmert sich nun um dessen Frau. Sie wird

Sekretärin des Leiters der politischen Aufklärungsabteilung und entwickelt sich laut der Unabhängigen Historikerkommission zur Erforschung der Geschichte des Bundesnachrichtendienstes »zu einer der wichtigsten und einflussreichsten Persönlichkeiten«[74] innerhalb der Behörde. Ihre Schwester folgt ihr zwei Jahre später und bearbeitet zunächst Meldungen über die DDR. Dann steigt sie zur Leiterin des DDR-Referats innerhalb der Abteilung zur politischen Beschaffung auf. Zuvor hatte sie als Kinderschwester, Leiterin einer Frauenmilchsammelstelle und in der Stadtverwaltung gearbeitet.

Die beiden Schwestern sind ein Sicherheitsrisiko, haben viel Kontakt mit Menschen aus dem Osten und empfangen diese bei sich zu Hause, in ihrer gemeinsamen Wohnung in München. Die Sicherheitsabteilung macht Druck und will, dass die beiden nicht mehr zusammenwohnen, da die Stasi die Unterkunft der beiden sehr wahrscheinlich im Visier hat. Doch solange Gehlen im Dienst ist, gibt es keine gründliche Sicherheitsüberprüfung der beiden Frauen, die Doppelagentinnen sein könnten. Erst nach seinem Ausscheiden 1968 wird empfohlen, Schmittbauer nicht mehr mit einer sicherheitsempfindlichen Tätigkeit zu betrauen. Beide Frauen bleiben noch acht weitere Jahre beim BND.

In den 1960er-Jahren kommt das Thema Spionage vollends in den Köpfen und Wohnzimmern der Bürger an. Der Mauerbau und die Kuba-Krise haben den Kalten Krieg auf einen neuen Höhepunkt getrieben. Das ZDF etwa zeigt die Fernsehserie *Die fünfte Kolonne.* In 23 Folgen werden echte Spionagefälle östlicher Geheimdienste nur leicht verändert in Szene gesetzt. Die DDR legt ein paar Jahre später mit *Das unsichtbare Visier* nach, es werden 16 Folgen: Ist anfangs noch eine Romanreihe die Vorlage, schreibt der Leiter der Abteilung Agitation des MfS die Drehbücher der zweiten Staffel. 1963 läuft außerdem der erste James-Bond-Film in westdeutschen Kinos, »007« jagt darin Dr. No. Ein Jahr später schickt Sean Connery *Liebesgrüße aus Moskau*, 23 weitere Filme folgen über die Jahre. Bis heute ist Bond der erfolgreichste Leinwandagent aller Zeiten, prägt bei vielen das Bild der Arbeit von Nachrichtendiensten.

Unternehmen nutzen den Zeitgeist und die Sorge, dass überall feindliche Agenten oder Abhörtechnik lauern: »Sind Sie sicher, daß Sie sicher sind?« heißt es in einer Werbung im *SPIEGEL* aus dem Juni 1968. In Deutschland seien »über 100000 Kleinstabhörgeräte – ›Bugs, Häßliche Zwerge, Wanzen, Minispione‹ – in Wohnungen, Büros, Konstruktionsabteilungen, Kanzleien, Ateliers«[75] im Einsatz, heißt es. Dagegen helfe der »Antispion Protektor«, der einfach zu bedienen und eine wirksame Waffe gegen alle Eingriffe in den persönlichen Bereich sei.

Die Anzeige erregt sogar das Interesse des Bundeskanzleramts. Von dort wird wenige Tage nach Erscheinen der Anzeige eine Kopie der Werbung an den Bundesnachrichtendienst geschickt und um eine »nähere Unterrichtung über Arbeitsweise und Wirksamkeit des Gerätes«[76] gebeten. Der BND meldet ein paar Wochen später eine erste Einschätzung nach Bonn: Zwar sei die Idee des Gerätes grundsätzlich gut, doch ein Einsatz gegen nachrichtendienstliche Lauschsender sei damit nicht möglich – wegen technischer Mängel. Denn der Protektor erkenne nur Signale in einem begrenzten Frequenzbereich. Außerdem brauche es Übung für den korrekten Einsatz, da die Suche nach Abhöreinrichtungen in Gebäuden »ein zentimeterweises Absuchen von Decken, Wänden und Fußböden«[77] voraussetze. Insgesamt, so heißt es in einem weiteren und umfänglicheren Gutachten, seien die Nachteile so gravierend, dass von einem Einsatz abgeraten werde.

Die westdeutschen Sicherheitsbehörden haben in den 1960er-Jahren nicht nur mit technischen Neuerungen zu kämpfen, sondern auch mit immer radikaleren Frauen. Seit der 68er-Bewegung treten sie lauter und aktiver für Emanzipation ein. 1968 bewirft Sigrid Rüger ihre Genossen vom Sozialistischen Deutschen Studentenbund (SDS) auf einer Konferenz mit Tomaten, weil auch die linken Funktionäre sich nicht wirklich mit der Frauenfrage auseinandersetzen. Das Thema kommt so in die Medien, zieht Kreise – und sorgt für Nachahmerinnen. In vielen Städten entstehen sogenannte Weiberräte. Der in Frankfurt beispielsweise verteilt ein Flugblatt mit einer Zeichnung, auf der die abgeschnittenen Penisse von bekannten SDS-Männern an einer Wand hängen wie Jagdtrophäen. Auf einer Chaiselongue darunter liegt eine nackte Frau mit einer Axt in der Hand. Der Text des Flugblatts endet mit dem Satz: »Befreit die sozialistischen Eminenzen von ihren bürgerlichen Schwänzen!«

1970 gründet sich dann die Rote Armee Fraktion (RAF). Auf das Konto der Terrorgruppe gehen 34 Morde, Sprengstoffanschläge mit über 200 Verletzten, Geiselnahmen und Banküberfälle. In ihr sind viele militante Frauen aktiv, zu den bekanntesten gehören Ulrike Meinhof, Gudrun Ensslin und Irmgard Möller. Auch in anderen bewaffneten linksterroristischen Gruppen wie der Bewegung 2. Juni aus Berlin sind viele Frauen, die Rote Zora ist sogar eine rein weibliche Vereinigung. Letztere tötet keine Menschen, verübt aber eine Vielzahl von Anschlägen. Sie kämpfen unter anderem gegen den Abtreibungsparagrafen § 218, gegen Frauenhandel und für die Rechte von Arbeiterinnen. 1987 greifen sie in einer Nacht mehrere Märkte des Textilkonzerns Adler mit Brandbomben an, um den Arbeitskampf von Textilarbeiterinnen zu unterstützen, die im Ausland für das Unternehmen nähen. Ein anderes Mal attackieren sie Agenturen, die asiatische Frauen an deutsche Männer vermitteln.

Die Öffentlichkeit ist von den militanten Frauen überrascht – und irritiert. Im *SPIEGEL* etwa heißt es 1977 über die RAF, dass hier »Mädchen tief aus ihrer angestammten Rolle gefallen waren«[78]. Ihre Taten würden sich »nicht ins herkömmliche Bild von jenem Geschlecht, das im Englischen ›the fair sex‹ genannt wird, das schöne, das anständige, das helle«[79] fügen. Die »Terror-Frauen« spielten aber eine »makaber hervorragende Rolle«.[80]

Doch nicht nur die Medien sind überfordert mit den militanten Frauen, auch die Sicherheitsbehörden tun sich schwer. Die Gruppen können über Jahre und Jahrzehnte agieren. Zuständig für das Beobachten extremistischer und militanter Kräfte im Inland sind das Bundesamt für Verfassungsschutz, das schon im November 1950 gegründet worden war, sowie die Landesämter, die als eigene Behörden oder Abteilungen der jeweiligen Innenministerien existieren. Mit so radikalen Frauen haben sie offenkundig nicht gerechnet: Hamburgs Verfassungsschutz-Chef Hans Josef Horchem wundert sich öffentlich, dass einzelne der Terroristinnen »gar Manns genug«[81] seien, »nicht nur gleichberechtigt, sondern prägend«[82] zu handeln. Günther Nollau, von 1972 bis 1975 BfV-Präsident, sagt in Bezug auf die militanten Frauen, dass es »irgendwas Irrationales in dieser ganzen Sache«[83] gebe, vielleicht sei es »ein Exzeß der Befreiung der Frau«[84].

Trotz der öffentlichen Debatte unterschätzen die Verfassungsschützer die weibliche Dimension des linken Terrorismus. »Plötzlich hatten wir es mit vielen Frauen auf der Gegenseite zu tun, bei uns gab es aber fast ausnahmslos Männer in der Terrorabwehr«, erinnert sich ein mit der Bekämpfung der RAF befasster Nachrichtendienstler. »Wir haben gar nicht verstanden, wie die ticken«, sagt er kopfschüttelnd. »Die gesellschaftliche Entwicklung haben wir kaum wahrgenommen und die Frauenfrage ist zu spät bei uns angekommen, wir waren zu langsam, wie es der gesamte Öffentliche Dienst häufiger mal ist«, sagt ein weiterer ehemaliger hochrangiger Verfassungsschützer. Und eine Ex-Führungskraft aus dem BfV gibt zu: »Dass wir den Terror der Linksextremisten nicht stoppen konnten, lag auch an unseren eigenen Strukturen und dem Fehlen von Frauen«. Er bedauert, dass ihm die fehlende Diversität in der eigenen Behörde und deren Bedeutung für die analytische und operative Arbeit damals nicht aufgefallen ist. So habe es zwar Hilfsreferentinnen, aber keine

Frauen in den Etagen darüber gegeben. Wie der Frauenanteil bis 1989 genau aussieht, kann die Behörde heute auf Anfrage nicht rekonstruieren. »Wir waren nicht unbedingt wenige Frauen«, sagt eine frühere Auswerterin, »allerdings waren die meisten von uns Assistentinnen oder Schreibkräfte.«

Unter den wenigen Frauen in Landesämtern, die damals überhaupt inhaltlich arbeiten, gibt es einzelne, die sich mit der militanten linken Szene befassen. Sie werten Bekennerinnenschreiben und Szeneschriften aus, um ableiten zu können, wo die Terrorgruppen vielleicht als nächstes zuschlagen. »Um eine frauenspezifische Auswertung und Lesart ging es dabei aber nie«, sagt eine von ihnen heute. Keiner ihrer männlichen Vorgesetzten habe jemals danach gefragt, und sie habe als frisch Angestellte nur gemacht, was ihr gesagt wurde. »Wir waren damals einfach noch nicht soweit«, gibt sie zu. Heute ist sie sicher, dass eine feministische Analyse zu größeren Erfolgen im Kampf gegen Gruppen wie die Rote Zora geführt hätte. Eine andere Verfassungsschützerin, die Ende der Achtzigerjahre in der Beschaffung arbeitete und heute eine Führungsposition innehat, hat ein weiteres Problem erkannt: »Wir hatten früher insgesamt keinen objektiven Blick auf die RAF und andere linksterroristische Gruppierungen.« Man habe nämlich vielfach eher konservative Beschäftigte auf Linksextremismus angesetzt – und linkssozialisierte auf Rechtsextremismus. »Der Gedanke dahinter war, dass solche Leute besonders hart auf die Szene gucken.« Dabei hätte ein linkerer und weiblicher Blick auf die RAF und anderen Gruppen sicher sehr geholfen, sagt sie.

Das fehlende Verständnis dafür, wie die Szene und ihre Frauen ticken und was sie interessiert, macht mindestens einen Undercover-Einsatz zunichte. In den Siebzigerjahren, so erzählen es Verfassungsschützer, bekommen sie dank abgehörter Telefonate mit, dass ein Paar aus der RAF-Unterstützerszene allein in den Urlaub fahren will. Das Bundesamt sieht eine Chance: Ein männlicher Observant und eine Frau aus dem Mittleren Dienst sollen an denselben Ort fahren, ein Pärchen spielen und sich mit den beiden anfreunden. Zunächst läuft alles erfolgreich, sie lernen die beiden kennen. Doch dann scheitert alles an der unpolitischen Legende des Agentenpärchens, mit der sie sich tarnen sollten: Die BfV-Frau gibt vor, sie sei Verkäuferin, wie das Amt es für sie vorbereitet hatte. Für die Zielpersonen ist das nicht interessant, und auch sonst hatten die Verfassungsschützer kaum etwas zu erzählen, was die Linken anfixt. Eine Freundschaft rückt in weite Ferne. »Nichts ist schlimmer als eine Legende, die mit heißer Nadel gestrickt ist und nicht funktioniert«, sagt ein Verfassungsschützer. Denn: »Solche Einsätze sind verdammt teuer und aufwendig.«

Auch sonst haben die Verfassungsschützer Probleme, mit der linksextremen Szene umzugehen. Observationskräfte etwa konnten sich optisch und in ihren Verhaltensweisen nur schwer anpassen: »Die waren doch schon verbrannt, wenn sie ein linkes Szeneviertel nur betreten haben«, so ein hochrangiger früherer Verfassungsschützer. Auch ein aufwendiger Undercover-Einsatz bei der Roten Zora gelingt nicht so richtig: eine Beamtin aus Köln wird jahrelang mit einer Legende in einem linksradikalen Verein eingesetzt, um an die Frauengruppe heranzukommen. Sie bereitet sich ausführlich vor, bekommt eine neue Identität inklusive falscher Papiere und erfundener Biografie. Doch die Nachrichtendienste der Bundesrepublik bekommen die Rote Zora kaum zu fassen. »Linke Frauen sind meist ideologisch viel gefestigter – und dementsprechend vorsichtiger«, sagt ein Verfassungsschützer, der mit der Szene zu tun hatte. »Leider haben wir das damals nicht gesehen.«

Eine ehemalige Verfassungsschützerin eines Landesamtes, die wie er in dem Feld arbeitete, stimmt ihm zu. Sie geht sogar noch weiter, sagt, die Analyse der Ämter sei »ignorant« gewesen. Denn: Es habe noch nicht mal eine unterschiedliche Herangehensweise für rechte und linke Beobachtungsobjekte gegeben, »beides ist zu lang als ähnliches Phänomen gesehen worden«. Neonazis habe man meist wegen ihrer Geldprobleme und ihrem Wunsch, für wichtig gehalten zu werden, als Quellen werben können. Das habe man dann ähnlich auch bei radikalen Linken versucht, doch das habe »schlicht nicht funktioniert«: Sie würden sich weder für Geld noch Anerkennung interessieren und seien weitaus gefestigter in ihrer Ideologie, würden den Verfassungsschutz zudem stärker ablehnen als die Rechtsextremisten. Deswegen sei das Werben von Quellen dort deutlich aufwendiger.

Grundsätzlich beginnt eine solche »Beschaffung« von Informationen aus einer Szene erst einmal mit »Forschung«, also einer Phase, in der die Nachrichtendienste eine mögliche Vertrauensperson identifizieren und alles Brauchbare zum Alltag und den politischen Milieus, in denen diese sich bewegt, zusammensammelt. Danach erst startet die »Werbung«, bei der ein Verfassungsschützer oder eine Verfassungsschützerin alles über das Gegenüber und dessen politische Einstellung lernt und die Person dann – möglichst zufällig – kennenlernt. »In manchen Fällen baut man über Monate Vertrauen auf«, berichtet eine Nachrichtendienstlerin, die in dem Bereich gearbeitet hat. Da müsse man auch ideentheoretisch mitreden können. Irgendwann offenbare man sich dem Gegenüber und sage, dass man gerne Informationen hätte. Wann dieser Punkt gekommen ist, habe man selbst entscheiden müssen, eine entsprechende Schulung, die auf psychologische Merkmale und das »Lesen von Menschen« angelegt ist, habe es nicht gegeben. »Das basierte auf Bauchgefühl – und ging häufig schief«, sagt sie. Offenbar sehr häufig, denn tatsächlich gelingt es den Verfassungsschutzämtern all die Jahre nicht, relevante Quellen im harten Kern der linksterroristischen Szene zu rekrutieren, weder bei der RAF noch bei der Roten Zora oder den Revolutionären Zellen oder bei der Bewegung 2. Juni. Das sagen Mitarbeiter von damals übereinstimmend.

Die Führungsspitzen der 1970er-Jahre konzentrieren sich offenbar auf andere Probleme als auf die Frage, warum die Szene so schwer zu durchdringen ist. Auch die Frauenfrage stellen sie sich offenbar nicht. Das zeigt ein Brief aus dem Jahr 1972 von Verfassungsschutzpräsident Nollau an Bundesinnenminister Hans-Dietrich Genscher.[85] Mitten in der Mai-Offensive der RAF, bei der durch mehrere Bombenanschläge vier Menschen getötet und Dutzende verletzt werden, schildert er verschiedene Probleme seiner Behörde, von Frauen ist aber nicht die Rede. Nollau, der erst seit dem 1. Mai Präsident ist, schreibt, er habe zu seiner »Überraschung« feststellen müssen, dass die Hälfte der Stellen bei den Observationskräften unbesetzt ist. »Wenn diese Tatsache öffentlich bekannt wird, gibt es eine Blamage«. Er schlägt vor, sofort 60 Beamte des Bundesgrenzschutzes für Observationen zu schulen. Und er will zudem »unorthodoxe Massnahmen ergreifen«, um Informationen aus der RAF zu bekommen. Mit seinen Mitarbeitern habe er den Plan entworfen, »eine kleine Anarchisten-Gruppe« zu gründen. Diese sollte selbst agitieren und radikale Aktionen durchführen dürfen, um »an den Kernbereich« der RAF heranzukommen. Um das Ganze umzusetzen, »brauchen wir politische Deckung, die aber auch durch Augenzwinkern gewährt werden kann«[86]. Es ist unklar, was aus der Idee wurde.

Zumindest die Spionageabwehr des BfV kann in den 1970er-Jahren wichtige Erfolge verbuchen. Die Abteilung 4 ist während des Kalten Krieges eine der wichtigsten im Amt, die Beschäftigten sind besonders abgeschirmt, zu groß ist die Angst vor dem langen Arm der Hauptverwaltung Aufklärung, dem Auslandsnachrichtendienst der Stasi, so erzählen es ehemalige Mitarbeiter aus Köln. »In der Vier haben nur die Besten gearbeitet«, schwärmt einer. Tatsächlich enttarnt die Abteilung 1973 ein Spionage-Paar des sowjetischen Nachrichtendienstes, das sich jahrelang mit größtem Aufwand auf einen Einsatz in Westdeutschland vorbereitet hatte.

Schon im Januar 1966 hatten die Sowjets dafür gesorgt, dass sich Gudrun Müller und Rudolf Büchner in Dresden kennenlernen. Sie haben die beiden für eine »nachrichtendienstliche Ehe«[87] ausgewählt, sie sollen im Westen unauffällig und langfristig leben können. Diejenigen, die solche Einsätze absolvieren, werden oft »Illegale« genannt. Müller und Büchner verloben sich schnell, heiraten im September und ziehen nach Ost-Berlin. Angeblich verlieben sie sich sogar. Beide erhalten eine intensive Schulung, lernen morsen, fotografieren, Filme entwickeln und wie sie mit Geheimtinte schreiben können. Ihnen wird auch beigebracht, wie sie tote Briefkästen anlegen, sichere Treffpunkte auswählen und Informationen unauffällig sammeln. Und wie sie erkennen, wenn sie vom Gegner observiert werden.

Es gibt praktische Übungen und Testreisen. Für die Grenze bekommen sie Tagespassierscheine und westdeutsche Personalausweise. In West-Berlin angekommen, erhalten sie neue Ausweise, da die Reisebewegungen an den Grenzübergängen festgehalten werden. Außerdem gibt ihnen der Kontaktmann einen Schließfachschlüssel, mit dem sie ihr von den Russen deponiertes Gepäck abholen können, einmal liegt es im Bahnhof Zoo, ein anderes Mal am Flughafen Tempelhof. Auf dem Rückweg wechseln die beiden die Papiere wieder aus. Die Behörden denken so, dass sie nur in Berlin waren, dabei führen ihre Trainingsreisen in verschiedene Städte: In Bonn deponiert Gudrun Büchner auf dem Venusberg 5 000 DM in einer Tüte mit Obstschalen in einem toten Briefkasten. In Frankfurt am Main, Kaiserslautern und Den Haag sammeln sie Informationen über verschiedene Personen. Auch Hamburg, Hannover und Brüssel besuchen sie, in der belgischen Hauptstadt erkunden sie einen Ort, der ihnen später als »eiserner Treff« dienen soll. Dort kann man im Notfall mit dem eigenen Nachrichtendienst in Kontakt treten, wenn man fürchtet, enttarnt worden zu sein und alle sonstigen Kommunikationswege überwacht werden: Dafür wartet dann beispielsweise jeden ersten Montag eines Monats um 15 Uhr ein Kollege am vereinbarten Ort, um im Fall der Fälle alles Notwendige in die Wege zu leiten.

Die Russen besorgen den beiden die Identitäten eines echten Ehepaares, um die Legende besonders glaubwürdig zu machen: Die Frau, Ursula Zwahr, war in den Westen gegangen und nach Zwischenstopps in London, Zürich und Paris nach Mexiko gezogen. Der Mann, Peter Zwahr, war zuerst aus der DDR in die Bundesrepublik übergesiedelt, dann nach Australien ausgewandert und nach kurzem Aufenthalt in der Schweiz bei seiner Frau in Mexiko gelandet. Das Agentenpärchen soll nun so tun, als seien die Zwahrs zurück nach Deutschland gekommen.

Um die Rollen gut zu spielen, eignen sich die Büchners Grundkenntnisse in Spanisch an und lernen das Wichtigste über Australien und Mexiko. Zum Jahreswechsel 1968/69 startet dann ihre Mission. Zunächst reisen sie von Ost-Berlin mit dem Zug über Prag nach Wien. Dort vernichten sie ihre Reisedokumente und bekommen alle nötigen Unterlagen mit ihren Tarnnamen. Von Wien geht es weiter nach Zürich, wo Büchner als Ursula Zwahr ein Bankkonto eröffnet und 7000 Schweizer Franken einzahlt. Um die Legende weiter abzusichern, halten sie sich kurze Zeit in der Schweiz und in Paris auf, bevor sie weiter nach

Spanien reisen, um die dortigen Lebensgewohnheiten zu erlernen und eine Sprachschule zu besuchen. Im Juli 1969 fahren sie zurück nach Wien, von wo aus sie drei Monate später wieder in die Bundesrepublik zurückkehren und ihr neues Leben beginnen sollen. Doch dazu kommt es nicht. Ihr Führungsoffizier teilt ihnen per Funk mit, nach Ost-Berlin zu kommen. Es gibt Probleme mit der Legende, da das echte Ehepaar Zwahr wohl in der Bundesrepublik zur Fahndung ausgeschrieben ist.

Die beiden bekommen also neue Identitäten, heißen nun Gisela Schroth und Hans-Dieter Müller. Wieder reisen sie in den Westen, um alles Notwendige über ihre neuen Rollen zu lernen, verbringen Zeit in Wien, um die Legende zu untermauern. Sie bewerben sich mit den neuen Personalien bei verschiedenen Firmen. Die Antwortschreiben übergeben sie ihrer Führungsstelle, die diese als Grundlage zur Fälschung persönlicher Dokumente benutzt. Nach mehreren Monaten in Ost-Berlin reisen die beiden als angebliche Singles im August 1970 über Wien nach Hannover. Dort »heiraten« sie und erhalten 1971 den Auftrag nach Frankfurt am Main zu ziehen und sich bei den Chemieunternehmen Hoechst und Degussa zu bewerben. Ihre Aufgabe: Industriespionage. Rudolph Büchner kommt im September tatsächlich bei der Degussa unter, auch Gudrun Müller arbeitet ab November unter falschem Namen als Telefonistin bei AEG-Telefunken. Den Kontakt zu ihrem Nachrichtendienst halten sie vor allem über Funk, aber auch über Besuche in Ost-Berlin und Korrespondenz mithilfe von sechs verschiedenen Deckadressen.

Die Spionageabwehr des BfV kommt den beiden nach zwei Jahren auf die Schliche. Als sie im September 1973 im Urlaub sind, wird ihre Wohnung durchsucht und genügend Material gefunden, das ihre Spionagetätigkeit belegt. Bei ihrer Rückkehr aus dem Urlaub werden sie verhaftet. Die beiden sind geständig, behaupten aber, ihre Agententätigkeit sei bis zum Zeitpunkt der Festnahme nicht über das Stadium der Vorbereitung hinausgekommen.

Parallel kämpft der BND damit, dass die Stasi besser ist als er, ständig Agenten enttarnt und verhaftet – und sehr gut darüber Bescheid weiß, wie der Auslandsnachrichtendienst der Bundesrepublik arbeitet. Von anfangs rund 1000 Zuträgerinnen und Zuträgern im Osten sind 1968 nicht mal 20 übriggeblieben. Die DDR-Medien berichteten viel über die effektive Arbeit der Stasi, um abzuschrecken. Schon in den 1950er-Jahren waren allein im Rahmen einer Aktion namens »Feuerwerk« 218 Menschen verhaftet worden, die direkt oder indirekt für Pullach tätig waren. Nach und nach verliert der BND den Spionagewettkampf mit menschlichen Quellen. Zwar sollen bis zur Wiedervereinigung mehr als 10000 Menschen aus Ost- und Westdeutschland für den BND spioniert haben. Doch das MfS schaffte es, sie fast alle umzudrehen: Während der Siebziger- und Achtzigerjahre sind laut Stasi-Experten 90 Prozent der BND-Agentinnen und -Agenten im Osten Doppelspione.

Einen Erfolg, der heute fast wichtiger scheint als damals, kann der BND aber in den 1980er-Jahren in Dresden einfahren: in einer Villa in der Angelikastraße 4 hat die Residentur des KGB ihren Sitz. Dort arbeitet eine Übersetzerin. Offiziell dolmetscht sie für die Russen Gespräche und übersetzt Dokumente der KGB-Außenstelle. In Wahrheit ist sie eine sogenannte Innenquelle, also eine Agentin, die in dem Objekt arbeitet, das sie ausspäht. Seit Beginn der Achtzigerjahre ist sie für Pullach im Einsatz, soll ihre Informationen mithilfe von Kurieren und per Funkgerät in den Westen übertragen haben. Ihr Deckname: »Lenchen«[88]. Aufgrund ihrer großen Oberweite sei sie innerhalb des BND wohl öfters auch »Balkon« genannt worden, heißt es in Nachrichtendienstkreisen.

»Lenchen« freundet sich in Dresden mit der Ehefrau eines KGB-Mannes aus der Villa an und erfährt so intime Details aus deren Familienleben. Demnach wird die Frau von ihrem Mann geschlagen, außerdem hat er viele Affären. Das alles landet in den Akten des BND. Die Freundin ist keine geringere als Ljudmila Putina, die damalige Ehefrau Wladimir Putins. Der heutige russische Präsident ist von 1985 bis 1990 für den sowjetischen Nachrichtendienst in Dresden stationiert, arbeitet in der politischen Aufklärung, sammelt dort nach eigenen Angaben Informationen über Politiker und über Pläne potenzieller Feinde. Mit anderen Worten: Er rekrutiert Quellen und schöpft Informationen über den Westen ab, im Visier waren unter anderem ausländische Studenten der Universität Dresden. Diese sollten ihm von ihren Reisen Informationen mitbringen, etwa über das amerikanische Militär.

Erst 2011 – Putin ist inzwischen Ministerpräsident Russlands, nachdem er schon acht Jahre Präsident war – wird die Existenz von »Lenchen« durch Journalisten bekannt. Wenig überraschend dementiert der Kreml die Informationen, die die BND-Agentin gesammelt hatte.[89] »Lenchen« hatte ihre Tätigkeit 1989 nach einer Schwangerschaft durch einen KGB-Oberst beendet. Auf einer Reise nach West-Berlin bricht sie die Schwangerschaft ab, reist nicht zurück. Sie erhält vom BND eine neue Identität und soll zuletzt in Süddeutschland gelebt haben. Mehr wollen Nachrichtendienstler auch heute nicht über sie erzählen: »Das ist viel zu gefährlich.«

6

Romeos, Entführungen, Kopierer

Die »Kundschafterinnen« der Stasi im Westen

Der Brief, der nur drei Tage nach seinem Absenden schon vom Bundeskriminalamt untersucht wird, ist knapp vier Seiten lang und beginnt schlicht mit »Liebe Mutti, lieber Papa«[1]. Die 30-jährige Verfasserin lässt in schwungvoller Handschrift wissen, dass sie immer noch unterwegs sei. »Mir geht es gut, und ich bin guten Mutes. Natürlich wird Euch mein Verhalten vorerst in Erstaunen versetzen, doch es gibt dafür gute Gründe.« Wenn sie einen neuen Wohnsitz habe, werde sie sich erklären. Bis dahin aber warnt sie nur, dass die Eltern in der nächsten Zeit die verschiedensten Gerüchte zu hören bekommen könnten und es sicher nicht ganz leicht für sie werde. Sie habe sich die Entscheidung sehr schwer gemacht, aber an ihr eigenes Leben denken müssen. »Ich habe Euch unverändert lieb, und ich wünsche mir sehr, daß das bei Euch genauso ist.« Sie hoffe, dass sie ihren Eltern nicht zu viel zumute.

Wenige Tage zuvor war Christel Broszey verschwunden, tauchte montags nicht zur Arbeit auf, dabei galt die Sekretärin eigentlich als sehr zuverlässig. Bei der Sicherungsgruppe des Bundeskriminalamtes bricht daraufhin Panik aus. Schließlich ist Broszey nicht irgendwer, sie ist die Chefsekretärin von Kurt Biedenkopf. Der Politiker ist in jenem März 1979 ein wichtiger Mann: Er ist nicht nur Bundestagsabgeordneter, sondern auch Vizevorsitzender der CDU, Vorsitzender des Landesverbands in Westfalen/Lippe und seit Kurzem Vorsitzender des Wirtschaftsausschusses im Parlament. Von 1973 bis 1977 war er außerdem Generalsekretär der CDU, seither hatte Broszey für ihn gearbeitet. »Ihr unentschuldigtes Fernbleiben sei als außergewöhnlich zu betrachten«, heißt es in einem Vermerk der Sicherungsgruppe, denn das sei in den Jahren ihrer Tätigkeit noch nie vorgekommen. Man solle deswegen prüfen, »ob ihr Fernbleiben mit einer geheimdienstlichen Tätigkeit im Zusammenhang stehen könne«.

Die Panik ist nachvollziehbar, es ist das Zeitalter der spionierenden Sekretärinnen. Nachdem das MfS in den 1950er-Jahren selbst erlebt hatte, wie Elli Barczatis beim DDR-Ministerpräsidenten Otto Grotewohl Informationen stahl, nutzte die Stasi die Methode ebenso – und systematisierte sie nach und nach: Sekretärinnen mit Zugang zu Panzerschränken gehörten in den 1970er-Jahren zu ihren wertvollsten Zuträgerinnen. Nachdem sich der Eiserne Vorhang mit dem Mauerbau weiter zugezogen hatte und in den 1960er-Jahren ein Atomkrieg nur knapp verhindert werden konnte, versucht man sich zwar offiziell an Entspannungspolitik, gerne »friedliche Koexistenz« oder »Wandel durch Annäherung« genannt. Doch Ost und West trauen sich nicht über den Weg, halten das eigene politische System jeweils für das überlegenere und rüsten wieder auf.

Auch die Guillaume-Affäre von 1974, als der persönliche Referent des Bundeskanzlers Willy Brandt als Spion der DDR enttarnt worden war und Brandt infolgedessen zurücktrat, hatte die Beziehungen zwischen den beiden deutschen Staaten wieder abgekühlt. Brandts Nachfolger Helmut Schmidt hatte SED-Generalsekretär Erich Honecker persönlich verwarnt und gedroht, dass sich die deutsch-deutschen Beziehungen ernsthaft trüben würden, sollte es einen ähnlichen Fall noch einmal geben. Die Stasi kümmerte das offenbar nur wenig, was in jenem Frühjahr 1979 besonders sichtbar wird: innerhalb weniger Wochen fliegen vier Sekretärinnen auf, zwei bei der NATO, zwei bei der CDU.

Ist Christel Broszey die fünfte Spionin – und noch dazu die dritte bei der CDU? Ist sie deswegen nicht zur Arbeit gekommen, sondern geflohen, aufgeschreckt von den Enttarnungen der anderen Sekretärinnen? Ein Kollege aus dem Büro Biedenkopf jedenfalls scheint fassungslos, als er am Montag, den 12. März 1979, um 14.30 Uhr mit einem Beamten des Bundeskriminalamtes spricht: »Sie ist als äußerst tüchtiger, intelligenter und lebensbejahender Mensch unter den Mitarbeitern bekannt.« Am Freitag sei sie etwas früher gegangen, habe sich von ihrer Dienststelle mit der Begründung entfernt, einen Friseur aufsuchen zu wollen. Und heute sei sie einfach nicht aufgetaucht. Mehr wisse er nicht.

Schon eine halbe Stunde später beginnen der BKA-Mann und ein Kriminalhauptkommissar von der Bonner Polizei mit den Ermittlungen. Der Kollege wird erneut befragt, er weiß dann doch noch von einem neuen Freund Broszeys zu berichten. Die Beamten fahren zu ihrer Wohnung, horchen Nachbarn aus, wollen wissen, wie der Freund aussieht und welches Auto er fährt. Die Nachbarin aus dem Erdgeschoss kann helfen, sagt, er fahre einen gelben Renault 14 mit Kennzeichen aus Neuss und besuche Broszey jedes Wochenende, übernachte auch bei ihr. Sie kann ihn sogar beschreiben: »ca. 30 Jahre alt, etwa 173 cm groß, dunkles, leicht gewelltes Haar, Kinnbart, spricht sächsischen Dialekt.« Seit Freitag oder Samstag habe man aber weder seinen noch ihren Wagen gesehen. Eine weitere Nachbarin, die wie Broszey im Dachgeschoss wohnt und deren Blumen gießt, wenn diese mal auf Reisen ist, hat zwar nichts Besonders bemerkt, berichtet aber, dass das Schlafzimmer ein extra Schloss habe und sie dort nie hineindurfte.

Ohne richterlichen Beschluss durchsuchen die Beamten um 16.10 Uhr die Wohnung, die laut Protokoll einen aufgeräumten und gepflegten Eindruck macht: »Mit Ausnahme eines auf dem Küchentisch liegenden Paketes mit verschimmeltem Brot, ergaben sich bei der Durchsicht der einzelnen Räume keine Hinweise darauf, daß Frl. Broszey die Wohnung für immer verlassen hat bzw die Wohnung verließ, um sich etwas anzutun.« Allerdings werden sie im Schlafzimmer fündig: Unter einem provisorischen Tisch ist ein Fotokopiergerät versteckt. Außerdem entdecken die Polizisten in einer Blaupause den Namen, die

Anschrift und das Pkw-Kennzeichen des Freundes, Konrad Kipping. Der Kriminalhauptmeister notiert: »Nach Auffinden u. a. des Fotokopiergeräts in der Wohnung Broszey erscheint nunmehr die Verbindung zu dem Freund in Neuß mit den Besuchen zu jedem Wochenende in Bonn, das genau nicht feststellbare Fehlen eines Koffers aus dem Kleiderschrank im Schlafzimmer« sowie die gut ausgestattete Wohnung, die einfach zurückgelassen wurde, »den Verdacht einer geheimdienstlichen Agententätigkeit von Frl. Broszey zu begründen.« Das BKA informiert den Generalbundesanwalt, der wiederum schon eine halbe Stunde später erklärt, das Verfahren zu übernehmen, Aktenzeichen 4 BJs 45/79. Die Ermittlungen solle das Bundeskriminalamt durchführen.

Direkt steht der Verdacht im Raum, dass Kipping involviert ist, Broszey allein trauen sie es offenbar nicht zu, schließlich waren auch bei den anderen aufgeflogenen Sekretärinnen Männer beteiligt. Der Generalbundesanwalt schreibt schon wenige Stunden, nachdem er den Fall übernommen hat: »Bei dem Beschuldigten Konrad Kipping handelt es sich offensichtlich um einen aus der DDR eingeschleusten Agenten, der in der Bundesrepublik Deutschland unter falscher Identität lebt.« Agenten östlicher Geheimdienste würden sich erfahrungsgemäß auf Unterlagen und nachrichtendienstliche Hilfsmittel stützen, die sie bei sich führen oder in der Wohnung verwahren. Bis spät in die Nacht werden dann Broszeys und Kippings Wohnung gründlich durchsucht. In ihrer werden neben einer Postkarte, die an »mein lieber Wuschelbär« adressiert ist, ein Transistorradio und ein Kofferradio, eine IBM-Kugelkopfschreibmaschine, eine Kleinbild-Spiegelreflexkamera vom Typ Revueflex B sowie eine Kassettenkamera, Modell Instamatic 233 von Kodak, mit aufgestecktem Blitzwürfel gefunden. Dazu eine Fototasche mit Zubehör wie Elektronenblitzgerät, Dreibeinstativ und Filmrollen. In seiner Wohnung entdecken die Beamten ein weiteres Kopiergerät, eine Taschenkamera, Filme, Stative, außerdem eine Dunkelkammerausrüstung zum Entwickeln von Fotos. Und eine Lampe, die mit »UV-Licht fluoreszierende Geheimschriften sichtbar machen kann«.

Am Dienstag folgt die Durchsuchung der Arbeitsplätze. Bei Kipping finden sie nur ein Telefonverzeichnis, sein Schreibtisch steht in einem Großraumbüro. Er ist – wohl eher nicht zufällig – Verkäufer einer Firma, die Kopiergeräte herstellt. Die Durchsuchung von Broszeys Arbeitsplatz muss erst vom Bundestagspräsidenten genehmigt werden. Biedenkopf selbst ist dann anwesend, als drei Beamte des BKA und eine Beamtin den Schreibtisch und die Aktenschränke durchforsten, sein Referent und der Geheimschutzbeauftragte des Bundestags schauen ebenso zu. Die BKA-Leute nehmen sieben Kassetten, drei Kalender, neun Stenoblöcke, Broszeys Reisepass und einen von ihr ausgefüllten Fragebogen mit. Auch die Unterlagen, die sich in Biedenkopfs Büro befinden, werden durchsucht. Die Beamten befragen den CDU-Mann, welche Aufgaben Broszey für ihn erledigt habe. Er sagt, sie sei für die Korrespondenz, die Terminplanung, den gesamten Telefonverkehr, die Vorbereitung von Reisen sowie die Buchführung zuständig gewesen, »sämtliche Arbeitserledigungen hätten sowohl den dienstlichen wie auch persönlichen Bereich betroffen«. Aber er behauptet: »Zu Verschlußsachen habe Frl. Broszey keinen Zugang gehabt.« Auf der Akte, die das Bundesamt für Verfassungsschutz in seinem Archiv lagert, ist »keinen Zugang« per Hand unterstrichen – und jemand hat daneben »Haha« gekritzelt.

Tatsächlich ist Broszey in dieser Zeit eine der wichtigsten Quellen der Stasi innerhalb der CDU. Viele Berichte an die Chefs der SED und der DDR beruhen auf ihren Angaben. Über die Jahre schickt sie über 300 Informationen, so viele können ihr zumindest später zugeordnet werden. Viele davon wurden vom MfS mit 1 und 2 benotet. Besonders ihre Berichte über die politischen und gesellschaftlichen Strategien der CDU sowie die Konzepte zur Ost-Politik waren für die Stasi »sehr wertvoll«[2]. Broszey ist sogar so relevant, dass sie später von den mächtigsten Männern der DDR persönlich ausgezeichnet wird: Erich Honecker, Staatsratsvorsitzender und Generalsekretär des Zentralkomitees der SED, Erich Mielke, Chef der Stasi, und Markus Wolf, Leiter der Hauptverwaltung Aufklärung, ehren sie.

Als sie flüchtet und damit die fünfte enttarnte DDR-Agentin in wenigen Tagen zu sein scheint, entscheidet sich der *SPIEGEL*, eine Titelgeschichte zu drucken, mit ihr und Biedenkopf auf dem Cover. Die Überschrift lautet: »Spionage im Vorzimmer – Bonns gefährdete Frauen.« Im Text heißt es, Broszey und die anderen gefassten oder entflohenen Sekretärinnen hätten eins gemeinsam: Sie seien »von gutaussehenden Herren, von ›Romeos‹«[3] ver- und geführt worden, spätere Heirat nicht ausgeschlossen. »Nur selten waren die spionierenden Damen eingeschleuste Profis;

meist handelten sie aus Liebe – ins Metier geschliddert über ein scheinbar zufälliges Techtelmechtel, in Wirklichkeit aber von östlichen Geheimdiensten sorgsam ausgewählt.«

Demnach sind die Frauen nur »Julias«, die sich Hals über Kopf verlieben und einfach das machen, was ihnen die »Romeos« aus der DDR vorgeben. Dass die Sekretärinnen aus ideologischer Überzeugung oder aus Abenteuerlust spionieren, können sich die männlich dominierten Sicherheitsbehörden im Westen offenbar nicht vorstellen. Der zuständige Abteilungsleiter des Verfassungsschutzes sagt damals über sie: »Die Damen sind alleinstehend, haben ein gewisses Alter erreicht, die erste Jugendblüte ist vorbei. Sie haben keine besondere Bindung an das Elternhaus, an die weitere Familie oder an persönliche Bekannte. Sie leben in Bonn in einem großen anonymen Wohnbereich, arbeiten in einer großen Behörde.«[4] Doch so simpel ist es nicht, schon gar nicht bei der Sekretärin von Biedenkopf.

Christel Broszey wird am 26. Dezember 1947 im westfälischen Hamm geboren und ist wissbegierig. Nach der Volksschule, wo sie Klassenbeste ist, wird sie Stenotypistin. »Meine Eltern konnten mir den Besuch einer höheren Schule nicht ermöglichen, obwohl ich dazu als Klassenbeste in der Volksschule gewiß in der Lage gewesen wäre«[5], sagt Broszey später. Es fehlte das Geld. Also habe sie alles andere selbst in die Hand nehmen müssen. Weil Broszey als Lehrling sehr gut ist, verkürzt die Stadtverwaltung Hamm ihre Ausbildungszeit und stellt sie an, nebenher geht sie zur Kaufmännischen und zur Hauswirtschaftlichen Berufsschule. Mit 21 Jahren lernt sie

Stenographie und Kurzschrift und legt eine Prüfung zur Sekretärin bei der Industrie- und Handelskammer ab: Als Einzige von 100 Prüfungsteilnehmerinnen schließt sie mit einer 1 ab. Ein Jahr später macht sie einen zweieinhalbmonatigen Sprachkurs in London, finanziert sich auch diesen selbst. Außerdem besucht sie Abendkurse in Englisch, Französisch und Mathematik. Ende 1970 bewirbt sich Broszey auf die Stellenausschreibung mit der Chiffre BZ 8851 im Bonner *General-Anzeiger*, in der von einer »größeren Bonner Dienststelle« die Rede ist. Dahinter versteckt sich die Parteizentrale der CDU. Am 1. Februar 1971 fängt sie im Büro des Generalsekretärs als Sekretärin an, unterschreibt eine Verschwiegenheitserklärung. Sie hat es geschafft.

Was die CDU nicht weiß: Ihre Bewerbung war bereits Teil eines Plans, den sie gemeinsam mit Konrad Kipping ausgearbeitet hat. Den hatte sie Ende 1967, kurz vor ihrem 20. Geburtstag, im Turnverein »TVG 1877« in Hamm kennengelernt – er nannte sich da noch Heiner Hoffmann. Die Ermittler gehen später davon aus, dass er wegen Broszey nach Hamm kommt, sie vorab von der Stasi ausgeguckt worden war. Schließlich sei sie »seit Beginn der sechziger Jahre durch zahlreiche Pressemeldungen über ihre erfolgreiche Teilnahme an Kurzschrift- und Maschinenschriftwettbewerben in der Öffentlichkeit bekannt geworden«. Broszey hatte sogar an drei Weltmeisterschaften teilgenommen, stenografierte zu ihren besten Zeiten 380 bis 400 Silben pro Minute und schaffte 580 Anschläge pro Minute auf der Schreibmaschine. Auch habe Kipping sie sehr schnell nach seiner Ankunft in Hamm kennengelernt.

Broszey sagt über Kipping, sie seien »geistig auf gleicher Wellenlänge«[6] gewesen und es sei »alles, was sonst noch dazugehört«, um sich zu verlieben, dagewesen. Sie stellt ihn den Eltern vor, er kommt häufiger zu Besuch. Rund zwei Jahre später erzählt sie ihren Eltern plötzlich, dass sie sich mit Kipping derart verkracht habe, daß die Freundschaft auseinandergegangen sei. So sagen es die Eltern später bei der Polizei aus. »Seit dieser Zeit habe ihre Tochter immer wieder erwähnt, daß sie aufgrund des Vorfalls nichts mehr von Männern wissen wolle und diesbezügliche Bekanntschaften ablehne.« Sie hätten die Tochter dann nie mehr mit einem Mann zusammen gesehen, sie habe allerdings auch nicht mehr bei ihnen gewohnt.

Tatsächlich ist der Bruch der Beziehung nur vorgetäuscht. Kipping ist ein in die Bundesrepublik eingeschleuster Agent der Stasi und muss untertauchen, vermutlich, weil seine Identität hinterfragt wird. Vorher aber hat er Christel Broszey nach und nach von seiner Arbeit und vom Kommunismus überzeugt: Sie habe mit seiner Hilfe »sehr schnell gelernt, alle Fragen, die mich persönlich betrafen, warum ich eigentlich nie eine Schule besuchen konnte, warum ich jeden kleinen beruflichen Erfolg mir erkämpfen musste, richtig zu begreifen«, sagt sie später über die Zeit. Sie ärgert etwa, dass sie schon in der Ausbildung die Tätigkeit einer voll ausgebildeten Kollegin übernahm, die ausgefallen war, aber ihr Gehalt nach der Ausbildung nicht angehoben wurde. Die Gespräche mit Kipping seien kontrovers gewesen, aber seither macht sie das gesellschaftliche und kapitalistische System der Bundesrepublik für die Hürden in ihrem Leben verantwortlich. Es dürfe nicht sein, dass der Geldbeutel der Eltern darüber entscheide, welche Bildung man bekäme, findet sie. Ebenso stört sie, dass sie sich so vieles habe selbst beibringen müssen und ihr Hocharbeiten nicht anerkannter war. Außerdem befasst sie sich mit der »Unterdrückung« in Lateinamerika.

So lässt sie sich auf die Spionage ein, wird zur Kundschafterin des Friedens, wie die DDR ihre Agentinnen und Agenten im Ausland nennt: »Ich war immer fest davon überzeugt, das Richtige zu tun.«[7] Sie habe mit einfacheren Aufgaben begonnen, »später immer schwieriger werdend, auch in die konspirative Arbeit hinein«[8]. Zunächst spioniert sie bei den Hoesch Röhrenwerken, wo sie Sekretärin des Einkaufsleiters ist. Da das Lösen höherer Aufgaben, wie sie es nennt, dort nicht möglich ist, sucht sie eine Stelle in Bonn, bei der es mehr Informationen gibt, die das Ministerium für Staatssicherheit interessieren würden. Dank ihrer guten Note und des Sprachkurses in London bekommt sie den Job bei der CDU.

Broszey müht sich, das Vertrauen ihrer wechselnden Chefs zu bekommen, allein bei den Christdemokraten hat sie vier, darunter neben Biedenkopf auch Heiner Geißler. Sie arbeitet viel, ist rund um die Uhr erreichbar, selbst am Wochenende. Sie weiß immer, wo ihr jeweiliger Chef ist und wo jedes Schriftstück liegt. Sie führe »alle Arbeiten nahezu einhundertprozentig aus« und habe »unbestritten die Rolle der ›ersten‹ Sekretärin inne«, sagt ein Kollege. In der CDU-Bundesgeschäftsstelle habe sie hohe Achtung und Anerkennung genossen. Der Leiter der Abteilung Organisation der CDU sagt in seiner Zeugenvernehmung, dass sie die Seele des Geschäfts gewesen sei: »Zuverlässig, pünktlich, schnell, stets freundlich. Sie verlor nie den Überblick oder die Geduld.« Sie sei ein reines Arbeitstier gewesen. Broszey lässt die Chefs wissen, dass sie sich viel mit Organisation beschäftigt, was dazu führt, dass die sie bitten, die Abläufe neu zu sortieren. Schnell »beherrscht« sie die Ablage »mit geradezu peinlicher Akribie«.

Was die Kollegen für gute Organisation halten, ist in Wahrheit Broszeys Wunsch geschuldet, über alles Bescheid zu wissen – um Informationen dazu weitergeben zu können. Später gibt sie selbst zu: Sie habe einen Ablauf erarbeitet, der sicherstelle, »dass jeder wichtige Vorgang garantiert bei mir vorbeikam, dass ich Kenntnis davon erhielt«[9]. Auf diese Weise habe sie es geschafft, die Büroorganisation so auszurichten, dass sie ihre Bedürfnisse als Kundschafterin optimal erfüllte. Und die Kollegen schöpften nicht einmal Verdacht: »Ich war im Laufe der Zeit dann fast so was wie eine Institution geworden«, sagt Broszey später, sie habe quasi zum lebenden Inventar gehört.

Ihr gelingt das, weil sie ihre Karriere strategisch angeht. Eigentlich ständig habe sie mit Kipping über die »Taktik des Überlebens«[10] gesprochen, also wie sie ihre berufliche Position halten oder ausbauen kann und wie sie das Vertrauen eines neuen Chefs gewinnt. Das habe man alles sehr ausführlich analysieren müssen, und das sei ihre Aufgabe gewesen. Sie habe dabei »niemals so typische weibliche Waffen eingesetzt«[11], sondern strikt auf Leistung gebaut. Und sie habe sich ständig selbst kontrollieren müssen, um nicht durch eine unbewusste Reaktion, eine Handbewegung oder eine Bemerkung einen Verdacht auszulösen.

Auch der persönliche Preis ist hoch: Sie und Hoffmann können nicht zusammenwohnen, sehen sich lange Zeit nur alle zwei bis drei Monate »unter konspirativen Bedingungen irgendwo im Ausland«[12]. Das bedeutet, dass sie auf getrennten Wegen anreisen, vorab nichts buchen können und von Hotel zu Hotel ziehen müssen bis sie ein freies Zimmer finden. Dabei hätte sie viel Gepäck gehabt, sie hätten ja gearbeitet: »Ich musste die Informationen weitergeben, die ich in der Zwischenzeit gesammelt hatte. Das war manchmal recht viel, auch an Umfang, Papierstapel.«[13] Zwischen den Treffen hätten sie häufig weder telefonieren noch Briefe schreiben können, erst später hätten sie die strikten Regeln aufgeweicht, sich gegenseitig häufiger besucht. Ihrer Familie oder ihren Freunden aber kann Hoffmann mit seiner neuen Identität nicht mehr begegnen, schließlich ist Broszey offiziell ledig. Das beschert ihr unangenehme Situationen bei Feiern, an Weihnachten und am Geburtstag: Die »liebe Verwandtschaft« sorgt sich, dass sie keinen Mann zum Heiraten finden wird, berichtet sie. Beide würden an sich auch gern Kinder bekommen, doch das steht außer Frage.

Auf der Arbeit erwähnt Broszey nur ab und an einen Freund, der weiter weg wohnt, mit dem sie aber die Wochenenden verbringe und mal in den Urlaub fahre. So ist sie sicher vor Anmachen und vor Nachfragen. Im Mai 1974 tritt sie außerdem in die CDU ein, macht sich noch unverdächtiger. Dabei wird sie im selben Jahr auch Mitglied der SED. Parallel sammelt sie weiter fleißig Informationen und Unterlagen. Als Sekretärin des zweitmächtigsten Mannes der CDU hat sie laut den Ermittlungsakten Zugriff auf alle Protokolle der Parteigremien und Schriftstücke jeder Abteilung der Parteizentrale sowie jeder Unterorganisation der CDU. Außerdem läuft die gesamte Kommunikation mit der Bundestagsfraktion über sie, und sie hat den Schlüssel zum Panzerschrank. Sie weiß, welche Lobbyorganisationen und Unternehmen mit der CDU kommunizieren – und was sie der Partei spenden. Sie weiß über »alle Sicherheitsmaßnahmen für den persönlichen Schutz« des jeweiligen Geschäftsführers Bescheid, kennt Namen und Telefonnummern aller BKA-Beamten. Hinzu kommt das, was sie im Büro aus Gesprächen aufschnappt. Und die Berichte, die sie selbst stundenlang bei diversen Sitzungen stenografiert.

»Aufgrund der herausgehobenen Position und besonderen Vertrauensstellung, die die Beschuldigte bei ihren jeweiligen Dienstherren innehatte, war sie in der Lage, ihren nachrichtendienstlichen Auftraggebern einen umfassenden Einblick in Strategie, Taktik und Willensbildung der CDU-Führung sowie in die politische, organisatorische und finanzielle Struktur der Partei zu verschaffen«, heißt es in der Antragsschrift des Generalbundesanwalts. Und das Bundeskriminalamt schreibt, dass davon ausgegangen werden muss, dass durch die Spionage Broszeys »ein nicht unerheblicher Schaden für die Partei der CDU, für das Parteienwesen und das demokratische Gefüge der Bundesrepublik Deutschland entstanden ist.«

Tatsächlich fallen in die Zeit ihrer Spionage einige gravierende politische Ereignisse, wie es im Schlussbericht der Ermittler heißt. Gemeint sind nicht nur zwei Bundestagswahlkämpfe, sondern auch die vorzeitige Auflösung des Bundestags, der Rücktritt von Rainer Barzel als Fraktionsvorsitzender und dessen Ablösung als CDU-Chef durch Helmut Kohl. Und das konstruktive Misstrauensvotum gegen Willy Brandt, das wegen zwei fehlender Stimmen aus der CDU scheitert. Offenbar hat die Stasi die Abstimmung manipuliert, einer der beiden Abgeordneten gab später zu, 50000 DM dafür bekommen zu haben, nicht gegen den SPD-Kanzler gestimmt zu haben. Der zweite stritt das immer ab, es gibt aber entsprechende Indizien, die unter anderem ein Untersuchungsausschuss aufarbeitete. Noch dazu prahlte Honecker damit, »fast alles« getan zu haben, um die Regierung Brandt zu erhalten, »weil diese Regierung selbstverständlich für uns alle angenehmer ist«[14], als es eine CDU-Regierung gewesen wäre.

In Broszeys Zeit fällt auch die »Abhöraffäre Biedenkopf/Kohl«, in die sie persönlich mit hineingezogen wird. 1975 druckt der *Stern* einen Text, in dem er sich auf Informationen aus einem acht Monate alten Telefonat zwischen den beiden CDU-Größen bezieht. Damals war das Vertrauensverhältnis zwischen den beiden Männern schlecht: Biedenkopf kritisierte intern die lasche Haltung des CDU-Chefs gegenüber seinem CSU-Konterpart Franz Josef Strauß, der CDU-Chef wiederum glaubte, Biedenkopf wolle an seiner Stelle Kanzlerkandidat werden. In jenem Telefonat sprechen die beiden darüber, Kohl fordert, dass Biedenkopf klarstelle, dass ihm sein Job Spaß mache und er nicht Kanzler werden wolle. Als der *Stern* dies veröffentlicht, ist die Aufregung in Bonn groß, nicht so sehr wegen des Inhalts, sondern vor allem, weil zwei so hochrangige Politiker abgehört worden waren. Der *SPIEGEL* schreibt: »Verunsicherte Regierungsvertreter, ratlose Geheimdienstler, erboste Oppositionsführer: Ganz Bonn rätselt, wer aus welchen Motiven mit welchen Mitteln Telephongespräche zwischen CDU-Chef Kohl und seinem Generalsekretär Biedenkopf abgehört hat. Niemand weiß, ob die Lauscher nicht noch immer an den Strippen hängen.«[15]

Die Medien befassen sich ausgiebig mit der »Abhöraffäre«. Viereinhalb Jahre nach der *Stern*-Veröffentlichung und ein gutes halbes Jahr nach Broszeys Flucht meldet *Die Welt*, dass der Präsident des Bundesamtes für Verfassungsschutz vor einem Untersuchungsausschuss des Bundestags gesagt habe, dass ein östlicher Geheimdienst das Telefonat zwischen Biedenkopf und Kohl belauscht hätte.[16] Die *Frankfurter Rundschau* fragt daraufhin »Lauschte die Sekretärin?« – und nennt Broszey beim Namen.[17] Die Staatsanwaltschaft Mainz wird aktiv, erkundigt sich beim Bundesamt für Verfassungsschutz, welche Erkenntnisse man vorliegen habe und ob sie das Verfahren zur Abhöraffäre wieder eröffnen sollten. Das Bundesamt muss verneinen: »Konkrete Erkenntnisse über eine Beteiligung der Broszey an der Telefonabhöraktion (...) liegen hier nicht vor«, dies habe der Präsident auch vor dem Untersuchungsausschuss gesagt. Er vertrete allerdings unabhängig davon die Meinung, dass sie und damit das MfS hinter der Aktion stünden. Bis heute gibt es keinen Beleg dafür, dass dem so war, es passt außerdem nicht zu Broszeys Spionagetechnik.

Denn die Ost-Agentin arbeitet nicht mit Wanzen, sondern mit Papierbelegen – und mit Vertrauensbildung. Beides macht ihr zu schaffen, wie sie später verrät: Zum einen, wie sie das Material mitgehen lassen kann ohne aufzufallen. Manches muss sie im Büro stenographieren, damit niemand bemerkt, wenn ein Dokument nicht im Panzerschrank liegt. Anderes nimmt sie mit nach Hause, kopiert oder filmt es ab. Vieles habe dabei mit Erklärungen ergänzt werden müssen. Und: »Das Material musste verschlüsselt werden.«[18] Sie habe es zu dem mit der HVA vereinbarten Zeitpunkt überspielen müssen, parallel Antworten und Anweisungen der Zentrale empfangen und entschlüsselt. »Und nicht vergessen darf man das anschließende Vernichten des Materials«[19], sagt sie. Das sei gar nicht so einfach bei solch großen Papierstapeln, vor allem, da sie in einer Wohnung mit Zentralheizung und ohne Kamin lebt.

Zum anderen hadert sie damit, dass sie Menschen betrügen muss, zumindest anfangs: »Der Klassenfeind ist keine anonyme Gestalt. Er ist zunächst auch einmal ein Mensch.«[20] Um aber eine gute Kundschafterin zu sein, müsse man das Vertrauen von ihm gewinnen. »Das allein ist bei einem Politiker, der in der BRD ein außerordentlich einsamer Mensch ist, wenn man ihn als Mensch sieht, schon schwierig genug.«[21] Und nun müsse man das missbrauchen. Man müsse dann immer wieder sehen, wie man mit diesem Konflikt fertig werde, das sei außerordentlich schwierig. Sie habe es geschafft, weil sie Spitzenpolitiker »als willfährige Werkzeuge des Großkapitals«[22] angesehen habe. Und weil sie felsenfest davon überzeugt ist, dass ihre Arbeit als Kundschafterin notwendig ist für den

Fortschritt der Gesellschaft. Sie hoffe, dass sie zu Letzterem ein wenig beigetragen habe, sagt sie später. Wie eine Frau, die nur aus Liebe handelt und nicht aus Überzeugung, klingt sie nicht.

Am Ende spioniert Christel Broszey rund zehn Jahre – und entkommt, bevor ihr die Behörden überhaupt auf der Spur sind. Darauf ist sie stolz: »Wie dann die entsetzte Reaktion nach meinem Weggang zeigte, ist nie auch nur der Schatten eines Verdachts auf mich gefallen.«[23] Dabei hätte das kleinste Fehlverhalten zur Aufdeckung führen können. Nach ihrer Flucht entbrennt eine Debatte über Sekretärinnen und ob man ihre Sicherheitsüberprüfungen verschärfen solle. »In Bonn und bei der NATO in Brüssel wimmelt es nur so von Sekretärinnen, sogenannten ›Schwachstellen‹, die auch als ›weiche Flanke‹ unserer Verteidigung gelten«, schreibt die *ZEIT* in ihrer 12. Ausgabe 1979. »Wegen einiger schwarzer oder blonder Schafe sollte man nicht alle Vorzimmerdamen über einen Kamm scheren – vielleicht brauchen sie gerade jetzt mehr liebevolle Zuwendung! –, doch verwundert es nicht, daß gewissen hohen Herren der Schreck in die Glieder gefahren ist.«

Der Parlamentarische Geschäftsführer der Unionsfraktion muss sich im ZDF rechtfertigen, warum vor allem bei der CDU spioniert wird. Er hat dafür aber keine Erklärung, sagt nur, man gehe bei den Sicherheitsüberprüfungen sogar weit über das gesetzlich vorgeschriebene Maß hinaus. Der Präsident des Verfassungsschutzes warnt dagegen, dass jede Überprüfung im Vorfeld Grenzen haben müsse. »Sie ist praktisch auf eine Karteinachschau beschränkt und nicht vergleichbar mit Ermittlungen im Falle eines Spionageverdachts.«[24] Aber es gebe nun bei einigen Ministerien Taschenkontrollen und das Benutzen von Kopiergeräten und Durchschlagpapier werde mehr bewacht. Insgesamt aber müsse erst mal Loyalität angenommen werden, es dürfe kein Klima des Misstrauens und wilder Verdächtigungen entstehen.

Broszey kann all das egal sein. Im Frühjahr 1980 wird zwar ein Haftbefehl erlassen, doch in der DDR ist sie sicher, ebenso wie Hoffmann, wie er sich dort wieder nennt. Festgenommen werden sie nie, das Verfahren wird später eingestellt. Zwei Jahre nach Erlass des Haftbefehls wird lediglich ein Einziehungs- und Verfallsverfahren gegen sie eingeleitet, um die beschlagnahmten Gegenstände in Geld zu verwandeln und ihr Vermögen einzubehalten. Die Ermittler schätzen dabei konservativ, dass Broszey monatlich etwa 530 DM vom MfS bekommen haben wird. Dass bei der Auswertung der Kontoauszüge keine entsprechenden Belege gefunden werden konnten, tue nichts zur Sache, argumentieren sie: »Wie die Erfahrung in gleichgearteten Fällen zeigt, zahlt das Ministerium für Staatssicherheit Agentenlöhne zum Schutz der Agenten vor Entdeckung in der Regel bar aus.« Insgesamt kommen die Behörden auf mindestens 32000 DM, da sie Broszey nur fünf Jahre Spionage nachweisen können. Das älteste Indiz für eine gemeinsame Tätigkeit mit Hoffmann stammt aus dem Jahr 1974, ab da hat ihr Vermieter ihn immer wieder gesehen. In der Realität dürfte Broszey mindestens das Doppelte bekommen haben, Hoffmann ebenso, schließlich haben sie die fünf Jahre zuvor bereits spioniert, sich nur eben konspirativer getroffen.

Broszey nimmt sich einen Anwalt, verlangt die Freigabe ihrer Ersparnisse, »da sie in keiner Weise für irgendeine Stelle der DDR eine geheimdienstliche Tätigkeit zum Schaden der Bundesrepublik Deutschland ausgeübt, insbesondere keine parteiinternen Angelegenheiten der CDU einem östlichen Nachrichtendienst weitergeleitet und auch keinerlei Agentenlohn oder ähnliche Bezüge erhalten habe«. Sie habe zu Hoffmann lediglich ein enges, jedoch rein persönliches Verhältnis unterhalten, nur deswegen sei sie mit ihm geflohen. Doch die Lüge geht nicht auf. Das Oberlandesgericht Düsseldorf entscheidet 1983, dass man von Broszeys Ersparnissen 16000 DM sowie die 7629,11 DM aus dem Verkauf ihres VW Golfs einbehalten soll, dazu die Gegenstände, die zur Spionage genutzt wurden. Bei Hoffmann ist es ähnlich, allerdings sollen bei ihm 32000 DM eingezogen werden.

Die Lüge funktioniert auch deswegen nicht, weil sich Broszey 1981 öffentlich zu Wort gemeldet hat – mittels eines Leserinnenbriefs im *Stern*. Sie ist wütend, weil ein Journalist des Magazins insinuiert hatte, dass sie wie eine andere MfS-Agentin aus der DDR zurück nach Westdeutschland wolle. Sie schreibt einen Brief an den Chefredakteur, Henri Nannen: »Gegen eine solche Art ›Journalismus‹ verwehre ich mich entschieden.« Sie habe im August 1979, also wenige Monate nach der Flucht, Hoffmann geheiratet, und lebe mit ihm in Erfurt. »Wir haben eine sehr schöne Wohnung, die wir mit großer Freude eingerichtet haben, und einen großen Freundeskreis, den wir gern zu Gast haben.« Sie sei inzwischen Abteilungsleiterin in einem Erfurter Betrieb der Konfektionsindustrie und arbeite mit großer Freude, weil sie wisse, dass sie ihre Fähigkeiten anwenden könne. »Ich habe ein reiches Betätigungsfeld gefunden. Ob diese Tatsachen darauf hindeuten, daß ich mich in der DDR nicht wohlfühle und sie wieder verlassen wolle, mögen Ihre Leser selbst beurteilen.« Sie lädt den *Stern* sogar ein, sie in Erfurt zu besuchen und hängt drei Fotos von sich mitten in der Stadt an. Sie unterzeichnet mit Christel Hoffmann.

Für die Ermittler ist ihre hohe Stellung so kurz nach der Ankunft ein weiteres Indiz dafür, dass sie in der DDR mit offenen Armen empfangen und bevorzugt behandelt wurde. Zudem hätten sie wenige Wochen nach der Flucht im renommierten Hotel Berolina gewohnt, auch das sei ein deutliches Zeichen. Sie haben recht: Tatsächlich werden Broszey und Hoffmann in der DDR freudig aufgenommen, gemeinsam mit zwei anderen Agentinnen wird sie von Honecker persönlich ausgezeichnet. Sie spricht vor MfS-Leuten über ihre Spionage und das Doppelleben, geht auf die Bezirksparteischule der SED und bekommt den Job bei den VEB Bekleidungswerken Erfurt, wo man sie »als Genossin, als tüchtige Kollegin, die mit Ideen und Tatkraft zu effektiver Arbeit beiträgt«[25], schätzt. Gemeinsam mit Hoffmann bekommt sie Kinder und darf bei den Feierlichkeiten zum 35. Jahrestag der Stasi 1985 im Palast der Republik in Berlin dabei sein.

Nach der Wiedervereinigung wird Christel Broszey Mitglied in einem Verein, in dem sich ehemalige Angehörige der DDR-Sicherheitsbehörden organisieren. Als sie im März 2020 stirbt, schreiben ihre ehemaligen Kampfgefährten, wie sich die Vereinskollegen nennen, einen Nachruf. Broszey sei »eine außergewöhnliche Persönlichkeit und herausragende Kundschafterin«[26] gewesen, auf deren umsichtige und zuverlässige Arbeit sich die HVA immer verlassen konnte.

Von diesen Kundschafterinnen und Kundschaftern, die von der HVA im Ausland und damit auch in Westdeutschland eingesetzt werden, gibt es in den 40 Jahren, die die Stasi existierte, etwa 12000. Rund 28 Prozent dieser Inoffiziellen Mitarbeiter (IM) sind Frauen. Die HVA ist aber nur ein Teil des gewaltigen Überwachungsapparats, den das MfS geschaffen hat: Insgesamt arbeiten in all der Zeit über 600000 IMs für die Stasi, die Zahl der hauptamtlichen Mitarbeiter wird auf rund 250000 geschätzt. Das Ministerium organisiert sein Personal und die gefundenen Informationen vor allem mit einem gigantischen Karteikartensystem. Bis heute sind davon noch 41 Millionen Karten erhalten, in etwa 5700 verschiedenen Karteien – obwohl rund um den Mauerfall viele Dokumente vernichtet wurden. Insgesamt finden sich 111 Kilometer Akten der Stasi in Archiven, darunter knapp 2 Millionen Fotos, rund 2900 Videos sowie fast 23000 Tondokumente.

Um so viele Agentinnen und Agenten zu rekrutieren, nutzt das MfS gerne Frauen als Lockvögel. 1974 beispielsweise antwortet die Stasi-Frau »Irene Beng« auf das Stellengesuch eines kaufmännischen Angestellten und Fluglehrers aus Nordrhein-Westfalen. Sie bietet ihm eine gut honorierte Forschungstätigkeit bei der »Arbeitsgemeinschaft für wirtschaftliche Studien«. Er folgt ihrer Einladung und reist in das Hotel Unter den Linden nach Ost-

Berlin, wo sie ihn kurz empfängt, bevor sie ihn direkt an einen Stasi-Mann übergibt. Der kommt schnell zur Sache: Er will Unterlagen des französischen Flugzeugherstellers, für den der Jobsuchende zu diesem Zeitpunkt noch als Vertreter arbeitet. Er gibt ihm genaue Instruktionen. Zum nächsten Treffen soll er nicht mit dem Auto anreisen, sondern von Hannover mit dem Flugzeug nach West-Berlin fliegen und die mitgebrachten Dokumente in einem Schließfach im Bahnhof Friedrichsstraße verstauen. Für etwaige Probleme bekommt er eine Telefonnummer. Sollte jemand Fragen stellen, könne er Irene Beng jederzeit als seine Freundin ausgeben, die er bei der Leipziger Messe kennengelernt habe. Der Mann aus Nordrhein-Westfalen erhält 300 Westmark für seine Auslagen. Doch der Anwerbeversuch ist erfolglos, der Mann meldet sich nie wieder.[27]

Die Stasi ist militärisch aufgebaut und von Männern dominiert. Liegt der Frauenanteil 1954 noch bei 25 Prozent, sinkt er bis 1988 auf knapp 16 Prozent. Sie arbeiten häufig als Sekretärinnen oder Schreibkräfte oder im Zentralen Medizinischen Dienst. Nur manche sind in der Auswertung oder in der Abteilung X, die sich um internationale Verbindungen kümmert. Karriere machen Frauen kaum: Ende der 1970er-Jahre gibt es nur 13 von ihnen, die den Rang eines Oberstleutnants erreicht haben. In der Bekleidungsordnung 1981 kommen weibliche Generäle nicht einmal vor. Und auf der Gehaltsliste der »oberen Zweitausend« des MfS von 1989 stehen nur 48 Frauen.[28] Dabei kommen 1989 mehrere Stasi-Offiziere in einer Forschungsarbeit selbst zu dem Schluss, dass Frauen »kritischer, sensibler und in Bezug auf die sicherheitspolitische Arbeit auch emotional engagierter als Männer« sind.[29]

Doch in der Behörde leben die Frauen in einem doppelten Patriarchat, dem der Gesellschaft und dem der Militärs, sagt eine Offizierin Anfang der 1990er-Jahre in einem Interview. Sie seien als »funktionierende Schräubchen«[30] betrachtet worden. Die Leitungspositionen seien nur mit Männern besetzt gewesen, und »die Funktionen, die mit viel Arbeit und wenig Ehren verbunden waren, wurden immer von Frauen ausgefüllt«. Selbst als IMs werden Frauen nicht sonderlich gerne genommen, die männlichen Führungsoffiziere betrachten sie als schwatzhaft und für konspirative Tätigkeiten wenig geeignet. Wenn überhaupt, wählen sie ledige Frauen aus, da Mütter wegen der Dreifachbelastung von Job, Kindererziehung und Haushalt häufig keine Zeit hätten für die abendlichen Treffen mit den Führungsoffizieren.

An einer Stelle aber werden Frauen gerne eingesetzt: an der »Angriffsfront Intimleben«[31]. Sie sollen in sogenannten operativen Betten kompromittierendes Material erstellen, mit denen ihre westlichen Opfer später erpresst werden können. Genutzt wird dafür unter anderem die Leipziger Messe, zu der viele Gäste aus dem Westen anreisen. Die Frauen sind Teil der »Geheimen Mitarbeiter« (GM), die von der HVA gegen Regimegegner eingesetzt werden, um Informationen über sie zu beschaffen. Die Stasi will den Einsatz von Sexualität aber offenbar nicht als Handlungsanweisung verstanden wissen. In Unterlagen für Führungskräfte zur nachrichtendienstlichen Arbeit mit Frauen von 1957 heißt es: »Nicht selten setzt sich bei weiblichen GM die Anschauung durch, daß ihre Aufgabe darin besteht, durch sexuelle Beziehungen bestimmte Männer zum Sprechen zu bewegen.«[32] Die Frauen sollen darauf hingewiesen werden, dass »die moralische Sauberkeit in unserer Arbeit eines der wichtigsten Grundprobleme ist«.

Dabei hat die Stasi nicht nur kein Problem damit, wenn Sexualität eingesetzt wird, sie wirbt Mitarbeiterinnen sogar extra dafür an. So wie Anna Wessel, die als Tischdame in einer West-Berliner Bar arbeitet, als 1960 eine Stasi-Agentin auf sie aufmerksam wird. Wessel sei eine »hübsche elegante Frau, die neben ihrer Schönheit auch noch den Vorteil hat, klug zu sein«[33], notieren Nachrichtendienstler nach dem ersten Kontakt mit ihr. Sie verstehe es, mit Männern umzugehen: »Eine sehr brauchbare Person, die viele Fähigkeiten besitzt, die in der operativen Arbeit notwendig sind, um Aufgaben erfolgreich lösen zu können.«[34] Wessel ist da Anfang 30 und wollte eigentlich Chemielaborantin werden, doch der Zweite Weltkrieg hatte ihre Pläne durchkreuzt, sie konnte nicht einmal die Realschule beenden. Nach dem Krieg schlägt sie sich durch, mal als Telefonistin, mal als Tischdame. Lieber würde sie eine Ausbildung zur Kosmetikerin an der Medizinischen Fachschule in Berlin machen, doch das Geld fehlt.

Die Stasi sagt Wessel, was von ihr erwartet wird: Sie solle mit Zielpersonen in »engeren Kontakt« treten. Wessel erklärt sich bereit, dies »bis zur Endkonsequenz durchzuführen«[35]. Mit anderen Worten: Intime Verhältnisse sind kein Tabu für sie. Das MfS ist überzeugt, sie zu einer brauchbaren Inoffiziellen Mitarbeiterin ausbilden zu können, die sie im bürgerlichen Milieu im Westen einsetzen wollen. Da sie aber »in politisch und auch sonstiger Hinsicht nichts an uns bindet«[36], ist die Stasi misstrauisch und prüft Wessel mit einem Trick. Sie suchen ihr ein Zimmer in der Wohnung eines GM, allerdings weiß Wessel nicht, dass der Mann für die Stasi arbeitet. Ihr Raum wird zusätzlich mit Abhörtechnik überwacht. Wessel besteht den Test, ihr Stasi-Mitbewohner ist begeistert und bezeichnet sie als sehr berechnend und kalt, attestiert ihr die Gabe, sich auf Menschen einstellen zu können.

Wessel wird intern Martina Matt genannt und bekommt 600 Mark pro Monat. Im Oktober 1960 erhält sie den Auftrag, dem ehemaligen SED-Funktionär Heinz Brandt näherzukommen, damit er entführt werden kann. Allein bis 1964 verschleppt die Stasi mindestens 274 Menschen auf unterschiedliche Arten in den Osten.[37] Brandt war zwei Jahre zuvor in den Westen geflohen. Er war überzeugter Kommunist und deswegen schon von den Nationalsozialisten festgenommen worden, hatte die Konzentrationslager Auschwitz und Buchenwald überlebt. Doch das DDR-Regime war ihm zu repressiv, er kritisierte es selbst als SED-Funktionär. Dann floh er – und wird zum Staatsfeind erklärt. Im Westen ist er Redakteur für die IG Metall. Ein Kollege, der heimlich für die Stasi arbeitet, lotst ihn in eine Bar. Dort stellt Wessel sich ihm als Eva Walter vor. Sie umgarnt den älteren Mann, der in Frankfurt am Main lebt, schickt ihm danach Briefe. In einem, so erzählt er es später einem Rechtsanwalt, habe sie geschrieben, er solle seine Badehose nicht vergessen und dass sie sich schon freue, mit ihm im Schilf zu liegen.[38] Der 51-Jährige reist am 16. Juni 1961 erneut nach West-Berlin und trifft Wessel in einem Café wieder. Er begleitet sie in ihre Wohnung in Steglitz, wo sie ihm ein Betäubungsmittel in seinen Whiskey mischt. Als er die Wohnung verlässt, bricht er zusammen und wird von Stasi-Agenten, die schon auf der Straße warten, in den Osten entführt.

Ein Erfolg, schließlich wollte das MfS Brandt schon kurz nach seiner Flucht entführen, doch sein Umzug nach Frankfurt am Main hatte ihn gerettet.[39] Nun wird er zu 13 Jahren Haft verurteilt, kommt in die Sonderhaftanstalt Bautzen II. Sein Fall sorgt für internationale Proteste, die IG Metall, Amnesty International und andere Organisationen starten eine große Kampagne, die dazu führt, dass er nach drei Jahren vorzeitig entlassen wird. Zurück im Westen berichtet er über die Umstände seiner Entführung, weswegen die Stasi Wessel mit einer neuen Identität ausstatten muss und sie längere Zeit in einen Urlaub nach Ungarn schickt. Für die erfolgreiche Entführung hatte sie 1 500 West- und 2 250 Ostmark erhalten, danach bekam sie weiter ihr monatliches Gehalt. Im Januar 1964 bittet sie aus gesundheitlichen Gründen um eine Beendigung der Zusammenarbeit. Da sie in der DDR für die West-Behörden nicht greifbar ist, wird das gegen sie eingeleitete Ermittlungsverfahren 1987 eingestellt. Nach der Wiedervereinigung versuchen die Behörden es erneut, sie ist geständig, im Juli 1996 wird sogar Anklage erhoben. Da sie inzwischen aber verhandlungsunfähig ist, wird das Verfahren gegen sie im Jahr 2000 erneut eingestellt.[40]

Wie systematisch die Stasi Frauen und ihre Körper einsetzte, zeigt sich auch daran, dass es eine Regelung dafür gibt, was passiert, wenn die Geheimen Mitarbeiterinnen im Einsatz schwanger werden: In »begründeten Fällen«[41] sollen Schwangerschaftsabbrüche durchgeführt werden, also wenn ein Hauptabteilungsleiter oder der Chef einer Bezirksverwaltung der Stasi zustimmt. In der Praxis sind es jedoch offenbar nicht nur begründete Einzelfälle. In nur fünf Jahren, von 1954 bis 1958, gibt es über zehn dokumentierte Abbrüche, die bei Agentinnen durchgeführt werden – und auf die das Ministerium drängt, damit die Frauen weiterarbeiten können. Die Stasi bezahlt die Eingriffe. Im März 1955 beispielsweise bringt ein MfS-Offizier mit dem Namen Walter König eine Frau in eine Klinik bei Potsdam. Sie ist nicht die Einzige, die er persönlich im Krankenhaus abliefert. Wenige Monate später findet im Staatsauftrag eine weitere Abtreibung bei einer anderen Geheimen Mitarbeiterin statt. Zwei Jahre später ist es wieder König, der eine Frau für einen Schwangerschaftsabbruch in dieselbe Klinik fährt. Ein Arzt, der 1957 aus der DDR nach West-Berlin flieht, berichtet den Behörden, bei fünf Frauen und Mädchen Abtreibungen im Auftrag der Stasi durchgeführt zu haben – vier hatte König zu ihm gebracht. Bis auf eine sollen sie Affären mit alliierten Soldaten gehabt haben.

Manchmal aber gibt es keinen Fahrdienst zur Klinik, sondern nur Geld: Ein Fotomodell aus Leipzig, das auf der Frühjahrsmesse mit mehreren Männern Sex hat, um herauszufinden, ob sie für die Stasi rekrutiert werden können, wird schwanger. MfS-Mann König gibt ihr 500 Westmark, um die Schwangerschaft in West-Berlin abzubrechen. Eine Krankenschwester aus Erfurt, die von ihrem Führungsoffizier schwanger wird, reist dafür nach Freiburg im Breisgau. Und eine Verlags-Sekretärin, die Informationen über einen DGB-Funktionär in West-Berlin sammeln soll, wird durch dessen Sohn schwanger, auch sie treibt ab.

Eine der Frauen belohnt die Stasi anschließend auf ihre Weise: »Sylvia«, die während der Leipziger Buchmesse das Umfeld einer Zielperson aufklären soll und dabei schwanger wird, darf nach dem Schwangerschaftsabbruch einen Urlaub in einem Ferienheim des Gewerkschaftsbundes an der Ostsee machen. »Sylvia« heißt eigentlich Monika Hoffmann und arbeitet ab 1952 als GM für die Staatssicherheit. Die Frau mit dem »sehr starken Geschlechtstrieb«[42], wie es in einer Akte über sie heißt, wird wie Wessel für das Entführen von Menschen eingesetzt. Gemeinsam mit einem anderen GM soll sie 1958 Erwin Neumann in die DDR bringen. Er ist Funktionär im Untersuchungsausschuss Freiheitlicher Juristen, einer von der CIA unterstützten Menschenrechtsorganisation. Sie organisiert eine Segelpartie mit ihm auf dem Wannsee. Ihre Aufgabe ist es, Neumann auf dem Ausflug zum Trinken zu animieren und ihn mithilfe eines Betäubungsmittels im Bier außer Gefecht zu setzen.[43] Der Plan ist erfolgreich. Der Mann wird die DDR nie wieder verlassen, 1967 stirbt er nach jahrelanger Isolationshaft, offiziell an Herzversagen. Für »Sylvia« ist es nicht die erste Entführung, sie gilt als einsatzwillig und »von der Notwendigkeit ihrer Arbeit auch politisch überzeugt«[44]. Sie wird für weitere vorgesehen, letztlich wird sie hauptamtliche Mitarbeiterin, arbeitet bis 1984 in verschiedenen Bereichen, schafft es bis in den Rang eines Hauptmanns und erhält elf Medaillen und Orden für ihre Verdienste. Kurz nach dem Mauerfall stirbt sie im Alter von 63 Jahren.[45]

Die Stasi drängt die Frauen zur Abtreibung, obwohl diese in der DDR nur in ganz seltenen Ausnahmefällen legal sind. Erst 1972 ändert sich das mit dem »Gesetz über die Unterbrechung der Schwangerschaft«, Frauen dürfen dies jetzt bis zur zwölften Woche. Einzige Einschränkung: Liegt der letzte Schwangerschaftsabbruch weniger als sechs Monate zurück oder sind zwölf Wochen überschritten, wird der Fall von Fachleuten beraten. In dem Jahr wird zudem die »Wunschkindpille« – wie die »Pille« oder »Antibabypille« im Osten heißt – kostenlos für alle Frauen eingeführt. Aufgrund des anschließenden Geburtenrückgangs wird vier Jahre später das »Babyjahr« eingeführt: Mütter, die mehr als ein Kind haben, bekommen für zwölf statt nur für fünf Monate Elterngeld, wenn sie zu Hause bleiben. Zehn Jahre später, 1986, wird die Regelung ausgeweitet, gilt nun ab dem ersten Kind und auch für Väter, wird von ihnen aber kaum in Anspruch genommen. Zudem gibt es einen garantierten Anspruch auf einen Krippen- und Kitaplatz für Kinder ab dem fünften Lebensmonat, in der Schule übernimmt der Hort nach dem Unterricht.

Was nach Gleichberechtigung und dem Versuch, Vereinbarkeit von Beruf und Familie zu ermöglichen, klingt, ist dem Ideal der werktätigen Frau geschuldet. Der selbsternannte Arbeiter- und Bauernstaat braucht ihre Arbeitskraft, setzt sich vor allem deswegen für Kinderbetreuung ein. Zwar heißt es in der ersten Verfassung der DDR von 1949 in Artikel 7: »Mann und Frau sind gleichberechtigt.« Auch wird dort verankert, dass es keine Gesetze und Bestimmungen geben soll, die der Gleichberechtigung entgegenstehen. Doch in der Realität sind Frauen Arbeiterinnen, Mütter und Haushälterinnen in einer Person – während die Männer Karriere machen. Sie werden zudem überwiegend schlechter bezahlt als ihre männlichen Kollegen. Und das, obwohl sie mehr leisten: 1969 kommen Frauen mit der Bewältigung all ihrer Aufgaben auf eine Wochenarbeitszeit von 93 Stunden, bei den Männern sind es nur 59 Stunden. Dennoch steigt der Anteil an berufstätigen Frauen in der DDR stetig an. Arbeiteten 1950 noch 49 Prozent von ihnen, waren es 1989 schon über 90 Prozent.

Auch politisch gibt es keine Gleichberechtigung: In der Volkskammer, dem Parlament der DDR, steigt der Anteil von Frauen zwischen 1950 und Ende der Achtzigerjahre nur von 23 auf 32 Prozent, es gibt nur wenige bekannte Funktionärinnen. Und das, obwohl der 1947 gegründete »Demokratische Frauenbund Deutschlands«, in dem später rund 1,5 Millionen Frauen Mitglied sind, eigene Abgeordnete für die Volkskammer sowie die Bezirks- und Kreistage stellt. Dafür gründen oppositionelle Frauen in den Achtzigerjahren eigene politische Gruppen, häufig unter dem Dach der evangelischen Kirche. Letztere dient auch als Zufluchtsort für die LGBTIQ-Community: Homosexualität ist in der DDR zwar seit 1968 nicht mehr strafbar für Erwachsene, in der Realität jedoch ist schwules und lesbisches Leben nicht sichtbar, Homophobie gehört zum Alltag. Nun organisieren sich die »Lesben in der Kirche«, werden dafür aber von der Stasi bespitzelt.

Bei der evangelischen Kirche finden auch andere Oppositionelle und Anhänger der Friedensbewegung Zuflucht, genau wie die »Frauen für den Frieden«. Sie setzen sich gegen Aufrüstung und Atomwaffen ein und beschäftigen sich mit Gleichberechtigung, Umweltschutz und Menschenrechtsfragen. »Die Probleme sind zu groß, zu umfassend, es ist so entmutigend, nichts unternehmen zu können, dass man sich lieber gar nicht erst damit befasst. Damit können wir uns nicht abfinden«[46], halten die Frauen für den Frieden aus Halle an der Saale fest. Die Aktivistinnen kämpfen gemeinsam mit der Friedensbewegung im Westen gegen den NATO-Doppelbeschluss von 1979 und etwas später im Osten gegen das neue Wehrdienstgesetz der DDR, das es erlaubt, Frauen einzuziehen. Eine der Anführerinnen, Heidi Bohley, schreibt an das Zentralkomitee der SED: »Meine Herren, Sie müssen in Ihrer Armee auf mich verzichten!«[47] Die Stasi hat die Frauen mit der Operation »Wespen« im Visier. Sie schleust Inoffizielle Mitarbeiterinnen in die Gruppen ein, überwacht ihre Mitglieder, manche werden nach öffentlichen Protesten verhaftet und verhört, andere verlieren ihren Job. Doch sie lassen sich nicht einschüchtern und spielen als Teil der Opposition eine wichtige Rolle bei der Wiedervereinigung.

Es gibt aber mehr Frauen, die aus Überzeugung für das DDR-Regime und den Kommunismus arbeiten. Neben

Christel Broszey tut das etwa Alice Michelson. Sie wird 1916 geboren, kommt aus einer jüdischen Familie. Während des Nationalsozialismus ist sie in einer kommunistischen Gruppe aktiv und wird wegen Vorbereitung zum Hochverrat zu einer Gefängnisstrafe verurteilt. Nach ihrer Entlassung flieht sie nach Großbritannien, wo sie als »feindliche Ausländerin« wieder inhaftiert wird.[48] Als der Krieg vorbei ist, geht sie in die DDR, arbeitet dort als Englischlehrerin. Spätestens in den Achtzigerjahren wird sie zudem Kurierin für den KGB.

Am 20. September 1984 ist Michelson fast 70 Jahre alt und im Auftrag des Ostens in den USA, als sie einen Anruf bekommt. Ein Amerikaner meldet sich, sagt, er arbeite wie sie für die Russen. Ihre Nummer hat er in der sowjetischen Botschaft in Mexiko-Stadt erhalten. Er will ein Treffen arrangieren, neun Tage später, in einer Cocktailbar am internationalen Flughafen Baltimore-Washington. Sie soll dort vertrauliche Informationen von ihm bekommen, die sie hinter den Eisernen Vorhang schmuggeln soll. Michelson ist vorsichtig, will erst Rücksprache mit ihren »Leuten« halten. Nach vier Tagen ruft sie zurück, sagt zu. Die Verabredung findet wie geplant statt. Der Mann übergibt der älteren Dame eine Schachtel Marlboro, in der zwei kleine Tonbandkassetten versteckt sind. Darauf sind geheime Informationen über die USA. Michelson reist nach New York, von wo aus sie am 1. Oktober nach Prag fliegen will. Beim Boarding kontrolliert der Zoll ihre Taschen und findet die versteckten Kassetten.[49]

Die Kontrolle ist kein Zufall, die Beamten waren zuvor vom FBI informiert worden. Der Amerikaner, der ihr die

Marlboros übergeben hatte, ist ein Doppelagent. Auch der Barkeeper, die Kellnerinnen und Kellner in der Flughafenbar waren amerikanische Agenten.[50] Der KGB habe darauf gesetzt, dass »das FBI niemals eine so alte Frau verdächtigt«, sagt ein Agent später. Doch Michelson wird geschnappt. In ihrer Vernehmung gibt sie sich unschuldig und behauptet, nur einen Gefallen für einen Freund erledigt zu haben. Dieser habe sie gebeten, jemanden in den USA zu kontaktieren, ein Paket in Empfang zu nehmen und es in den Osten zu bringen. Die Beweise gegen sie aber wiegen schwer, neben der Aussage des FBI-Agenten präsentiert die Anklage abgehörte Gespräche und Informationen aus der Observation von Michelson.[51] Sie wird als sowjetische Agentin zu zehn Jahren Haft verurteilt.

Für den KGB ist sie offenbar wichtig genug, dass sie Teil eines Agentenaustauschs wird. Am 11. Juni 1985 landet sie in den frühen Morgenstunden am Flughafen Tempelhof in West-Berlin. Außer ihr sind noch drei Männer im Flugzeug, einer aus der DDR, ein anderer aus Polen, der dritte aus Bulgarien, sie alle saßen wegen Spionage für den Ostblock in den USA im Gefängnis. Mit gefesselten Händen und legerem Outfit verlässt Michelson den Flieger.[52] Alle vier werden gefragt, ob die Rückkehr in die Heimat freiwillig erfolgte. Michelson bejaht. Ihnen wird das Angebot unterbreitet, im Westen zu bleiben. Michelson verneint. Anschließend werden die vier zur Glienicker Brücke gefahren. Die »Bridge of Spies« über der Havel zwischen Berlin und Potsdam steht heute wie kaum ein anderes Bauwerk für den Kalten Krieg. Sie ist nicht nur die Grenze zwischen NATO- und Warschauer Pakt-

Staaten, sondern auch der Ort, wo West und Ost ihr enttarntes Personal austauschen. Michelson und die drei anderen werden im Gegenzug für 20 US-Agenten freigelassen. Danach lebt sie bis zu ihrem Tod im Jahr 2012 in Berlin.

Die Marlboro-Packung ist nicht das ausgefallenste Versteck, dass die östlichen Nachrichtendienste im Kalten Krieg zu bieten haben. Kleine Zettel werden gerne in Griffen von Haarbürsten und Federballschlägern verborgen, in Reisebügeleisen oder auch in Walnüssen. In Schuhbürsten, Zierkerzen und Aschenbechern finden sich kleine Kameras, so manche wird für den direkten Einsatz in Damenhandtaschen verbaut, getarnt als Knopf oder Verschluss. Mit Füllern oder Steckdosenverteilern kann gelauscht werden, in ihnen sind Wanzen versteckt. 1960 wird bei einem Mann, der für die Tschechoslowakei arbeitet, eine kleine Statue einer nackten Frau aus Bronze gefunden. In deren Sockel ist ein geheimer Hohlraum, der genug Platz für einen Fotofilm bietet. Das Fach ist geschickt gesichert: Nur durch die Deaktivierung eines Quecksilberschalters mithilfe einer Stecknadel kann das Versteck unbeschadet geöffnet werden. Ansonsten entzündet sich im Inneren der Statue ein chemischer Stoff, der den Film darin sofort zerstören würde.[53]

Der KGB entwickelt im Kalten Krieg zudem besondere Mordinstrumente. 1957 und 1959 etwa werden in München zwei Männer mit einer speziell angefertigten Blausäurepistole umgebracht, die der Attentäter in einer Zeitung verstecken konnte. Sie sterben offiziell an Herzversagen, der wahre Grund wird erst aufgeklärt, als der KGB-Auftragsmörder in den Westen überläuft und seine Taten zugibt. Der russische Geheimdienst erfindet speziell für Agentinnen eine Pistole, die »Kuss des Todes« getauft wird. Von außen sieht sie aus wie ein normaler Lippenstift, doch darin findet sich genau eine Patrone. Offenkundig darf der »kleine Bruder« die Waffe einsetzen, denn ein Exemplar wird bei einer ostdeutschen Agentin in West-Berlin gefunden.[54]

Das MfS arbeitet gerne mit dem KGB zusammen, auch bei den sogenannten »Aktiven Maßnahmen«. Dahinter verbergen sich Desinformations- oder Fake-News-Kampagnen, die die öffentliche Meinung beeinflussen sollen. So verbreitet der KGB in den Achtzigerjahren unter anderem das Märchen, die CIA habe das Denguefieber nach Kuba gebracht. Eine ähnliche, aber noch größere Kampagne mit Beteiligung der Stasi ist »Operation Denver«, unter der Frauen besonders leiden werden. Als in den 1980er-Jahren die ersten Aids-Fälle publik werden und das HI-Virus als Ursache entdeckt wird, erfindet der KGB die Geschichte, dass das Virus von Wissenschaftlern des US-Militärs im Stützpunkt Fort Detrick in Maryland entwickelt worden sei. Über Versuchspersonen sei es in die Außenwelt gelangt und außer Kontrolle geraten.

Die Stasi unterstützt die weltweite Streuung dieser Falschnachricht kräftig mit ihren Netzwerken. Dazu gehört ein Biologe, der inoffiziell für Stasi und KGB arbeitete, auch wenn die genaue Funktion, die er in den Achtzigerjahren innehatte, nicht bekannt ist. Gemeinsam mit seiner Frau Lilli veröffentlicht er noch 1990 das Buch

Aids – Die Spur führt ins Pentagon. Die Falschinformation wurde allein bis 1988 schon in 80 Länder und in insgesamt 25 Sprachen weitergetragen, zeigt eine CIA-Studie. Die Kampagne schadet dem Ansehen der USA erheblich: Noch 2005 ergibt eine Umfrage unter Afroamerikanern in den USA, dass 27 Prozent der Befragten glauben, das HI-Virus sei eine Biowaffe und in einem amerikanischen Regierungslabor entstanden. Auch lehnen deswegen bis heute viele Menschen in Afrika Wissenschaft, Aids-Medikamente und Verhütungsmittel ab.

Die Propagandafähigkeit der Stasi ist so groß, dass selbst die eigenen Mitarbeiter und Mitarbeiterinnen den Erzählungen verfallen. Das gilt auch für die, die nicht wie die Kundschafterinnen außerhalb der DDR unterwegs waren. Die Sekretärin »Gudrun« ist jahrelang für Ausreiselisten zuständig, also für die Überprüfung derjenigen Bürger, die die DDR dauerhaft verlassen wollen – eine besonders relevante Arbeit bei der Stasi. Sie realisiert erst nach dem Mauerfall, wie verlogen und korrupt das System war, für das sie gearbeitet hat. Das ganze Leben sei immer von Zwängen bestimmt gewesen, sagt sie im Januar 1990, »wir waren nicht frei«[55]. Ihr Mann sei auch »bei der Firma« gewesen, ebenso wie der gesamte Freundeskreis. Andere kennenzulernen, dafür habe man gar keine Zeit gehabt.

Sie sei zutiefst überzeugt gewesen, alles zum Wohle des Volkes zu tun. Sie habe zwar gesehen, dass es eine Diskrepanz gegeben habe zwischen dem, was sie in der Presse las, und dem, was sie draußen erlebt habe. »In der Zeitung stand alles rosarot, und für uns war alles rosarot, und in den Parteiversammlungen war auch alles rosarot.« Sie habe aber immer versucht, das zu erklären. Sogar dann noch, als sie in der Abteilung immer weiter hätten einsparen müssen, obwohl die Chefs alle drei Jahre mit neuen Autos auf das Dienstgelände gefahren kamen. Mit dem Mauerfall kann »Gudrun« die Zweifel nicht mehr verdrängen. Als sie mit ihrem Mann durch eine Edeka-Filiale im Westen läuft, sagt sie zu ihm: »Jetzt sieht man erst mal, wie man uns eigentlich betrogen hat, richtig betrogen.« Sie wüssten doch beide, dass »Honecker und Co.« vom Westen gelebt hätten. »Da hab' ich gesagt, die haben im kommunistischen Kapitalismus oder im kapitalistischen Kommunismus gelebt, die hatten ihre Luxuswelt für sich.«

Es ist ein böses Erwachen für die Sozialistin, die niemals im Kapitalismus leben wollte. Nun wird sie dazu gezwungen. Die Stasi und ihre Männer haben ihr das Leben genommen, das sie eigentlich wollte.

7

YouTube, Schütteln, Kompromate

Alte Feindinnen im neuen Jahrtausend

Es ist auch der rote *freundin*-Taschenkalender, der Heidrun Anschlag verrät. Die Frauenzeitschrift bringt jedes Jahr einen heraus, Anschlag hat ein Exemplar von 1993, in dem sie auffällig viele Zahlen notiert hat. Er liegt direkt neben dem Radio, vor dem sie sitzt, als die Spezialkräfte der GSG 9 am Dienstag, den 18. Oktober 2011, ihr Haus stürmen. Anschlag hört in dem Moment – wie eigentlich jeden Dienstag und Donnerstag – mit Kopfhörern ihr Kurzwellenradio ab und empfängt in Abständen von jeweils 20 Minuten dreimal hintereinander die Tonfolge desselben Funkspruchs per Kopfhörer. Über einen angeschlossenen Laptop zeichnet sie diese auf, speichert sie auf eine Diskette. Sie zieht noch das Kabel, um die Verbindung zu unterbrechen, sagen Verfassungsschützer, die mit dem Fall betraut sind. Ihr Mann Andreas wird parallel im baden-württembergischen Balingen festgenommen, wo er arbeitet.

Das Bundesamt für Verfassungsschutz wertet den Kalender aus und erklärt, was darin in verschlüsselter Form enthalten ist: ein sogenannter Tonfolgeplan und ein Morsefunkplan, die zum geheimen Übertragen von Nachrichten gebraucht werden. Auch Sendezeiten sind notiert – kontinuierlich seit dem 24. Mai 1988 und in relativ großer Zahl. Tatsächlich kann dem Ehepaar, das sich Anschlag nennt, nach ausgiebigen Ermittlungen nachgewiesen werden, dass sie sich eine Identität erschlichen und seit über 20 Jahren als sogenannte Illegale in Deutschland gelebt und hier spioniert haben, erst für den KGB und ab November 1991 für dessen Nachfolgedienst Sluschba wneschnei raswedki (SWR), den russischen Auslandsgeheimdienst. Bei vielen in der Branche gilt das Illegalen-Dasein als Königsdisziplin der Spionage, laut ihnen setzen die Russen es bereits seit den 1920er-Jahren ein. Die Decknamen der Anschlags: »Tina« und »Pit«, ihre wahren Identitäten bekommen die Ermittler nicht heraus.

Im Sommer 2013 wird sie zu fünfeinhalb, er zu sechseinhalb Jahren Haft verurteilt, wegen eines besonders schweren Falles geheimdienstlicher Tätigkeit. Sie hätten der Bundesrepublik geschadet. »Schon ihre bloße Anwesenheit stellt eine Souveränitätsverletzung dar, da sie von deutscher Seite, wenn die wahren Hintergründe bekannt wären, niemals zugelassen werden würde«, wie es der zuständige Bundesanwalt im Prozess ausdrückt. Anders als Residenturoffiziere an Auslandsvertretungen, von deren Existenz jeder wisse, würden Illegale die Gesellschaft ihres Einsatzlandes »unter Verheimlichung ihrer wahren Herkunft« infiltrieren, um dort frei von jeglicher staatlichen

Kontrolle operieren zu können. Deswegen würden auch »nur besonders zuverlässige, heimattreue Mitarbeiter«, an deren absoluter Loyalität gegenüber dem russischen Geheimdienst kein Zweifel besteht, für diesen Job ausgewählt.

Es ist die erste Enttarnung von Illegalen nach dem Kalten Krieg – und ein großer Schock für die deutsche Politik und Öffentlichkeit. Nach und nach hatte sich der Eiserne Vorhang geöffnet, die Mauer war gefallen, die Sowjetunion hatte sich Ende 1991 mit dem Rücktritt Michail Gorbatschows aufgelöst. Die zwei gegnerischen Blöcke gibt es nicht mehr, die Welt sortiert sich neu. Der Westen hat dabei den Vorteil, dass Institutionen wie die EU und die NATO weiter existieren und ihm Stabilität und Sicherheit bieten. Der Wunsch nach Frieden ist Anfang der Neunzigerjahre groß, die Deutschen sind viel mit sich und den Problemen der Wiedervereinigung beschäftigt. Dass Russland weiterhin Illegale einsetzt und die Bundesrepublik in den Arbeitsaufträgen an die Anschlags als »Land des Gegners« bezeichnet, überrascht viele.

Heidrun Anschlag ist höchstwahrscheinlich am 24. Juni 1961 geboren. Dieses Datum nennt sie Angehörigen des russischen Generalkonsulats, als diese sie in der Untersuchungshaft in Schwäbisch Gmünd besuchen. Zudem wird ihr Ende Juni oder Anfang Juli 2011 von der Zentrale in einem Radiogramm, also einem per Funk übermittelten Telegramm, zu ihrem 50. »Jubiläum« gratuliert. Die Ermittler gehen davon aus, dass sie Olga heißt, ihr Mann Sascha. Sie finden auf der Festplatte eines Laptops »Briefe an die Eltern«, in denen sie mit diesen Namen grüßen, außerdem gibt es ein Foto von 1994, auf dem Anschlag mit ihrer Tochter vor einem Fischkutter namens »Olga« posiert. Die Nachnamen können die deutschen Behörden nicht ermitteln.

Laut den Papieren, mit denen Heidrun Anschlag einreist, kam sie 1965 als Tochter einer Frau namens Freud in Lima zur Welt. Diese Frau gab es zwar, doch lebte sie ihr Leben lang nur in der DDR, nie in Peru. Auch hat sie keine Tochter geboren, sondern zwei Söhne. Dennoch bekommt Anschlag mit der gefälschten Geburtsurkunde im Dezember 1989 in einer Marktgemeinde im österreichischen Burgenland einen Staatsbürgerschaftsnachweis als Heidrun Freud. Im Februar 1990 folgt der Reisepass, mit dem sie später nach Deutschland einreist. Die Identität ihres späteren Mannes wurde noch davor gefälscht: Bereits 1984 kümmert sich ein Jurist, der schon im Kalten Krieg Teil eines Agentenaustauschs war, im Auftrag des KGB darum. Er organisiert ihm eine Wohnanmeldung und einen Staatsbürgerschaftsnachweis in der winzigen Gemeinde Wildalpen in der Steiermark. Er soll ebenso in Lateinamerika geboren sein, wenn auch in Argentinien. Der österreichische Gemeindesekretär bekommt 3000 Schilling dafür, dass er die Papiere für Anschlag ausstellt.

Im Juni 1988 reist Andreas Anschlag nach Deutschland ein, sie folgt ihm im September 1990, nachdem beide in Österreich geheiratet hatten, vermutlich erneut für die Papiere. Sie ziehen erst einmal nach Aachen, wo er Maschinenbau studiert, 1991 bekommen sie eine Tochter. Er arbeitet danach als Ingenieur, sie kümmert sich um Haushalt und Kind, bis sie sich 2008 mit einem gefälschten Abiturzeugnis für zwei Bachelorstudiengänge an der Fern-Universität in Hagen einschreibt. Ab 1998 leben sie in Meckenheim, nach fünf Jahren ziehen sie wegen eines Jobwechsels nach Landau und acht Jahre später nach Michelbach, wo sie dann festgenommen werden. Die letzten Jahre mietet Andreas Anschlag zusätzlich ein Appartement in der Nähe seiner Arbeitsstelle, was den Anschlags bei der Tarnung hilft: Sie halten ihre Nachbarschaft auf Distanz und haben gleichzeitig eine plausible Erklärung für ihre vielen Reisen. Ansonsten sei laut Bundesanwalt »Unauffälligkeit die oberste Maxime« gewesen: Garten, Haus und Inneneinrichtung hätten wie bei anderen deutschen Familien des gehobenen Mittelstands ausgesehen und den Eindruck eines durch und durch gewöhnlichen, normalen Lebenswandels erweckt.

Von Anfang an funkt das Agentenehepaar regelmäßig mit der Zentrale in Moskau, ansonsten war nicht zu ermitteln, ob und was sie in den ersten Jahren spionieren. Spätestens ab 2002 beginnt aber die »Infoarbeit« der beiden: Sie besuchen politische Veranstaltungen wie die Europäischen Kulturtage Karlsruhe oder Vortragsabende von Stiftungen zu politischen und militärischen Themen. Dafür grasen sie nicht nur die Umgebung ab, sondern reisen bis nach Hessen, Nordrhein-Westfalen und Rheinland-Pfalz. Sie machen Notizen oder lassen ein Diktiergerät laufen und funken die interessantesten Punkte an die Zentrale: »Entsprechende Meldungen der Angeklagten wurden für die Jahre 2003, 2008, 2009, 2010 und 2011 auf den Festplatten beider Laptops Sony Vaio gesichert«, hält der Bundesanwalt in seinem Plädoyer kurz vor der Urteilsverkündung fest.

Die Anschlags gehen zu mindestens drei Veranstaltungen der CDU-nahen Konrad-Adenauer-Stiftung, etwa zu einem Abend in der heutigen Kirchfeld-Kaserne in Karlsruhe über »Europas Sicherheitspolitik und die neue Strategie der NATO«. Auch bei Vorträgen, die von der FDP-nahen Friedrich-Naumann-Stiftung und der Gesellschaft für Wehr- und Sicherheitspolitik organisiert werden, ist mindestens einer von ihnen anwesend, zudem sind sie Mitglied der Europa-Union Deutschland, er auch bei der Deutschen Atlantischen Gesellschaft. »Die aufgeführten Stiftungen und Gesellschaften, deren Veranstaltungen die Angeklagten aufgesucht haben, sind keine x-beliebigen Suppenzirkel, sondern Einrichtungen von Rang, die mit hohen Zuwendungen aus dem Bundeshaushalt mit politischer Informations- und Bildungsarbeit einen staatlichen Aufgabenbereich abdecken«, sagt der Bundesanwalt. Tatsächlich können die Russen etwas mit den Berichten anfangen. Im April 2010 nennen sie das, was ihnen ihre Agenten über den Vortrag eines Referatsleiters im Führungsstab der Bundeswehr berichtet haben, eine »hervorragende Info«. Der Referatsleiter hatte auf der Hardthöhe in Bonn über die im Bundesverteidigungsministerium angestellten Bedrohungsanalysen und die geplanten Strukturveränderungen der Bundeswehr gesprochen.

Die Reisen zu den Veranstaltungen haben noch einen zweiten Grund: die Anschlags sollen dort Leute ausfindig machen, die man »tippen« könnte, wie es Nachrichtendienste nennen, wenn sie jemanden für eine geheimdienstliche Tätigkeit ansprechen. Schließlich kommen zu solchen Vorträgen meist Fachleute, oder, wie es der Bundesanwalt ausdrückt, »keine musischen Schöngeister«. Es kämen Menschen, »die von ihren Arbeitgebern dort hingeschickt werden oder sonst aus beruflichen Erwägungen ihre Teilnahme für sinnvoll erachten«, ein ideales Milieu, um auf Quellenfang zu gehen. Schon 2003 melden die Anschlags die Namen, Privatanschriften und Telefonnummern von vier Gesprächspartnern an die Zentrale, darunter ein ehemaliger Chef des MAD und ein noch aktiver Regierungsdirektor. Auch teilen sie mit, worüber die vier Personen gesprochen und zu welchen Informationen sie Zugang haben.

Ab 2008 haben die Agenten dann eine neue, wichtigere Aufgabe: Sie schöpfen die Quelle »BR« ab. Dahinter versteckt sich ein Beamter des niederländischen Außenministeriums, Raymond Valentino Poeteray. Er ist hoffnungslos verschuldet, seine Ehefrau ist krank, er hat Kinder »und eine überwindbare Hemmschwelle moralischer Skrupel«, wie der Bundesanwalt sagt. Damit sei er für den russischen Geheimdienst ein perfektes Opfer gewesen. Dabei hat Poeteray keinen herausragenden Posten, arbeitet einfach in der Abteilung Ausländer- und Visaangelegenheiten, hat nicht einmal Zugang zu geheim oder vertraulich eingestuften Dokumenten, sondern nur zu Unterlagen, die VS-NfD, also »Verschlusssache – nur für den Dienstgebrauch« sind, wie es in Behördensprache heißt. Es ist der niedrigste Geheimhaltungsgrad.

Dass der Niederländer erst einmal nicht wie eine besonders interessante Quelle wirkt, war jedoch offenbar Teil der Strategie des russischen Geheimdienstes. Poeteray wird aufgrund seiner nicht herausgehobenen Position keiner gesonderten Sicherheitsüberprüfung durch den niederländischen Geheimdienst unterzogen, es ist also höchst unwahrscheinlich, dass er und die Anschlags entdeckt werden. Er ist aber wichtig genug, um ihnen relevante Informationen beschaffen zu können. Schließlich kümmert er sich nicht nur um die Einführung biometrischer Ausweisdokumente in den Niederlanden, was die Russen, die häufiger neue Identitäten für ihre Agentinnen und Agenten innerhalb der EU benötigen und unauffällig Grenzen passieren wollen, natürlich interessiert. Er weiß auch, wie die IT-Infrastruktur aufgebaut ist, wer an welche Dokumente kommt und ob registriert wird, wenn sie jemand abruft.

Denn das niederländische Außenministerium arbeitet mit einer digitalen Bibliothek, auf die jeder Mitarbeitende Zugriff hat. In dieser werden auch Dokumente aus EU- und NATO-Runden abgespeichert und zwar laut den Ermittlungen nicht immer mit dem korrekten Geheimhaltungsgrad. Speziell bei der Einstufung von Dokumenten mit NATO-Bezug seien die Niederländer »recht großzügig« gewesen, ergibt ein Gutachten. So seien etwa alle Berichte über informelle Beratungen und offizielle Sitzungen des Nordatlantikrats nur als VS-NfD eingestuft gewesen. Die NATO, deren wichtigstes Gremium der Rat ist, stuft diese Unterlagen selbst höher ein. Poeteray kommt auch an alle Dokumente, die von den Niederländern in COREU eingespeist werden. Das ist die Plattform, über die alle Außenministerien der EU-Mitgliedstaaten mit dem Ratssekretariat für die Gemeinsame Außen- und

Sicherheitspolitik und der Europäischen Kommission kommunizieren. Auch Unterlagen des Politischen und Sicherheitspolitischen Komitees sind dabei, also des zentralen operativen Steuerungs- und Kontrollgremiums der Gemeinsamen Sicherheits- und Außenpolitik der EU. »Zusammenfassend lässt sich sagen, dass Herr Poeteray aus Sicht des SWR über Zugriffe in phantastischer Bandbreite verfügte«, sagt der Bundesanwalt.

So wird Poeteray die beste Quelle des Spionageehepaars. Die beiden teilen sich die Arbeit auf: Heidrun Anschlag kümmert sich darum, dass die Informationen sicher zur Zentrale kommen. Andreas Anschlag trifft Poeteray in den Niederlanden, tarnt dies immer wieder mithilfe von Dienstreisen, die seine jeweiligen deutschen Arbeitgeber bezahlen. Bei den ersten Treffen sagt er Poeteray wieder und wieder, was für Dokumente sie brauchen. Und dass er handschriftliche Erklärungen machen soll, wenn diese nicht ohne Ergänzungen verständlich seien. Moskau hält den Mitarbeiter des Außenministeriums nicht für den Klügsten, weswegen die Anschlags ihn monatlich treffen sollen, um ihn zu erziehen und auszubilden. Wie im Schulunterricht habe Anschlag ihn abgefragt, ob er noch wisse, was die Russen besonders interessiere. Er gibt ihm auch einzelne Beschaffungswünsche als Hausaufgaben mit auf den Weg, bringt ihm bei, sich auf dem Weg zum Treffpunkt stets umzugucken, um zu prüfen, ob ihm jemand folgt. Und sie üben, wie er im Kollegenkreis agieren soll, um nicht aufzufallen.

Da sie ihm technisch nicht allzu viel zutrauen, entscheiden sich die Anschlags dagegen, Poeteray mit einer

Handykamera auszustatten. Stattdessen druckt er die Dokumente im Ministerium aus, scannt sie zu Hause ein, speichert sie auf einem USB-Stick und bringt diesen zu den Treffen mit. Andreas Anschlag versucht, ihm beizubringen, die Dokumente als verschlüsselte PDF-Datei abzuspeichern, zumindest meldet er das an die Zentrale. Die Datei soll Poeteray »house 1« nennen, dazu zur Tarnung weitere mit den Namen »house 2« bis »house 8« anlegen – es sind unverschlüsselte Immobilienangebote. Letzteres schafft er, aber beim Erstellen und Verschlüsseln der PDF-Datei braucht er Nachhilfe von Andreas Anschlag. Der Agent war entsprechend genervt von der Quelle, beschwert sich bei der Zentrale, dass das nachträgliche Verschlüsseln immer wieder einen halben Sonntag koste.

Doch am Ende gelingt es. Poeteray schleppt stapelweise Papiere aus dem Ministerium. Da er die Unterlagen auch nach der Übergabe noch zu Hause aufbewahrt, können die Ermittler rekonstruieren, welche Dokumente er den Anschlags überreicht hat. Und wie viele: Wenn er nicht noch mehr Material hatte, das er vernichtet hat, sind es durchschnittlich 20 Dokumente pro Treffen, von denen laut Bundesanwalt etwa 27 stattgefunden haben. Sie berühren die Interessen der Niederlande, der NATO und der EU – und damit auch Deutschlands.

Es geht in den Unterlagen, die Heidrun Anschlag dann an die Zentrale funkt, etwa um die Kontrolle der Authentizität von Chips in Reisepässen oder um Visafreiheit für Russland. Zwar gibt es seit 2007 ein Abkommen der EU zur Visaerleichterung, aber Deutschland hatte sich bislang nicht auf die Forderung Moskaus und der deutschen Wirtschaft eingelassen, Russen mit biometrischen Pässen ohne Visum ins Land zu lassen. In den Dokumenten Poeterays findet sich auch ein Entwurf einer EU-Erklärung zum Thema Menschenrechte in Russland und Zentralasien, ebenso wie ein Bericht der Kommission über den Stand der Verhandlungen mit Vietnam zu einem Partnerschaftsabkommen. Immer wieder geht es um das Verhältnis der Europäischen Union zu den Ländern Osteuropas: Im Jahr 2009 etwa hat die EU das Programm »Östliche Partnerschaft« ins Leben gerufen, mit dem sie Armenien, Aserbaidschan, Georgien, Weißrussland, die Ukraine und Moldawien näher an die EU heranführen will. Ein Projekt, das Russland nicht gefällt, schließlich geht es um ehemalige Republiken der Sowjetunion.

Die Russen interessieren sich besonders für die Ukraine, ein Dokument enthält laut Bundesanwalt beispielsweise »niederländische Einschätzungen zur Perspektive einer Zusammenarbeit von NATO und Ukraine und bedient somit unmittelbar einen der zentralen Beschaffungswünsche des SWR aus dem Radiogramm Nr. 30/2009«. Ein weiteres beschreibe die schwierige innenpolitische Situation und die verschiedenen Strömungen in der Ukraine, die oftmals russisch beeinflusst seien, mit detaillierten Einschätzungen des tschechischen Ministerpräsidenten. Die Russen wissen nun also, wie ein Regierungschef eines EU- und NATO-Landes auf die innenpolitischen Machtverhältnisse in der Ukraine schaut – und wie wahrscheinlich es ist, dass das Land in die Europäische Union aufgenommen wird.

Militärisches spielt ebenso eine Rolle, es gibt Dokumente zur Gemeinsamen Sicherheits- und Verteidigungspolitik der Europäischen Union. Konkret verrät Poeteray beispielsweise, was unternommen werden soll, um die EULEX-Mission im Kosovo abzusichern. Es ist die größte zivile Mission der EU mit anfangs 2000 Mitarbeitenden, angeleitet von Deutschland. Die Bundesrepublik zahlt fast ein Viertel der 111 Millionen Euro, die die Mission in den ersten Jahren kostet. Aufgebaut werden sollen rechtsstaatliche Strukturen, dafür werden Polizei, Zoll und Grenzschutz ausgebildet, sogar richterliche und staatsanwaltschaftliche Aufgaben übernommen. Die Arbeit vor Ort ist gefährlich, die Mitarbeitenden werden regelmäßig durch Unruhen gestört. Die Dokumente, die sie über Heidrun und Andreas Anschlag bekommen, verraten den Russen nun, dass die serbische orthodoxe Kirche eingebunden werden soll, um die Mission sicherer zu machen. Auch finden sich darin operative Details, Einschätzungen über die Verlässlichkeit der kosovarischen Polizei und Infos über Kommunikationsschwierigkeiten zwischen der EU und KFOR. Das ist jene von der NATO angeleitete Schutztruppe, die hilft, die EULEX-Mitarbeitenden zu sichern. »Der Verrat des Berichts an den SWR war schädlich und für die beteiligten EULEX-Kräfte gefährlich, weil er der russischen Seite die Möglichkeit gezielter Einflussnahmen namentlich auf serbische Akteure ermöglichte«, hält der Bundesanwalt fest. Wie gefährlich, hätten Unruhen mit mehreren Todesfällen und zahlreichen Verwundeten 2011 gezeigt.

Ein anderes Dokument, das Poeteray weitergibt, hatte sogar das Potenzial, eine komplette EU-Mission zu gefährden. Ein Sachverständiger erklärt im Prozess, dass es große Bedeutung für die auswärtigen Beziehungen Deutschlands und der EU hatte, weil die Russen nach der Lektüre leicht eine Eskalation an den Grenzlinien hätten herbeiführen können. Denn in dem verratenen Papier geht es um die Grenzbeobachtungs-Mission EUMM in Georgien, die 2008 eingesetzt wurde und maßgeblich von Deutschland finanziert und personell bestückt wird. Moskau interessiert sich sehr für Georgien, wegen seiner Lage am Kaukasus und auch, weil es sich im Irakkrieg an die Seite der USA gestellt hatte und Mitglied der NATO werden will. Für Russland ist Georgien seither ein Feind. Das Dokument gibt tiefe Einblicke in die Arbeitsweise der Grenzbeobachtungsmission. Russland und seine Verbündeten in den von Georgien abgefallenen Provinzen wissen nun, wie sie überwacht werden und könnten sich, wenn sie wollen, davor schützen. Die EU-Beobachter sind seither entsprechend gefährdet.

Die NATO macht sich zudem wegen weitergereichten Unterlagen zu Albanien Sorgen. Poeteray hat den Russen einen Berichtsentwurf des Ausschusses für Verteidigungspolitik und -planung zugänglich gemacht, in dem steht, wie leistungsfähig die albanischen Streitkräfte sind. Ein Sachverständiger hält im Prozess fest, dass die Dokumente der NATO den Zustand des albanischen Militärapparats wie auf einer Röntgenaufnahme komplett sichtbar machen würden. Die Russen wüssten nun, in welchen Bereichen das albanische Militär nachrüsten will und dass es seine Waffen- und Funksysteme noch nicht nach NATO-Standard konfiguriert hat. Es handelt sich um ein aus seiner Sicht »unterklassifiziertes Militärdokument erster Qualität«, dessen Weitergabe wegen seines brisanten Inhalts ein schwerer Geheimnisverrat sei.

Die NATO sieht dies genauso und ist ähnlich besorgt, was ein Dokument zur eigenen Operation »Unified Protector« angeht, mit der 2011 der libysche Diktator Muammar al-Gaddafi gestürzt wird. Denn es zeigt, dass die Verbündeten unterschiedliche Meinungen zum Einsatz von Bodentruppen haben. So weiß der Kreml, der sich im UN-Sicherheitsrat enthalten hatte, welche Länder offen für die russische Sichtweise sein könnten. »Zudem werden logischerweise die an einer militärischen Operation beteiligten Kräfte großer Gefahr ausgesetzt, wenn Unterlagen, die eine Bewertung ihrer aktuellen Lage und ihre Pläne und Absichten für die Zukunft erkennen lassen, über den Kreis ihrer Partner hinaus in die Hände Dritter geraten«, sagt der Bundesanwalt. Ein anderes Dokument zu dem Thema hat Folgen für die deutsche Regierung. Sie hatte sich wie Russland im UN-Sicherheitsrat enthalten und auch nicht an der Operation beteiligt. Doch das Dokument belegt, dass der Ständige Vertreter Deutschlands im Nordatlantikrat erklärt hatte, dass die Regierung die Operation inhaltlich unterstütze. Auch zwei Lageberichte zu Afghanistan von 2010 verrät Poeteray. In ihnen geht es unter anderem um das angespannte Verhältnis zwischen der afghanischen Regierung und der ISAF, also der von der NATO angeführten Sicherheits- und Wiederaufbaumission. Und das zu einer Zeit, in der man versuchte, öffentlich zu zeigen, dass man gut mit der Regierung von Hamid Karzai zusammenarbeite.

Bei den Chefs der Anschlags kommen besonders die NATO-Dokumente gut an. Sie loben die »erfolgreiche und fruchtbare operative Arbeit«. Dass die rundläuft, ist Heidrun Anschlag zu verdanken. Sie ist diejenige, die das Funkgerät bedient und Nachrichten nach Moskau schickt sowie Arbeitsaufträge empfängt, während ihr Mann seiner »Tarntätigkeit« nachgeht, wie sie es einmal nennt. Anfangs arbeitet sie mit Schnellsendegerät und Kurzwelle, was umständlich und aufwendig ist. Dafür muss sie die Einmalschlüssel zum Entschlüsseln, die bei jedem einzelnen Funkspruch aus neun Gruppen zu je fünf Zeichen bestehen, mit der Hand in den PC tippen. Als die Quelle Poeteray endlich sprudelt, werden die Anschlags nach Moskau und St. Petersburg beordert, bekommen dort neue Technik, die den Prozess etwas einfacher macht: einen Hochfrequenzsender für Satellitenfunk, getarnt als Festplatte von Siemens, die Antennen dazu in einer Laptoptasche versteckt. Sie erreichen damit einen Frequenzbereich, der eigentlich militärischer Nutzung vorbehalten ist. An dem Modul ist ein USB-Anschluss, über den Daten eingespeist werden können, zum Ver- und Entschlüsseln bekommen sie zwei Programme, »Parabola« und »Kelchblatt«, Letzteres öffnet sich mit dem Passwort »feldblume«. Die im Prozess herangezogenen Sachverständigen nennen es ein »geheimdienstliches Spitzenprodukt allererster Güte«, dessen Bedeutung laut *SPIEGEL* »an die legendäre Codierungsmaschine Enigma aus dem Zweiten Weltkrieg« heranreicht. Die amerikanischen Geheimdienste CIA und NSA sowie der israelische Mossad baten darum, es inspizieren zu dürfen.

Zur richtigen Zeit, also wenn einer der Satelliten, die von den Russen für Spionage genutzt werden, nah genug ist, leuchtet ein rotes Lämpchen. Wenn das Signal stark genug ist, um Daten zu senden, ein blaues. Schnell geht das Funken dennoch nicht. Der im Prozess befragte Sachverständige meint, dass eine geübte Agentin eine Stunde und 15 Minuten brauchen würde, um einen Funkspruch der Zentrale auf diese Weise zu entschlüsseln, der Bundesanwalt hielt dies sogar für zu knapp bemessen, da allein der Empfang bis zu einer Stunde dauern konnte, sie den »fehlerhaften Buchstabenwurm« dann noch bereinigen und abspeichern musste. Er spricht von einer beträchtlichen Konzentrationsleistung und sagt, er wundere sich nicht, dass Heidrun Anschlag in der Zeit keinen weiteren Job ausübte.

Die Anschlags haben außerdem das Problem, dass es öfter mal Empfangsstörungen gibt, weswegen sich die Zentrale Sorgen macht. Entweder richten ihre Agenten die Antenne falsch aus oder die deutsche Spionageabwehr hat sie im Visier, warnen sie. Doch das Problem ist ein anderes: Die Windräder auf hessischen Hügeln stören den Senderverkehr. »Windenergie als Mittel der Spionageabwehr – ein zu Unrecht vernachlässigter Aspekt«, kommentiert der Bundesanwalt das im Prozess. Die Anschlags wehren sich gegen die Kritik aus der Zentrale und suchen künftig draußen Plätze für ihre Anlage, wenn das Wetter gut genug ist, häufig im Garten, aber auch mal im Wald oder auf einem Hügel.

Ohnehin fahren sie viel durch die Gegend. Denn sie können zwar über die Anlage mit der Zentrale kommunizieren und ihre Treffberichte übermitteln, doch die Dokumente von Poeteray werden über tote Briefkästen versandt. Dafür werden Plastikrohre in Erdlöchern vergraben, getarnt mit einem Stein oder Ähnlichem, die Ermittler können noch entsprechende Löcher finden. Die Anschlags nutzen mehrere davon, verstecken dort USB-Sticks mit den verschlüsselten Dateien und geben per Funk die Nummer des toten Briefkastens durch, den sie benutzt haben. Meist machen sie dies direkt sonntags, nachdem Andreas Anschlag Poeteray in den Niederlanden getroffen hat, getarnt als Spaziergang. Zumindest argumentieren sie gegenüber der Zentrale gegen tote Briefkästen in der Stadt, schlagen stattdessen Wald- und Wandergegenden vor, wo ihr Herumlaufen als »Luftschnappen« und »Verdauungsspaziergang« aufgefasst werden könnte. Ein anderer Agent holt sich anschließend den USB-Stick, übermittelt die Dateien an den SWR. Manchmal werden die toten Briefkästen auch dafür genutzt, den Anschlags Bargeld zu geben. Am 30. April 2011 heißt es etwa in einem Radiogramm aus Moskau, dass der tote Briefkasten »S1« fertig sei. An jenem Tag notiert das Ehepaar, dass sie 30000 Euro bekommen haben.

Das Geld ist unter anderem dazu da, um Poeteray zu bezahlen. Zwischen 2009 und 2011 bekommt er mindestens 71 700 Euro, die er über die Jahre auf sein Konto einzahlt. Das restliche Geld gibt er für seinen Lebensunterhalt direkt aus. Falls jemandem die Bargeldeinzahlungen auffallen, soll er behaupten, Schmuck seiner Frau verkauft zu haben. Auch die Anschlags verdienen gut an ihrem Dasein als Illegale. Die Ermittler können ihr Gehalt für 2010 und 2011 rekonstruieren: Er bekam monatlich 4300 Euro, zusätzlich zu seinem Gehalt als Ingenieur, sie 4000 Euro.

Insgesamt sparen sie in den Jahren über 690 000 Euro an, legen sie in Gold und Aktien an. Allerdings verlangt ihnen der Job auch einiges ab. Sie muss stundenlang Radiogramme empfangen und entschlüsseln sowie verschlüsseln und abschicken, er muss neben seinem Job samstags 1000 Kilometer fahren, um Poeteray in den Niederlanden zu treffen. Sonntags müssen beide dann noch die oft abgelegenen toten Briefkästen bestücken.

2010 hat das Agentenehepaar dann Pech: In den USA enttarnt das FBI ein elfköpfiges Spionagenetzwerk rund um Anna Wassiljewna Chapman. Die rothaarige Russin, von der es erotische Fotos gibt, bekommt von der *Bild* den Beinamen »Null-Null-Sex«, ist bei *spiegel.de* eine »Agentin in Spitzenhöschen« – und wird generell nicht so richtig ernst genommen. Tatsächlich hat sie laut deklassifizierten Dokumenten des FBI noch nichts Eingestuftes stehlen können, ist aber dabei, sich ein Leben in den USA aufzubauen. Gemeinsam mit den anderen identifiziert sie Menschen, bei denen sich eine Anwerbung lohnen könnte. Sie ist Russland offenbar wichtig, wird schon kurz nach der Verhaftung gegen andere Gefangene ausgetauscht. Der Mann, der die Gruppe verraten hatte, wies die Behörden allerdings noch darauf hin, dass die Russen ihre Illegalen gern über Lateinamerika legendieren. Die Amerikaner finden daraufhin eine Agentin, die ihre Papiere über einen österreichischen Gemeindesekretär bekam – und geben die Information weiter, dass außerdem zwei weitere Identitäten so entstanden seien. Der österreichische Geheimdienst ermittelt, wer der Mann ist, findet Andreas Anschlag und damit auch seine Frau Heidrun.

Die Deutschen werden benachrichtigt, ermitteln auf Hochtouren – doch die Russen bekommen mit, dass die Anschlags im Visier der Behörden sind. Die Zentrale ordert sie im August 2011 nach Belgrad, damit sie dort ihren Führungsoffizier treffen. Sie bekommen saubere Handys, ihnen werden außerdem die Warnsignale erklärt, die sie im Fall des Falles geschickt bekämen. Sie sollen etwa in YouTube-Kommentaren zu Cristiano Ronaldo nach Warnhinweisen der Zentrale suchen und als »Alpenkuh 1« antworten, dass alles in Ordnung ist. Per Funk wird ihnen außerdem der Kontakt zu Poeteray untersagt. Im September fahren die beiden nach Spanien, bereiten dort ihre Tochter Anna »mental auf ihr Schicksal« vor, wie es der Bundesanwalt ausdrückt. Er glaubt, dass sie nur wegen ihr so lange brauchen mit der Flucht: die Tochter ist inzwischen auf dem Gymnasium, die Eltern können daher nicht mehr »bedingungslos situationsangemessen« reagieren. Anfang Oktober gibt es ein weiteres Treffen mit ihrem Führungsoffizier, der Fluchtplan wird finalisiert, Beweismittel sollen vernichtet werden. Per Funk bekommen sie explizit aufgetragen, ihre Satellitenanlage zu zerstören. Entweder, indem sie sie zerkleinern und in einem tiefen Gewässer versenken oder an verschiedenen Stellen verstreuen. Die Anschlags bereiten die Flucht vor, doch die Deutschen schlagen gerade noch rechtzeitig zu, nehmen sie mithilfe der GSG 9 fest.

Kurz darauf schlägt die Bundesregierung einen Agentenaustausch vor, Wladimir Putin empfängt einen Gesandten im Kreml, lehnt aber ab. Die Russen wollen offenbar über den Prozess herausfinden, was die Deutschen ermitteln konnten. Die Anschlags nehmen sich einen Anwalt, der schon viele KGB- und MfS-Agenten vertreten hat, darunter Günter Guillaume, den persönlichen Referenten Willy Brandts. Sie geben im Laufe des Prozesses nur zu, Spione zu sein, mehr sagen sie nicht. Sie werden verurteilt, Heidrun Anschlag sogar für ein Jahr mehr als der Bundesanwalt gefordert hatte, Andreas Anschlag bekommt eins weniger. Die Richter sehen – im Gegensatz zur Bundesanwaltschaft – bei den beiden kaum einen Unterschied, was die Schwere der Schuld angeht: Sie war mindestens ebenso wichtig wie er, er muss nur etwas länger in Haft als sie, weil er Poeteray getroffen hatte.

Nach der Urteilsverkündung wird erneut über einen Austausch gesprochen. Die USA hatten das Kanzleramt darum gebeten, sie wollen einen ehemaligen FSB-Oberst freitauschen, der für die CIA spioniert hat. Die deutsche Regierung möchte außerdem einen Dolmetscher zurückholen. Doch der Austausch scheitert, die Anschlags sitzen mehrere Jahre im Gefängnis. Heidrun Anschlag wird im November 2014 für fast eine halbe Million Euro freigekauft, in Sicherheitskreisen vermutet man, dass Moskau den Deal finanziert hat. Sie wird nach Russland ausgewiesen, ihr Mann folgt ein halbes Jahr später.

Zuständig für das Enttarnen von Illegalen wie den Anschlags ist die Spionageabwehr der Verfassungsschutzämter im Bund und in den Ländern. Der deutsche Inlandsgeheimdienst kümmert sich nicht nur um extremistische Kräfte, die gegen die freiheitlich-demokratische Grundordnung kämpfen, sondern soll auch aufklären, was fremde Mächte in und gegen die Bundesrepublik tun, damit sie gestoppt werden können. Außerdem ist er für Cyberabwehr, Geheim- und Sabotageschutz zuständig, also Sicherheitsüberprüfungen, Wirtschafts- und Wissenschaftsschutz. Das russische Agentenehepaar Anschlag haben allerdings weder die Verfassungsschützer in Baden-Württemberg noch die vom Bundesamt im Visier, sie kommen erst durch die Hinweise aus Österreich beziehungsweise vom FBI auf die beiden.

Auch sonst gibt es in den Jahren nach dem Mauerfall keine Enttarnung von Illegalen, was kaum verwundert, da die Spionageabwehr mit der Wiedervereinigung stark verkleinert wird. Die alten Feindinnen und Feinde aus dem Kalten Krieg haben ein ziemlich leichtes Spiel. Vertrauliche Unterlagen aus dem Bundesamt für Verfassungsschutz zeigen, dass die Zahl der Beschäftigten innerhalb von vier Jahren nahezu halbiert wurde: Von fast 400 Mitarbeitenden im Jahr 1990 waren 1994 nur rund 225 übrig. Nach dem Ende des Kalten Kriegs wird Spionageabwehr nicht mehr für so relevant gehalten. Stattdessen kümmert sich das Amt stärker um Extremismus, der 11. September 2001 verstärkt diese Entwicklung noch. Bis 2010 schmilzt die Spionageabwehr auf unter 150 Personen zusammen. Oftmals wechseln besonders gute Mitarbeiter aus der Spionageabwehr in die Islamismus-Abteilung.

Bei den anderen beiden Nachrichtendiensten auf Bundesebene sieht das ähnlich aus. Der Bundesnachrichtendienst hat grundsätzlich den Auftrag, alles zusammenzutragen, was für die deutsche Außen- und Sicherheitspolitik relevant ist. Und er ist zuständig für Gegenspionage, versucht also, in den Sicherheitsbehörden fremder Staaten Agenten und Agentinnen zu werben oder mithilfe von Technik herauszubekommen, was diese Behörden in Deutschland ausspionieren und mit welchen Methoden. Nach dem Ende des Kalten Kriegs hält man dies erst einmal nicht mehr für notwendig, löst das Referat 2002 sogar auf, von fast 60 Stellen bleibt nur noch rund ein Dutzend für die Auswertung übrig. Auch beim Militärischen Abwehrdienst, der sich um Spionageaktivitäten und verfassungsfeindliche Aktivitäten innerhalb der Bundeswehr kümmern soll, sinkt die Zahl der Stellen von knapp 180 auf rund 50 im Jahr 2012. Letztlich wird die Spionageabwehr auch hier als eigene Abteilung abgeschafft, sie geht 2012 in der Abteilung »Inlandsabschirmung« auf.

Die betroffenen Mitarbeiterinnen und Mitarbeiter im BND protestierten damals, doch es nutzte nichts. »Es waren vor allem politische Entscheidungen, dass die Gegenspionage bei uns und die Spionageabwehr beim BfV nach der Wiedervereinigung an Bedeutung verloren haben«, sagt ein langjähriger Mitarbeiter des BND. Der Personalabbau sei ein Geschenk für ausländische Nachrichtendienste gewesen. Denn auch wenn sich Spionage grundsätzlich nicht verhindern lasse, sei der Aufwand für den Gegner umso höher, umso größer seine Sorge vor einer effektiven Spionageabwehr ist. Dieser Abschreckungseffekt fehlt der Bundesrepublik nun.

Dabei sind ausländische Dienste natürlich weiterhin umtriebig, rekrutieren sogar in den Zweitausender Jahren noch mit der Romeo-Methode, mitten in Deutschland.

Das zeigt der Fall einer Frau aus Brandenburg. Für die Mitarbeiterin der Zentralen Ausländerbehörde aus Eisenhüttenstadt beginnt ihr unfreiwilliger Ausflug in die Welt der Spionage in der Algerischen Botschaft in Berlin. Zu ihrem Aufgabenbereich gehören damals sogenannte Botschaftsvorführungen. Menschen, deren Herkunft im Asylverfahren nicht ermittelt werden kann, müssen zur Klärung ihrer Identität ein Gespräch in der Botschaft ihres mutmaßlichen Heimatlandes führen. Als die verheiratete Brandenburgerin eines Tages in der Algerischen Botschaft auf einen solchen Termin wartet, wird sie von einem Angestellten angesprochen und später zu einer Veranstaltung eingeladen, an der sie offiziell als Behördenvertreterin teilnimmt. Dort tauschen die beiden ihre Handynummern aus.

Bald lädt der Mann, den Kenner des Falls als »sehr hübsch, zuvorkommend und charmant« bezeichnen, die Frau aus der märkischen Provinz nach Berlin ein. Er holt sie mit einem großen Auto vom Bahnhof ab und besucht mit ihr ein teures Restaurant. Mehr passiert zunächst nicht. Ein paar Monate später bittet er erneut um ein privates Treffen und wird offensiver, lädt sie in eine Wohnung ein. Sie lehnt entrüstet ab und verschwindet – vorerst. Doch der Mann, der ebenfalls verheiratet ist, lässt nicht locker, beim nächsten Treffen landen die beiden im Bett. Es entwickelt sich eine Affäre, in deren Verlauf der Algerier ihr teure Unterwäsche kauft und sie weiter in schicke Restaurants ausführt. Das gewonnene Vertrauen nutzt er aus, um Zugriff auf Akten der Ausländerbehörde zu bekommen. Anfangs soll er behauptet haben, Namen oder Dokumente nur zu brauchen, um ihr bei Botschaftsvorführungen zu helfen. Später bittet er sie, einfach ganze Seiten für ihn zu fotografieren, angeblich, damit sie nicht so viel Mühe mit dem Raussuchen habe. Er hat Erfolg.

Der Mann, der im Auftrag eines algerischen Nachrichtendienst-Obersts gehandelt haben soll, hat es auf Informationen über Islamisten abgesehen. »Die Bekämpfung des Islamismus ist ein Ziel, das wir auch haben«, sagt ein erfahrener Verfassungsschützer, »aber ausländische Nachrichtendienste dürfen hier nicht einfach so arbeiten ohne sich zu akkreditieren oder sich mit uns abzustimmen«. Mit den Informationen, die er aus Brandenburg bekommt, soll während Botschaftsanhörungen Druck auf Asylsuchende aufgebaut worden sein. In einem Fall sei ein Mann erpresst worden: Er solle für die Botschaft Informationen über Islamisten in Deutschland sammeln, ansonsten würde man ihn als Algerier identifizieren, was bedeute, dass er dorthin abgeschoben und vermutlich im Gefängnis landen würde. In einem anderen Fall wurde einem Mann gedroht, dass seine Schwester, die in Algerien lebt, regelmäßig bei der dortigen Polizei einbestellt werde, wenn er nicht mit der Behörde zusammenarbeite. »Die können hier nicht einfach Leute erpressen und Spionage-Netzwerke aufbauen«, kritisiert eine Verfassungsschützerin das Vorgehen.

Die Behörden bekommen Wind von dem Fall und überwachen die Kommunikation des Algeriers und der Brandenburgerin. Mit Erfolg: Er wird wegen geheimdienstlicher Agententätigkeit verurteilt. Die Frau kommt glimpflich davon. Sie wird zwar angeklagt, aber das Verfahren gegen sie am Ende eingestellt. »Wahrscheinlich war es eine Mischung aus Sehnsucht nach der großen weiten Welt und privater Unzufriedenheit, die den Algeriern hier ein Eintrittstor bot«, sagt ein Mann aus der Spionageabwehr über den Fall.

Im Verfassungsschutz sind die Mitarbeiterinnen und Mitarbeiter die ersten beiden Jahrzehnte nach dem Mauerfall viel damit beschäftigt, die Netzwerke der Stasi und anderer Geheimdienste aus dem Osten zu durchleuchten, manche gehen selbst heute noch Spuren nach. Ziel ist es, herauszufinden, wie die alten Feindinnen und Feinde der Ostblock-Staaten agieren – und was die Stasi-Leute nach der Wende machen. Viele aus der ehemaligen DDR arbeiten in den frisch aufgebauten Behörden und Verwaltungen in den neuen Ländern, hunderte gehen zur Polizei. Andere zieht es in die Privatwirtschaft, gerne in Unternehmen, die von ehemaligen Kollegen gegründet werden. Manch ein ehemaliger MfS-Angehöriger ist als Quelle für den Verfassungsschutz der Bundesrepublik interessant, Ex-Stasi-Leute mit Geldsorgen oder Problemen auf dem Arbeitsmarkt werden in den Nachwendejahren angeworben. Vor allem aber interessiert die Verfassungsschützer, wer auch nach der Auflösung des MfS weiter spioniert, meist für die Russen. So wie ein ehemaliger Stasi-Major, der im März 1992 festgenommen wird, als er gerade einen US-Soldaten trifft, von dem er Informationen will. Andere, die im Dienst der Russen stehen, suchen sich Jobs in den Staatskanzleien der neuen Bundesländer.

Früh fliegt auch eine Frau auf, deren Name in fast allen Gesprächen mit Agentinnen und Verfassungsschützern aus dem In- und Ausland immer wieder fällt: Gabriele Gast. Bis heute gilt sie als eine der erfolgreichsten Kundschafterinnen der Stasi. Sie schafft es, 21 Jahre lang im Auftrag des Ostens zu spionieren, 17 davon als Doppelagentin beim Bundesnachrichtendienst. Ihr Arbeitsname in Pullach ist Dr. Gabriele Leinfelder, die Stasi führt sie als »Gisela«. Erst 1990 wird die wichtigste Quelle der Stasi beim BND enttarnt, ein Genosse aus der Hauptverwaltung Aufklärung verrät sie. Gast wird wegen geheimdienstlicher Agententätigkeit zu sechs Jahren und neun Monaten Gefängnis verurteilt, dreieinhalb Jahre sitzt sie davon ab. Danach schreibt sie eine Autobiografie, in der sie detailliert von ihrer Zeit als Doppelagentin erzählt.

Die Enttarnung anderer Ex-Stasi-Mitarbeitenden gestaltet sich wesentlich schwieriger, das MfS hatte ein undurchsichtiges Netzwerk aufgebaut – und rund um die Wende viele Akten vernichtet. Die Verfassungsschützer befragen deswegen ehemalige Angehörige des Ministeriums und helfen sich mit kreativen Tricks. So wissen sie, dass Agentinnen und Agenten der HVA, die in Westdeutschland eingesetzt waren, Orden für ihre Arbeit bekamen. Diese wurden nicht ausgehändigt, zu groß war die Sorge, dass sie gefunden werden könnten. Aber es gab Prämien – und die wurden von der Finanzabteilung des MfS akribisch notiert. Diese Listen gab es noch. Sie waren ein guter erster Ansatz, auch wenn darin meist nur die Arbeitsnamen der Kundschafterinnen und Kundschafter vermerkt waren.

Die Verfassungsschützer recherchieren auch in den alten Einwohnermeldekarteien Ost-Berlins. Denn das MfS sorgte dafür, dass bei den Personen, die im Auftrag von KGB oder Stasi unterwegs waren und die nicht von der Grenzpolizei kontrolliert werden sollten, kleine Zahlen auf den Meldekarteien notiert wurden. Sie durften dann einfach passieren. Auch die Sozialversicherungsbücher aus dem Osten liefern brauchbare Hinweise. Die Ermittler bemerken, dass eine bestimmte Sachbearbeiterin für Stasi-Angestellte zuständig war, die die Aufgabe hatte, die gefälschten Beschäftigungsangaben für sie zu machen. Ihre Einträge schauen sie sich besonders an. Ab 1999 bekommen die Deutschen außerdem endlich vollen Einblick in die sogenannten Rosenholz-Dateien. Die auf Mikrofilm gesicherten Unterlagen der Hauptverwaltung Aufklärung gelangten in den chaotischen Tagen der Wiedervereinigung in die Hände der CIA, doch anfangs rücken die Amerikaner sie nicht heraus. Gemeinsam mit der Stasi-Unterlagen-Behörde werten die Verfassungsschützer sie nun aus.

Insgesamt hat die Bundesanwaltschaft seit der Wiedervereinigung rund 7000 Ermittlungsverfahren geführt, Tausende davon an Generalstaatsanwaltschaften abgegeben. Gemessen an den Verfahren ist die Zahl der Verurteilungen jedoch gering, was auch an einem Urteil des Bundesverfassungsgerichts von 1995 liegt. Ehemalige Bürgerinnen und Bürger der DDR, die gegen den Westen spionierten, durften nicht mehr belangt werden, wenn sie nicht zusätzlich andere Straftaten begangen hatten. Bürger, die in Westdeutschland lebten und für die Stasi oder andere Ostblock-Nachrichtendienste arbeiteten, waren von dem Urteil jedoch ausgenommen. Verurteilt werden dennoch nur mehrere Hundert. »Wir konnten bei weitem nicht alle aufspüren«, sagt eine Verfassungsschützerin.

Über diese Ermittlungen und all die Jahre haben die deutschen Nachrichtendienste einen recht guten Einblick, wie die Russen arbeiten – was nicht bedeutet, dass sie viele von ihnen enttarnen können. Denn das russische Spionagesystem ist komplex, wie mehrere Mitarbeiterinnen und Mitarbeiter der Spionageabwehr übereinstimmend berichten. Die sogenannten Legalresidenturen sind die Stützpunkte der Geheimdienste, angegliedert an die Botschaften und Generalkonsulate. Das Personal ist akkreditiert, wenn auch nicht immer als Mitarbeitende von Nachrichtendiensten. Allerdings gibt es ein paar Hinweise: Jemand, der für die Sicherheit der Botschaft zuständig ist, arbeitet in der Regel für den FSB, während ein Militärattaché oft vom GRU kommt. Meist sind dies Männer. Auch unter dem normalen Botschaftspersonal finden sich Nachrichtendienstler und Nachrichtendienstlerinnen, die nicht als solche gemeldet werden. Gerade die Abteilungen, die für Visaangelegenheiten zuständig sind, gelten als durchsetzt von Agentinnen und Agenten.

Diese Abteilungen sind ein wichtiger Baustein für die Rekrutierung von Quellen. Wenn ein russischer Mann zum Beispiel ein Visum für seine deutsche Frau beantragt, wird zu ihr recherchiert. Arbeitet sie in einer Behörde oder bei einem wichtigen Unternehmen, gerät sie in den Fokus. Besonders interessant sind dabei Beschäftigte von Ausländerbehörden: Die Russen wollen alles wissen über Oppositionelle, über in Deutschland lebende Tschetschenen, die den vom Kreml gestützten Diktator Ramsan Kadyrow und sein Regime ablehnen, sowie über Islamisten. Passt die Frau ins Interessensprofil, prüfen die russischen Agenten: Kann man auf ihrer Reise ein Kompromat erzeugen? Wie kommt man an sie heran, um festzustellen, ob sie ansprechbar ist? Manchmal werden für die Anbahnung auch Visaagenturen genutzt, also Reisebüros, in denen man ein Visum bekommt, ohne dafür in die Botschaft zu müssen. Auch dort sitzen viele Menschen mit Kontakten zu russischen Nachrichtendiensten, eine erste Ansprache über sie ist unauffälliger als über richtiges Botschaftspersonal. Und die Russen arbeiten mit sogenannten Kooptierten: Leuten, die keinem der Nachrichtendienste zugeordnet werden können, aber gelegentlich Aufträge für diese erfüllen. Sie spionieren Orte und Gebäude aus oder leeren tote Briefkästen.

Die Russen nutzen aber auch das Botschaftsgebäude selbst für Anwerbungen, ebenso wie das Russische Haus der Wissenschaft und Kultur. Sie empfangen dort regelmäßig Gäste, nicht nur aus der Politik, sondern auch aus der Wirtschaft. »Da sollte man nie alleine hingehen«, sagt eine Frau aus der Spionageabwehr. Viele würden unterschätzen, wie das System der russischen Nachrichtendienste bis heute funktioniert. Vertreterinnen und Vertreter von SWR und GRU mischen sich unauffällig unter die Gäste, berichtet auch ein erfahrener Verfassungsschützer: »Dort haben schon einige Anbahnungen begonnen.« Es werde getrunken und viel geredet, Kontakte würden ausgetauscht, Netzwerke geknüpft. Mehr passiere erst einmal nicht, den russischen Nachrichtendiensten geht es bei der

Methode nicht um schnelle Informationen, sie rekrutieren langfristiger. »Es kann sein, dass sie drei Jahre lang immer wieder Kaffeetrinken gehen mit jemandem, den sie dort kennengelernt haben, und nichts passiert«, so die Verfassungsschützerin.

Dann irgendwann gehe es um eine kleine Gefälligkeit. Man soll einen Kontakt organisieren oder ein Telefonverzeichnis, einen Geschäftsverteilungsplan, einen E-Mail-Verteiler. »Manche denken sich dann, das steht doch abrufbar in unserem Intranet, das ist ja nichts Vertrauliches – und geben es weiter«, sagt sie. Wenn dann später eine größere Bitte kommt und sich die Person weigert, kann sie mit den ersten Gefälligkeiten aber erpresst werden. Im Regelfall haben die Nachrichtendienste außerdem recherchiert, welche Probleme oder Schwächen ihr Gegenüber hat. Ist er oder sie empfänglich für Geld? Hat jemand eine sprichwörtliche Leiche im Keller? Wird die Person auf der Arbeit nicht genug wertgeschätzt und sucht Anerkennung?

Was es auch ist, am Ende haben die Russen etwas in der Hand, mit dem sie die Person locken oder unter Druck setzen können. Um Kompromate zu erstellen, setzen sie auch vermeintliche Journalistinnen ein. Am Rande einer Veranstaltung habe beispielsweise eine Frau, die als freie Journalistin für ein russisches Staatsmedium arbeitet, den Kontakt zu dem Chef eines Landesamtes für Verfassungsschutz gesucht, erzählen Beamte. Sie unterhält sich nett mit ihm, gibt ihm ihre Visitenkarte. Am Bahnhof sieht er sie dann plötzlich wieder, scheinbar zufällig, sie muss angeblich auch in dieselbe Richtung wie er. Und sie ähnelt Frauen, die er attraktiv findet. Der Mann findet das verdächtig, hält sich bedeckt und meldet den Fall. Doch nicht jeder ist sensibel genug, um solche Anbahnungen zu durchschauen und sich aus der Situation zu ziehen. »Wir haben trotz aller Warnungen noch oft genug Fälle, bei denen jemand in ein Ostblock-Land reist, dort Sex mit einer Prostituierten hat und dabei gefilmt wird – was dann wiederum zur Erpressung benutzt wird«, sagt ein Verfassungsschützer.

Wenn die Spionageabwehr problematische Kontakte von russischen Nachrichtendienstlern zu Deutschen entdeckt, werden Sensibilisierungsgespräche geführt. In diesen wird gewarnt, aber gleichzeitig versucht, mehr über die Verbindung herauszufinden und darüber, ob die betroffene Person erpresst oder unter Druck gesetzt wird. Nicht immer ist das erfolgreich, gerade in den neuen Bundesländern erleben Verfassungsschützer häufiger frustrierende Situationen. Hochrangige Politiker und Politikerinnen sowie Beamte mit pro-russischen Einstellungen pflegen enge Beziehungen zu Personen, die einen nachrichtendienstlichen Hintergrund haben. Wenn sie darauf von Verfassungsschützern angesprochen werden, wiegeln sie ab. Die Russen dürften ruhig wissen, was sie denken, sie seien doch nicht mehr der Feind, hieße es dann. »Es ist erschreckend, wenn Amtsträger eine größere Distanz zu uns haben als gegenüber Russland«, kritisiert ein Nachrichtendienstler.

Die Russen nutzen auch eine weitere Methode, die schon lange von Geheimdiensten eingesetzt wird: Sie identifizieren junge Leute, Studentinnen oder Studenten, bei denen sie glauben, dass aus ihnen etwas wird, weil sie schon mal ein Praktikum in einer Landes- oder Bundesbehörde gemacht haben. Diese unterstützen sie dann, organisieren beispielsweise einen Auslandsaufenthalt oder Kontakte zu Unternehmen, helfen auch mal bei einer Firmengründung, natürlich getarnt. Oder sie geben Tipps, wo sich eine Person am besten bewerben soll. Anbahnungen wie diese sind auf Jahre ausgelegt, die deutsche Spionageabwehr bekommt davon nur etwas mit, wenn sie jemanden von der Botschaft bei einem Treffen beobachtet oder die Person sich am Telefon verquatscht. Teilweise sammeln sie jahrelang Erkenntnisse, finden aber nicht genug Belege, wenn niemand einen Fehler macht.

Entsprechend gering ist die Zahl entdeckter oder gar verurteilter russischer Agentinnen und Agenten, geben deutsche Nachrichtendienstler zu. »Wir haben häufiger Verdachtsfälle, weil die Indizienketten stimmen und fragen uns: Spioniert er oder sie oder sind es dumme Zufälle?«, sagt etwa ein Mann, der lange in der Spionageabwehr gearbeitet hat. Denn die Russen agieren hochprofessionell und sind kaum zu überführen, wenn sie keinen Fehler machen. Doch auch wenn sich die Ämter sicher sind, werden solche Fälle bis heute nicht immer über den juristischen Weg geregelt. Entweder erklärt das Auswärtige Amt offiziell Agentinnen oder Agenten zur »persona non grata«, zur unerwünschten Person, und weist sie aus. Oder der Verbindungsbeamte deutscher Behörden wendet sich semi-offiziell an die russische Botschaft, um mitzuteilen, dass man jemanden identifiziert habe, der Agentinnen oder Agenten führt und dass man nun ein Ermittlungsverfahren einleiten werde. Kurz darauf ziehen die Russen diese Person dann aus Deutschland ab, ein offizielles Ermittlungsverfahren findet nie statt. »Bei diesem Vorgehen trifft es als Revanche dann oft auch einen Deutschen, der in Russland aktiv ist, und zurückkehren muss«, erklärt ein Spionageabwehr-Mann. Das seien die sogenannten Rückzieher.

Wenn die Spionageabwehr jemanden in einer deutschen Behörde identifiziert, wird schon mal drauf gedrängt, dass die Person versetzt oder ihr Vertrag nicht verlängert wird. So wie bei einer Referentin, die in den Zweitausendern in einer deutschen Staatskanzlei arbeitet, Themenfeld Russland. Sie ist eine intelligente junge Frau, die frischen Wind und Modernität in die Verwaltung bringt, und laut Kennern des Falls ideale Voraussetzungen für eine Behördenkarriere hat. Doch der Verfassungsschutz bekommt einen Hinweis, nimmt die Frau genauer unter die Lupe. Schnell wird klar, dass sie ein Sicherheitsrisiko darstellt. Sie unterhält Kontakt zu einem Mann aus der russischen Botschaft in Berlin, den Verfassungsschützer als Agent eingestuft haben, trifft sich sogar mit ihm. Einmal macht sie einen großen Fehler: Sie ruft ihn an, meldet sich mit Vornamen und berichtet euphorisch, es »geschafft« zu haben. Die Deutschen hören mit, was der Russe weiß. Er moderiert das Gespräch schnell ab, sagt, er wolle lieber persönlich sprechen. Der Verfassungsschutz ist sich sicher, und doch reicht es nicht, um den Fall zu einer Anklage zu bringen. Die Verfassungsschützer sorgen stattdessen dafür, dass die Referentin ihre Stelle verliert, erzählen zwei, die den Fall kennen.

Die russischen Agenten aus der Botschaft wissen, dass sie überwacht werden, auch auf dem Weg zu ihren Treffen mit Quellen. Deswegen »schütteln« sie, wie Verfassungsschützer das Abhängen von Observanten nennen. Die Russen gehen dafür beispielsweise gern ins KaDeWe, sagen Nachrichtendienstler übereinstimmend. Das Luxuskaufhaus in West-Berlin hat mehrere Eingänge und eine Tiefgarage. Da sei der Agent schnell mal in einer Umkleide verschwunden, in der Hoffnung, dass seine Verfolger nicht mitbekommen, wenn er sie wieder verlässt und durch einen Nebenausgang verschwindet. Schließlich könne man nicht zu auffällig hinschauen. Auf offener Straße würden die Russen laut Verfassungsschützern noch einmal prüfen, ob sie die Observation schon »geschüttelt« haben. Dafür gingen sie beispielsweise durch eine Unterführung und beobachten anschließend, wer in den Minuten danach durch die Unterführung komme. Dieses Prozedere würden sie an ein, zwei weiteren »Kontrollpunkten« wiederholen. Wenn gleiche Personen an beiden Unterführungen auftauchen, wüssten sie, dass sie immer noch beobachtet werden. Wenn die Deutschen bemerken, dass die Russen die Observation erkannt haben, würden sie abbrechen, denn: Tarnung gehe vor Wirkung, das sei ein Grundsatz der Spionageabwehr.

Ähnliches gelte für Observationen mit Fahrzeug. Da würden gegnerische Agenten »schütteln«, indem sie an einer Kreuzung links stehen und links blinken, dann aber rechts abbiegen. Oder indem sie mehrere Runden durch den Kreisverkehr fahren, um zu schauen, ob jemand hinter ihnen bleibe oder die Autos, die zunächst weiterfahren, nach der nächsten Kreuzung wieder hinter ihnen seien. Dafür merken sie sich die Kennzeichen. Oder sie würden über eine rote Ampel fahren, so versuchen zu entkommen. Da für die deutsche Spionageabwehr die Tarnung Priorität hat, dürfe sie nicht hinterherfahren. Tatsächlich gebe es damit manchmal Probleme, gibt ein anderer Verfassungsschützer zu. Die Kolleginnen und Kollegen, die in der Observation arbeiten, kämen häufig aus der Polizei, hätten jahrelang einprogrammiert bekommen, bei einer roten Ampel hinterherzufahren. Beim Verfassungsschutz aber sei das ein Problem. Wenn die gegnerischen Agentinnen und Agenten irgendetwas bemerken, treffen sie ihre Quellen meist nicht mehr. Ohnehin sei der verabredete Ort nie derjenige, an dem wirklich gesprochen werde, sondern nur ein »Ersttreff«, von dem es dann zu einem weiteren ginge, dessen Adresse man dort bespreche. Das würden alle Nachrichtendienste so praktizieren.

Was teilweise etwas mühsam klingt, kann auch schnell spannend werden. Ein Verfassungsschützer erinnert sich an eine »unkonventionelle Maßnahme«: mit Nachtsichtgeräten habe man während eines Schneesturms einen kleinen Flughafen in Ostdeutschland observiert, weil dort heimlich russische Nachrichtendienstler eingereist seien für vertrauliche Treffen. »Das ist dann schon ein bisschen wie James Bond«, sagt er. Dass die Russen für Treffen extra einfliegen, hat auch damit zu tun, dass sie ungern digital kommunizieren, sie gelten als besonders vorsichtig, meiden – bis heute – Messenger und das Internet.

Oder sie nutzen eine Variante, bei der tatsächlich keine Daten versendet werden und die sehr schwer zu überwachen ist, berichtet ein Verfassungsschützer. So sei es vorgekommen, dass eine Agentin ein Internetcafé besucht, dort einen E-Mail-Account bei einem großen Anbieter aufruft. Sie habe sich eingeloggt und eine Mail geöffnet, die im Entwürfe-Ordner lag, also nicht verschickt worden war. Darin sei ein Foto gewesen, das nicht auffällig oder besonders ausgesehen habe. Doch in einem Pixel sei eine geheime Nachricht eingebaut gewesen, die mit bloßem Auge nicht zu erkennen war. Um digitale Spuren komplett zu verhindern, nutzen die Russen wie im Fall Anschlag auch weiterhin tote Briefkästen. Diese gibt es nicht nur draußen im Boden, es seien schon welche in Raststättentoiletten an der Autobahn oder in großen Regalen in Baumärkten gefunden worden, in denen verschlüsselte USB-Sticks oder andere Datenträger gelagert werden. »Ein toter Briefkasten lässt sich quasi überall einrichten und ist kaum auffindbar, wenn man nicht weiß, wo man suchen muss«, sagt ein Verfassungsschützer. So schaffen es die Russen, aber auch andere Dienste, unbemerkt zu agieren.

Während die deutschen Nachrichtendienste sich an den hochprofessionellen Russen die Zähne ausbeißen und – gerade in den neuen Bundesländern – noch mit den ehemaligen MfS-Leuten und dem Aufbau der Behörden beschäftigt sind, gelingt ihnen auch im Kampf gegen Extremismus nicht wirklich viel. Laut *SPIEGEL* wurden die Bundesbehörden Anfang der Neunziger »kritisiert wie selten zuvor«[1], weil sie weder bei der RAF noch den Revolutionären Zellen richtige Erfolge vorzuweisen hatten und auch als Frühwarnsystem gegen Rechtsextremismus nicht funktioniert haben, was selbst der damalige Brandenburger Verfassungsschutzpräsident zugibt. Im September 1991 hatte es etwa im sächsischen Hoyerswerda pogromartige Ausschreitungen gegen Vietnamesen gegeben, an denen sich Hunderte Menschen beteiligten.

In dieser Krisenzeit wird Mathilde Koller die erste Frau an der Spitze eines deutschen Nachrichtendienstes – 1992 im frisch gegründeten Landesamt in Sachsen. Der Neuaufbau der Behörden nach der Wende sorgt so dafür, dass eine Verfassungsschutzpräsidentin berufen wird, bevor es eine Ministerpräsidentin in Deutschland gibt, Heide Simonis folgt im Jahr darauf, in Schleswig-Holstein. Und erst ein weiteres Jahr später wird Artikel 3 des Grundgesetzes um den Zusatz ergänzt, dass der Staat »die tatsächliche Durchsetzung der Gleichberechtigung von Frauen und Männern« fördert und auf die Beseitigung bestehender Nachteile hinwirkt. 1994 tritt dann auch das zweite Gleichberechtigungsgesetz in Kraft, darin geht es vor allem um Frauenförderung in Betrieben und Behörden. Koller wiegelt das Frauenthema anfangs ab, sagt: »Eignung entscheidet bei uns, nicht das Geschlecht.« Die Juristin aus dem Saarland arbeitet bereits seit 1978 beim Bundesamt für Verfassungsschutz, erst in der Spionageabwehr, dann zu Links- und Rechtsextremismus, leitet am Ende den Stab des Präsidenten. 1991 besucht sie das NATO Defense College in Rom, bevor sie nach Deutschland zurückkehrt und den Aufbau des sächsischen Verfassungsschutzes leitet.

Koller ist »keine Fanatikerin des Verfassungsschutzes«[2], das sagt sie über sich selbst. Jedes staatliche Organ müsse sich die Frage nach seiner Existenzberechtigung immer wieder stellen. Sie verteilt sogar eine Analyse über den Verfassungsschutz von der linken *taz* an ihre Kollegen. Und sie gibt zu, dass der Nachrichtendienst im Hinblick auf Rechtsextremisten beweisen müsse, »was er leisten kann, ob er was leisten kann«[3]. Als wichtigste Aufgabe für den sächsischen Verfassungsschutz sieht sie die Enttarnung rechtsextremistischer Strukturen, damit die Gesellschaft sich mehr mit dem Thema befassen könne. Auch will sie das Amt zur »feinen Analysebehörde« machen, die nicht mehr Handlangerin der Polizei ist, sondern »differenzierte Politikberatung« liefert.[4] Experten loben, wie sie das Amt schon nach zwei Jahren strukturiert hat, verfassungsschutzkritische Politiker sagen, dass sie ihren Job gut mache. Doch ihre Arbeit versandet, auch wegen uneinsichtiger Landespolitiker. Kurt Biedenkopf ist damals Ministerpräsident, jener Mann, der für den Satz bekannt ist, dass die Sachsen »immun gegen Rechtsextremismus« seien. Dabei gibt es allein während seiner Amtszeit von 1990 bis 2002 elf Todesopfer rechter Gewalt in Sachsen. Auch die drei Kernmitglieder des NSU leben hier im Untergrund und werden von sächsischen Neonazis unterstützt. Kurz nach seinem Abgang zieht die NPD zweimal in den Landtag ein, heute ist die »Alternative für Deutschland« (AfD) besonders stark in dem Bundesland.

Koller wechselt nach nur vier Jahren aus dem Verfassungsschutz in die Staatskanzlei, wird dort Abteilungsleiterin, 2000 geht sie als Innenstaatssekretärin nach Berlin. Während sie dort ist, entscheidet der Senat, das Landesamt für Verfassungsschutz nach mehreren Skandalen als eigenständige Behörde abzuschaffen. Stattdessen soll es als Abteilung der Senatsverwaltung für Inneres neu gegründet werden. Koller spielt bei dem Umbau eine zentrale Rolle, legt den Schwerpunkt auf »Transparenz, Aufklärung und die politische Analyse«[5]. Viele, die mit ihr zusammengearbeitet haben, schätzen Koller und ihre Sicht auf die Rolle von Nachrichtendiensten bis heute: »Sie war analytisch sehr stark, durchsetzungsfähig und wollte dabei richtigerweise einen schlagfertigen, aber transparenten Verfassungsschutz«, sagt eine Wegbegleiterin voller Respekt.

Von 2002 bis 2009 arbeitet Koller als selbstständige Anwältin, bevor sie den Verfassungsschutz in Nordrhein-Westfalen leitet, der dort, wie nun in Berlin, keine eigene Behörde ist, sondern eine Abteilung im Innenministerium. Nach drei Jahren geht sie frühzeitig in Pension, die Rede ist von »persönlichen Gründen«. Da sie kurz nach dem Auffliegen des rechtsterroristischen »Nationalsozialistischen Untergrund« zurücktritt, wird spekuliert, ob unter ihrer Leitung mehr schiefgelaufen ist, als bekannt wurde. Das Neonazi-Netzwerk enttarnt sich 2011 selbst, ist für zehn Morde, drei Bombenanschläge und 15 Raubüberfälle verantwortlich, der Verfassungsschutz gerät wegen V-Personen im Umfeld der Gruppe und anderer Skandale bei der Verfolgung der Rechtsterroristen massiv in die Kritik. Zwei der Bombenanschläge und ein Mord hatten in Nordrhein-Westfalen stattgefunden.

In einem Untersuchungsausschuss im Landtag 2015 äußert sich Koller dann über die Gründe ihres Rückzugs: Sie habe beim NSU-Skandal persönlich nichts weiter zu verbergen, sei wegen dem für den Verfassungsschutz zuständigen Staatssekretär im Innenministerium zurückgetreten. Ihr sei es einfach nicht gelungen, mit ihm ordentlich zusammenzuarbeiten, sagt Koller, dabei sei »unabdingbar, dass ein gegenseitiges Vertrauen da ist und dass man offene Türen hat«. Sie habe in jahrzehntelanger Erfahrung gesehen, was es bedeute, wenn die Verantwortungsträger nicht harmonieren. Der Verfassungsschutz habe darunter gelitten, das sei für sie »nicht verantwortbar« gewesen. Also habe sie den Posten geräumt.

Unterdessen hat es eine weitere Frau an die Spitze eines Nachrichtendienstes geschafft – die später auch mit den Nachwehen des NSU-Skandals zu kämpfen haben wird. 2001 wird Claudia Schmid oberste Verfassungsschützerin des Landes Berlin, leitet die frisch gegründete Abteilung, die Koller als Innenstaatssekretärin mit geplant hat. Alle Mitarbeitenden wurden erst mal »in Überhang« gesetzt, wie es in der Verwaltung heißt, sie kann die Posten also anders besetzen und neu einstellen. Die 1956 geborene Berlinerin ist Verwaltungsjuristin und krempelt das Amt um: Sie setzt den Fokus auf die Analyse und stellt statt Polizisten vermehrt Politikwissenschaftler ein – dabei gerne Frauen. Sie beschäftigt sich viel mit Rechtsextremismus und führt neue Kategorien für die Analyse ein, um die verschiedenen Erscheinungsformen der Szene besser bewerten zu können. Es wird nun zwischen dem aktions-, dem diskurs- und dem parlamentsorientierten Rechtsextremismus unterschieden. Außerdem lehnt sie planloses Sammeln von Informationen ab: »Ihre Fragen waren immer: Was wollen wir wissen und warum wollen wir es wissen«, sagt ein ehemaliger Mitarbeiter. Dann sei man zielgerichtet losgelaufen und habe versucht, diese Informationen zu bekommen.

Und Schmid sorgt für neue Transparenz: Der Verfassungsschutz-Ausschuss tagt plötzlich öffentlich, die Tagesordnungen sowie Protokolle werden publik gemacht. Berlin ist das erste Land, das dies so handhabt. »Sie hat immer hinterfragt, warum dieses oder jenes eingestuft ist und geschaut, was man davon öffentlich machen kann«, erinnert sich eine frühere Mitarbeiterin. In anderen Nachrichtendiensten hätte dies zum Teil für Entsetzen gesorgt, aber Schmid habe den Ansatz stets für richtig gehalten und verteidigt. Dazu habe dann natürlich auch gehört zu erklären, warum bestimmte Dinge nicht öffentlich gemacht werden können.

Im Verfassungsschutzverbund schaut man zunächst kritisch nach Berlin. »Eine Frau und Datenschützerin, die nicht aus dem Sicherheitsbereich kommt, das war schon ungewöhnlich«, erinnert sich einer. Nach und nach habe sich Schmid aber Respekt verschafft, wenn auch nicht nur aus inhaltlichen Gründen. So habe sie etwa beim inoffiziellen Teil der Amtsleitertreffen der Verfassungsschutzpräsidenten abends noch mitgemacht, also mitgetrunken: »Sie war gleich beim ersten Mal dabei und hat durchgehalten«, berichtet einer, der damals anwesend war.

Ein anderer erinnert sich an eine unangenehme Situation, in der Schmid lässig reagiert habe. Als einzige Frau habe sie in der großen Runde zwischen den ganzen Männern gesessen, da habe sie der Innenminister gefragt, ob sie denn auch Präsidentin sei. Es habe geklungen, als ob er dachte, dass sie eine Sekretärin sei. Schmid habe schlagfertig geantwortet, dass sie Abteilungsleiterin sei – schließlich gebe es in Berlin keine Präsidentin. Auch sonst habe sie sich kaum beeindrucken lassen von den Männersprüchen, erinnert sich ein Teilnehmer: »Sie hat klar gesagt, wenn sie der Meinung war, dass jemand Quatsch erzählt und ist keiner Diskussion aus dem Weg gegangen.« Damit schafft sich Schmid nicht nur Freunde. Manche hätten ihr Auftreten als aggressiv empfunden, gibt einer zu. Auch er habe dazugehört, sehe das heute aber anders: »Wenn wir Männer uns dort gestritten und diskutiert haben, hat das niemand als aggressiv bezeichnet.« Überhaupt seien ihr zu Beginn immer wieder Männer ins Wort gefallen oder hätten ihr nicht richtig zugehört. Andere hätten ihre Ideen aufgegriffen und versucht, sie als die eigenen zu verkaufen.

Im Laufe der Jahre erarbeitet sich Schmid allen Widrigkeiten zum Trotz ein großes Renommee im Verfassungsschutzverbund. »Sie wusste über alles Bescheid, war sattelfest in Diskussionen und brachte enorm viel Erfahrung aus dem Aufbau ihres Amtes mit«, sagt ein hochrangiger Verfassungsschützer über sie. 2011 wird Claudia Schmid dann sogar als Kandidatin für das Amt der Präsidentin des Bundesamtes für Verfassungsschutz gehandelt. Doch es kommt anders. Im Juli 2010 und im Juni 2012 werden in ihrer Behörde Akten widerrechtlich geschreddert, die Vernichtung löst einen Skandal aus. Denn die Akten, so die Vermutung damals, könnten Informationen über den NSU und über Fehlverhalten des Verfassungsschutzes beinhalten. Schmid war zwar nicht in die Aktenvernichtung involviert, tritt im November 2012 aber zurück. Von den 2010 vernichteten Akten können später 158 von 214 wiederhergestellt werden, von denen aus 2012 vier von 19. Die Behörde wertet sie aus und kommt zu dem Schluss, dass die Unterlagen keine Informationen oder direkten Bezüge zum NSU enthalten haben. Schmid hat das Amt zu dem Zeitpunkt schon verlassen, wird später Leiterin der Abteilung für Verbraucherschutz in Berlin. Seit Ende 2021 ist sie im Ruhestand.

Neben Koller und Schmid ist ab 2005 eine dritte Frau Verfassungsschutzchefin: Winfriede Schreiber in Brandenburg. Die 1945 in Berlin geborene Juristin war zuvor Präsidentin des Verwaltungsgerichts Cottbus und Richterin am Oberverwaltungsgericht in Frankfurt an der Oder, bevor sie dort Polizeipräsidentin wird und dann nach Potsdam wechselt. Auch hier ist der Verfassungsschutz eine Abteilung des Innenministeriums – und sehr männlich dominiert. Doch Schreiber ist vorbereitet: »Schon in der Polizei hat sie sich von Männern und entsprechenden Witzen und Sprüchen nicht einschüchtern lassen«, sagt ein ehemaliger Wegbegleiter. Als Schreiber in ihrer neuen Funktion das erste Mal in der Runde der Abteilungsleiter und Staatssekretäre des Brandenburger Ministeriums sitzt, hätten die Männer gelacht. »Dann hat sie eine Ansage gemacht und meinte, die Zeit der hässlichen Sprüche sei jetzt vorbei.« Auch bei den großen Amtsleitertagungen hinterlässt sie einen bleibenden Eindruck: »Bei rechtlichen Fragen konnte ihr keiner was vormachen, auch wenn die Männerrunde sie natürlich anfangs nicht für voll genommen hat«, sagt einer, der dabei war.

Schreiber vertritt – wie Koller und Schmid – die Position, dass der Verfassungsschutz so transparent sein sollte wie es eben gehe. »Der beste Schutz der Demokratie ist die informierte Zivilgesellschaft«, schreibt sie etwa 2012.[6] Da der Verfassungsschutz keine exekutiven Befugnisse habe wie die Polizei, könne er allein über Kommunikation Wirkung entfalten: »Er muss sich daher als Demokratiedienstleister verstehen.« Sie lehnt außerdem ab, dass Quellen und V-Leute ihren Lebensunterhalt allein mit den Geldern des Nachrichtendienstes bestreiten können, es sollte höchstens ein Zubrot sein, findet sie. Sie professionalisiert die Quellenführung, lässt die zuständigen Frauen und Männer intensiv in Befragungstechniken schulen.

Auch gegenüber dem Bundesamt tritt sie resolut auf. Als die Kölner anbieten, die Telefonüberwachungen für Brandenburg zu übernehmen, lehnt sie ab, erzählt einer, der damals mit ihr zusammengearbeitet hat. Zu abwegig schien ihr der Gedanke, dass Beamte aus Chorweiler den brandenburgischen Dialekt verstehen oder Informationen über Regionales richtig zuordnen könnten. Und sie setzt sich für mehr Frauen im Verfassungsschutz ein, sagt nach ihrem Ausscheiden 2013 öffentlich: »Die Nachrichtendienste sollten und könnten sich durch weibliche Führungskräfte öffnen und die Menschen mitnehmen.«[7] Frauen an der Spitze würden den Ämtern guttun, schließlich würden Frauen »gern und bereitwillig ihre Arbeitsergebnisse« über Landesgrenzen hinweg teilen, was erstrebenswert sei. Eine solche »Verweiblichung« sei zudem auf Abteilungs- und Referatsleiterebene wünschenswert.

Tatsächlich hinken die Nachrichtendienste in Bund und Ländern in den 1990er- und 2000er-Jahren dem gesellschaftlichen Wandel hinterher, der Frauenanteil ist niedrig, vor allem in den operativen Bereichen. Und in den Führungspositionen, Koller, Schmid und Schreiber sind Ausnahmen. Besonders schlecht ist die Lage im Bund: Im BND und im BfV gibt es nicht einmal eine Abteilungsleiterin, das Präsidium ist komplett männlich, der MAD wird nur von Männern geführt. Dabei hat sich in der Bundespolitik einiges getan, seit 2001 dürfen Frauen bei der Bundeswehr nicht mehr nur noch beim Militärmusikdienst und dem Sanitätsdienst arbeiten, sondern auch militärische Laufbahnen einschlagen. 2005 wird Angela Merkel zur ersten Kanzlerin gewählt. Seit 2006 gilt das Allgemeine Gleichbehandlungsgesetz, das zum Ziel hat »Benachteiligungen aus Gründen der Rasse oder wegen der ethnischen Herkunft, des Geschlechts, der Religion oder Weltanschauung, einer Behinderung, des Alters oder der sexuellen Identität zu verhindern oder zu beseitigen«. Doch die Spitzen der Behörden bleiben all die Jahre männlich besetzt.

Und das, obwohl die Behördenchefs genau wissen, was Frauen leisten können, wenn man sie lässt. Schon in den Neunzigerjahren hat das Bundesamt für Verfassungsschutz, unbemerkt von der Öffentlichkeit, quasi seine erste Präsidentin. Aufgrund von gesundheitlichen Problemen kann ein damaliger Präsident kaum mehr sehen, doch anstatt abzutreten, spannt er seine Sekretärin ein. Sie führt die Geschäfte für und mit ihm, liest Akten und Vermerke vor, unterschreibt Dokumente, bereitet wichtige Unterlagen auf, hat dafür nur Hilfe von wenigen anderen eingeweihten Mitarbeitern. So erzählen es hochrangige Beamte aus der Zeit. Öffentlich wurde die Geschichte nie, die Frau ist bis heute unsichtbar geblieben.

8

Denkfabriken, Fake-Profile, Backkünste

Wie Nachrichtendienstlerinnen heute ihre Netze auswerfen

Fast still und heimlich wird am 13. Dezember 2021 eine Frau zu anderthalb Jahren Haft verurteilt, wegen geheimdienstlicher Agententätigkeit. Die Professorin gilt als Expertin für den südasiatischen Raum und ist international vernetzt. Sie hat für China spioniert, befindet das Oberlandesgericht München, gemeinsam mit ihrem Ehemann. Er bekommt zwei Jahre, wie seine Frau auf Bewährung. Allerdings veröffentlicht das Gericht nichts zu dem Urteil. Auch die Bundesanwaltschaft, die im Mai 2021 Anklage erhoben hatte, verschickt keine Pressemitteilung. Die Verhandlung hatte teilweise unter Ausschluss der Öffentlichkeit stattgefunden, man fürchtete eine Gefährdung der Staatssicherheit und der öffentlichen Ordnung. Nur eine Lokalzeitung bekommt das Urteil mit, doch die Nachricht verbreitet sich nicht.

Dabei hatte der Fall vorher für Schlagzeilen gesorgt,

schließlich werden nicht jeden Tag chinesische Spione enttarnt. Es ist das Zeitalter des Multilateralismus, neben Russland und den USA haben Nationen wie China wichtige Positionen in der Welt eingenommen – und die Spionageaktivitäten und Einflussoperationen in Ländern wie Deutschland, mit denen sie vor allem wirtschaftlich in Konkurrenz stehen, verstärkt. Die deutschen Nachrichtendienste haben mit vielfältigen Sicherheitsbedrohungen zu kämpfen, on- wie offline.

Der Fall der chinesischen Agentin und ihres Ehemanns ist ein klassischer, es geht um HUMINT, also »human intelligence«, wie Nachrichtendienste es nennen. Klaus L., der Ehemann, war jahrzehntelang bei der CSU-nahen Hanns-Seidel-Stiftung, zuletzt als Referatsleiter Internationale Sicherheitspolitik. Ebenso arbeitete er jahrzehntelang mit dem BND zusammen. Seine Frau Klara K. hat mit ihm in seiner 2001 gegründeten Denkfabrik gearbeitet, die es laut Bundesanwaltschaft »zu internationaler Bedeutung« gebracht hatte. Er war Direktor, sie Vize-Direktorin. Der Beirat ist international besetzt, darunter Mitglieder aus Russland, den USA und Deutschland. Sie kommen aus bekannten Institutionen wie der Universität der Bundeswehr in München, der Russischen Akademie der Wissenschaften aus Moskau und der International Strategic Studies Association aus Alexandria in Virginia. Der Thinktank warb damit, Sicherheits- und Politikberatung zu machen und ein umfangreiches Partnernetzwerk zu haben. Das Ehepaar nahm an unzähligen internationalen Veranstaltungen zu sicherheitspolitischen Themen teil.

Beide wurden laut Anklageschrift während einer Vortragsreise in Shanghai im Juni 2010 von chinesischen Agenten angeworben. Neun Jahre lang haben sie dem chinesischen Geheimdienst dann »regelmäßig Informationen« geliefert, entweder vor oder nach Staatsbesuchen oder multinationalen Konferenzen. Auch bestimmte aktuelle Fragen beantworteten sie ihren Auftraggebern. Der chinesische Geheimdienst wollte die beiden bei sich im Land treffen und bezahlte die Reisen, die dafür nötig waren, inklusive Rahmenprogramm. Darüber hinaus bekam das Ehepaar Geld für seine Dienste. Doch davon haben die beiden nun nichts mehr. Das Gericht ordnete an, dass die »Taterträge«, also die Reisekosten, Spesen und Honorare, die sie erhalten haben, eingezogen werden und damit an den deutschen Staat gehen: 60 000 Euro.

Schon acht Tage nach dem Urteil geht Klara K. wieder Wandern in den Bergen, wie sie es vorher schon gerne getan hat. Auf einem sozialen Netzwerk veröffentlicht sie sieben Fotos, darunter eins von sich, ansonsten verschneite und vereiste Landschaft. Sie kommentiert knapp: »Winter wonderland.« In den Bergen haben sie und ihr Mann auch zwei Ferienwohnungen, eingerichtet im modernen Landhausstil. Vermieten aber können sie diese offenbar momentan nicht mehr. Auf einem Buchungsportal heißt es: »Leider ist es gerade nicht möglich, diese Unterkunft auf unserer Seite zu buchen.«

Die deutschen Nachrichtendienste können durch den Fall klarer sehen, wie chinesische Nachrichtendienste aktuell arbeiten, welche Technik sie einsetzen und wie mit den Quellen kommuniziert wird. Neben persönlichen

Treffen geschieht dies digital, mithilfe hochmoderner und sicherer Verschlüsselungsmethoden. »Da ist alles IT-basiert und hocheffizient«, sagt ein Verfassungsschützer. Mit den gewonnenen Erkenntnissen versuchen die Deutschen, aktive oder zukünftige Operationen der Volksrepublik zu erkennen und zu unterbinden.

Dass die chinesischen Dienste im Netz sehr umtriebig sind, sieht man auch an Laeticia Chen. Die Frau vom »China Center of International Politics and Economy« (CCIPE) hat einen soliden Lebenslauf. Sie spricht englisch, deutsch und französisch, hat von 2010 bis 2014 an der Fremdsprachenuniversität Peking studiert und einen Bachelor in Englischer Sprache und Literatur. Ihre Spezialgebiete sind interkulturelle Kommunikation und Personalentwicklung. Außerdem hat sie während ihres Studiums ein fünfmonatiges Praktikum bei einem bekannten internationalen Wirtschaftsprüfungsunternehmen gemacht. Zumindest steht das in ihrem Lebenslauf beim Karrierenetzwerk LinkedIn. Das Profilfoto zeigt eine junge Frau mit kastanienbraunen langen Haaren, sie trägt ein helles Hemd mit dunklem Blazer und Hose. Doch es gibt sie gar nicht, ihr Profil ist ein Fake. Das Bild zeigt ein Model, man findet ihre Fotos bei vielen asiatischen Online-Shops, die Kleidung verkaufen.

Im Dezember 2017 warnt das Bundesamt für Verfassungsschutz vor ihr beziehungsweise ihrem Profil – und neun weiteren. Fünf sind angeblich Frauen, sie nennen sich Eva Han, Danielle Wang, Luo Jana, Rachel Li und Lily Wu. Sie geben vor, für Headhunting-Firmen, Consulting-Unternehmen oder Thinktanks mit seriös klingenden

Namen wie Sino Progress Consulting oder DRHR Economic Consulting zu arbeiten. Sie alle gehören zu einem Netzwerk virtueller chinesischer Agentinnen und Agenten, tarnen sich hinter falschen Namen, geklauten Fotos und erfundenen Biografien. Ihr Ziel ist es, in Deutschland Quellen für die Volksrepublik China zu werben.

Im Visier haben sie Abgeordnete und deren Mitarbeitende, Beamte deutscher und europäischer Behörden, Diplomaten, Bundeswehroffiziere sowie Beschäftigte von Zentralbanken, Stiftungen und Politikberatungen. Über die chinesischen Profile schreiben sie den Zielpersonen persönliche Nachrichten, bitten um einen Austausch zu konkreten Themen für vermeintliche Kunden in China. Im nächsten Schritt fragen sie nach einem Lebenslauf und Arbeitsproben, zahlen dafür bis zu vierstellige Summen. Dann folgen Einladungen nach China, angeblich, um sich persönlich kennenzulernen oder an Tagungen oder Konferenzen teilzunehmen, die Kosten werden übernommen. Klappt die Anbahnung vor Ort, werden die neuen Quellen aus Deutschland gebeten, Berichte zu schreiben und vertrauliche Informationen aus ihren Arbeitsgebieten weiterzugeben – gegen Geld.

2017 installiert das Bundesamt für Verfassungsschutz extra eine Projektgruppe zu den digitalen Anwerbungsversuchen über das Karrierenetzwerk. Sie identifiziert in neun Monaten über 10000 mögliche deutsche Zielpersonen der chinesischen Nachrichtendienste – und warnt, dass es höchstwahrscheinlich eine »hohe Dunkelziffer« gebe. Zwar würden sich über 90 Prozent der Angeschriebenen nur mit dem jeweiligen chinesischen Profil verlinken und sonst nicht interagieren. Das bedeute aber, dass es eine »chinesische ›Erfolgsquote‹ von über 5 %« gegeben habe, was »alarmierend« sei. Denn nur wenige »gut platzierte« Quellen in Politik und Verwaltung könnten »einen enormen Schaden für Deutschland verursachen«. Um auf die Gefahren hinzuweisen und die Rekrutierungskampagne zu unterbrechen, entschließt sich das Bundesamt, die Namen der Profile sowie der Organisationen und Unternehmen zu veröffentlichen, hofft so auf die »Sensibilisierung potenzieller Zielpersonen und somit eine Minimierung der chinesischen Erfolgsquote«. Unabhängig davon briefen sie Abgeordnete, Ministerien, Universitäten und Verwaltungen darüber, welche Sicherheitsmaßnahmen sie treffen und wie sie oder ihre Mitarbeitenden sich bei Reisen nach China verhalten sollen.

Und sie warnen Ende 2017 auch: Soziale Netzwerke werden immer wichtiger im Geschäft der Spionage. Zum einen, weil ausländische Nachrichtendienste darüber Leute anwerben können wie in diesem Fall. Und weil sich dort sehr schnell persönliche Details zu Zielpersonen finden lassen, von Familienmitgliedern über Freunde bis hin zu Informationen über Hobbys und politischen Interessen. Die chinesischen Geheimdienste würden zudem Cyberspionage und moderne Überwachungsmethoden einsetzen. »Sie sind technisch sehr stark und haben enorme Ressourcen«, sagt eine Frau aus der Spionageabwehr. Wie viel deutsche Nachrichtendienstler den Chinesen zutrauen, zeigt die Reaktion einer anderen erfahrenen Verfassungsschützerin. Als das verschlüsselte Videotelefonat mit ihr stockt, der Ton sich kurzzeitig nicht richtig überträgt, sagt sie: »Ach, da sind wohl die Chinesen in der Leitung.« Sie lacht nicht.

Besonders bemerkenswert bei den Diensten der Volksrepublik ist, dass sie wesentlich zukunftsorientierter arbeiten als andere, da sind sich deutsche Verfassungsschützer einig. »Die Chinesen haben einen sehr langen Atem«, sagt einer. Es könne bis zu 20 Jahre dauern, bis ein Kontakt, den sie pflegen, um einen Gefallen gebeten wird oder sie ihn anderweitig zum Spion machen. »Das sind ganz andere Zeitdimensionen als wir im Westen sie haben.« Die Arbeit sei dabei so professionell organisiert, dass die Spionageabwehr vor echten Problemen stehe. Besonders im Bereich der Unterstützernetzwerke, die in Deutschland aktiv sind, mangele es an Informationen. China interessiere sich neben der Wirtschaftsspionage und dem Sammeln politischer Informationen vor allem für Dissidenten, die in Deutschland leben, sowie für die uigurische Community, jene muslimische Minderheit, deren Angehörige China mit Zwangsarbeit ausbeutet und in Umerziehungslagern interniert. Ihre Exil-Organisation sitzt in München.

Bei weiblichen Agentinnen sei China ebenso gut aufgestellt, habe »sehr fähige und gut ausgebildete«. Diese seien natürlich auch in der Bundesrepublik aktiv, sagen Mitarbeiter von deutschen wie anderen europäischen Diensten, die sich mit der Volksrepublik beschäftigen. Sie werden als Diplomatinnen an der Botschaft legendiert, sind als Journalistinnen oder als Teil von Wirtschaftsdelegationen getarnt. Die Frauen werden bis heute als sogenannte »Honigfallen« eingesetzt, gehen also intime Verhältnisse mit Zielpersonen ein. Entweder, um ihnen direkt Informationen zu entlocken oder um Kompromate zu erstellen. Letzteres geschehe meist in China: »Erpressungsmaterial erstellt man bis heute am liebsten im eigenen Land«, so ein Verfassungsschützer. Dort würden Männer regelrecht von Frauen bedrängt, mit ihnen aufs Zimmer zu gehen. Die Hotels, in denen dies geschehe, seien dann mit moderner Überwachungstechnik ausgestattet, um kompromittierende Fotos und Videos zu schießen. Neben Abgeordneten, Mitarbeitenden aus Behörden und Ministerien sind von diesen Versuchen Wirtschaftsvertreter betroffen – egal, ob die Personen privat oder beruflich das Land bereisen. »Dem chinesischen Geheimdienst hilft, dass deutsche Männer asiatische Frauen häufig attraktiv finden«, so ein BND-Mitarbeiter. Im Bundesnachrichtendienst versuche man, die eigenen Agenten zu schützen, indem man vor allem Frauen in China einsetze, da diese erfahrungsgemäß nicht so sehr auf asiatische Männer reagieren würden wie ihre Kollegen auf asiatische Frauen.

Das größte Einfallstor sei aber immer noch deutsche Naivität, sagen Verfassungsschützer aus Bund und Ländern. Vertreterinnen und Vertreter aus Politik, Behörden, Wirtschaft und Forschung seien nicht sensibel genug. »Es ist schon erschreckend, wie viele hohe Beamte in der Botschaft der Volksrepublik in Berlin ein- und ausgehen«, berichtet einer. Ebenso sorgen sich viele in den Behörden wegen der Kooperationen von deutschen Universitäten mit chinesischen Institutionen. Und sie sind wachsam, wenn chinesische Unternehmen hierzulande Fabriken bauen oder chinesische Investoren sich in deutsche Firmen einkaufen: »Wenn wir das mitbekommen, stellen wir uns schon darauf ein, dass es sehr neugierige Menschen in der Belegschaft gibt oder viele verdächtige Besucher kommen«, sagt ein leitender Verfassungsschützer.

Doch nicht nur chinesische Agentinnen und Agenten machen der deutschen Spionageabwehr aktuell zu schaffen, sondern auch die Aktivitäten von Russland, Türkei, Iran und Nordkorea. Diese fünf, A-Staaten genannt, sind besonders im Visier und werden intensiv bearbeitet. Zusätzlich gibt es 21 B-Staaten, bei denen eher einzelne Verdachtsfälle betrachtet werden, da es nicht genügend Personal für eine dauerhafte Beobachtung gibt. Übrig bleiben 172 C-Staaten, bei denen keine nachrichtendienstlichen Mittel eingesetzt werden. Stattdessen werden die Verbindungsbeamten dieser Länder angesprochen, ihnen gesagt, was sie in Deutschland tun dürfen und was nicht, außerdem wird geschaut, wen man als Agentin oder Agent identifizieren kann.

Insgesamt soll die Spionageabwehr des Bundesamtes für Verfassungsschutz mithilfe der Kategorisierung einen Rundumblick schaffen, »360-Grad-Bearbeitung« genannt. Alle illegalen Aktivitäten von Nachrichtendiensten in Deutschland sollen so aufgespürt werden können. Dabei sollen Verdachtsfälle unabhängig davon, in welche Kategorie das spionierende Land einsortiert ist, betrachtet werden. In der Praxis aber sieht das anders aus, geben hochrangige Beamte der Nachrichtendienste zu. »Manche B-Staaten werden weniger aufgeklärt als sie eigentlich sollten«, sagt einer. Die USA würden etwa nicht ausgiebig beobachtet, seien hierzulande aber sehr aktiv, würden sich eigene Zugänge zu Innenministerien und anderen Sicherheitsbehörden suchen. »Da gibt es dann Einladungen in teure Hotels mit einem schönen Programm, um Kontakte zu etablieren«, sagt ein erfahrener Verfassungsschützer, der das für problematisch hält. Zuletzt ist auch der Bundesnachrichtendienst von den amerikanischen Kollegen abgerückt, spricht nun wie bei anderen von einem »ausländischen Nachrichtendienst«, nicht mehr wie früher von einem »Partnerdienst«. Dabei sind die deutschen Dienste bis heute stark auf Hinweise ihrer westlichen Verbündeten angewiesen, sagt ein erfahrener Verfassungsschützer: »Die Informationen unserer Partner im Ausland sind sehr wichtig für uns.«

Ein weiteres Problem bei der 360-Grad-Beobachtung: Gegnerische Dienste agieren gern über Umwege, also über Staaten, die nicht so sehr im Fokus der deutschen Spionageabwehr stehen. Dazu gehört etwa, dass sie Quellen in anderen Ländern führen – so wie das Spionagepaar Anschlag ihren Informanten in den Niederlanden. Oder dass sie Angeworbene in Drittländern treffen, um die Chancen auf Enttarnung weiter zu verringern. So ist es nicht unüblich, dass Dienste, die einen Deutschen führen, diesen beispielsweise in Österreich treffen. Das Land ist dafür sehr beliebt, da es zentral in Europa liegt und nicht Mitglied der NATO ist, man sich also quasi auf neutralem Boden befindet. Ausländische Nachrichtendienste lassen aber auch Spioninnen und Spione kleinerer Staaten für sich arbeiten und versuchen so, die deutsche Spionageabwehr auszutricksen.

Um künftig einen besseren Rundumblick zu haben und die großen Personalkürzungen nach dem Mauerfall wieder auszugleichen, stocken die Bundesbehörden ihre Spionageabwehr nach und nach wieder auf: Seit 2015 wächst die Abteilung im Bundesamt für Verfassungsschutz, vor allem in den letzten Jahren wurde ein hoher Personalaufbau genehmigt. Allerdings fand das Amt nicht direkt genügend Mitarbeitende. Und trotz des Zuwachses heißt es noch 2019 in einer internen Untersuchung, dass man weiteres Personal brauche. Auch im Bundesnachrichtendienst schärft man nach, baut 2017 wieder ein Referat Gegenspionage im BND auf, das nach dem Ende des Kalten Kriegs aufgelöst worden war. Und der Militärische Abschirmdienst macht die Spionageabwehr 2019 wieder zu einer eigenen Abteilung, denn gerade Russland und China interessieren sich für Deutschlands militärische Fähigkeiten und die Einsätze der Bundeswehr im Ausland. Das Amt professionalisiert sich zudem wieder mehr, jahrelang war die Auswertung nämlich zugunsten der operativen Arbeit vernachlässigt worden. »Eigentlich steuert die Auswertung die Beschaffung, doch im MAD hat das nicht mehr stattgefunden«, kritisiert ein Nachrichtendienstler. Es habe in der Zeit keine personelle Trennung mehr gegeben. Heißt: Beschaffer werteten die Informationen selbst aus, die sie besorgt haben. Dabei sind die beiden Bereiche normalerweise aus Gründen der Kontrolle und Objektivität strikt voneinander getrennt.

In der Spionageabwehr kommen alle nachrichtendienstlichen Mittel zum Einsatz. Es gibt sogenannte Countermen, besser bekannt als Doppelagenten, ebenso wie Undercover Agents, also mit Legende ausgestattete Agentinnen und Agenten des Bundesamtes, »UCA« genannt. Neben dem Werben von Quellen wird observiert und Kommunikation überwacht. Das macht heute nicht die Spionageabwehr selbst, sie muss die dafür zuständigen Abteilungen fragen. Diese hätten aber nicht immer genügend Kapazitäten, kritisieren aktive wie ehemalige Verfassungsschützer. »Ein Rechtsterrorist oder terrorverdächtiger Islamist geht natürlich vor, aber Maßnahmen gegen ausländische Nachrichtendienste bleiben wegen fehlender Ressourcen zu häufig auf der Strecke«, sagt einer. Außerdem monieren Mitarbeitende der Spionageabwehr die Kommunikation zwischen den Behörden: »Der BND teilte lange Zeit nicht alles mit uns und mit dem Auswärtigen Amt hakte es auch hier und da.« Erst jetzt werde dies langsam besser.

Der Bundesnachrichtendienst kümmert sich um die sogenannte Gegenspionage, also darum, herauszufinden, wie ausländische Nachrichtendienste arbeiten, wie sie strukturiert sind und wie gut sie analysieren. Man will wissen, mit wem man es zu tun hat. Der BND orientiert sich dabei an dem sogenannten Auftragsprofil der Bundesregierung. Darin konkretisiert das Bundeskanzleramt gemeinsam mit anderen Ministerien, womit sich der Dienst aktuell befassen soll, also mit welchen Regionen und Themen. Als erfolgreichste Methode der Gegenspionage gilt auch heute noch das Abschöpfen und Führen menschlicher Quellen. Der BND analysiert erstmal die Strukturen des Landes, wer in welchen relevanten Behörden, Unternehmen und Nachrichtendiensten arbeitet und in welcher Funktion. »Hochrangige Leute wissen zwar, was wir gerne abschöpfen wollen, sind in der Regel aber nicht zu rekrutieren«, sagt eine Mitarbeiterin. Da lohne sich der Versuch gar nicht erst. Die Kunst sei also, jene Menschen zu finden, die genug wissen, aber noch nicht so hochrangig sind, dass sie sich ihrem Arbeitgeber oder Staat allzu sehr verbunden fühlen oder damit sogar in innerer Opposition stehen. Ein aufwendiger Prozess, der nicht immer zum Erfolg führe: »Wir bekommen häufiger mal einen Korb«, sagt sie. »In Ländern wie Russland, Iran oder Nordkorea ist zudem das Risiko für die potenziellen Quellen und die Operateurinnen enorm hoch, sie riskieren ihr Leben.«

Neben seinem Hauptsitz in Berlin verfügt der BND über rund 80 Residenturen im Ausland, die größte in Washington. Entdeckt der Auslandsnachrichtendienst einen gravierenden Angriff, durch den die Interessen der Bundesrepublik, der Europäischen Union oder der NATO bedroht sind, versucht er, diesen zu stoppen. Ansonsten interveniert er nicht, sondern analysiert die Strukturen und Methoden der fremden Dienste. »Wir wollen ja nicht, dass sich neue und noch schwerer zu identifizierende Wege etablieren«, sagt eine deutsche Agentin. Stattdessen versuche man, die deutschen Stellen, die von der Attacke betroffen sein könnten, zu sensibilisieren und die Arbeit des Gegners so ins Leere laufen zu lassen. Im BND gilt die Gegenspionage heute schon als erfolgreich, wenn er ein detailliertes Verständnis von einem Land und seinen Nachrichtendiensten hat, das wiederum dem BfV bei der Arbeit hilft. So steht es in aktuellen geheimen Papieren.

Gegnerische Staaten und ihre Nachrichtendienste erkunden stets neue Methoden, um Informationen abzuschöpfen oder Gegnern zu schaden. Heute spricht man etwa von sogenannten hybriden Bedrohungen. Die werden inzwischen als so relevant eingeschätzt, dass der BND eigens einen Beauftragten für das Thema benannt hat. Der Begriff meint, dass neben klassischen Militäreinsätzen und wirtschaftlichem Druck auch Computerangriffe sowie Propaganda über soziale Netzwerke und Medien genutzt werden. Dabei geht es dem Gegner darum, die öffentliche Meinung zu beeinflussen und das Vertrauen in demokratische Institutionen zu untergraben, wenn nicht gar zu zerstören. Über das Internet kann man dies gut tarnen: es werden etwa Falschnachrichten verbreitet, unterstützt von Bot- und Troll-Armeen. So werden Themen gesetzt und Diskussionen gesteuert, unterstützt von den Algorithmen der großen sozialen Netzwerke, die immer noch emotionalisierende Beiträge höher werten als nüchterne Faktenchecks. Die Russen etwa seien besonders schlagkräftig im Netz. Der Kreml finanziert Medien wie *RT DE*, die Desinformation direkt unter die Leute bringen, Putin-Vertraute kümmern sich um Troll-Armeen, die massenhaft und koordiniert Agendasetting mit Falschnachrichten betreiben. Außerdem seien die Russen sehr gut bei Cyber-Attacken: »Da haben wir ein minimales Hellfeld«, gibt ein Verfassungsschützer zu, »meist bekommen wir nur die plumpen Angriffe mit«. Erbeuten die russischen Dienste bei ihren Datenraubzügen belastendes Material, setzen sie es gerne mal für Erpressungen ein.

Der Chef eines Landesamtes sorgt sich allerdings, dass durch den aktuellen Fokus auf Cyberangriffe anderes in den Hintergrund gerät: »Die klassische Spionage mit Kompromaten läuft nach wie vor ganz massiv und ist eigentlich viel gefährlicher.« Das Erpressungsmaterial erstellen die russischen Dienste nicht immer selbst, manchmal nutzen sie befreundete Dienste, die eng mit ihnen verbandelt sind. So organisieren einige frühere Republiken der Sowjetunion schon seit einiger Zeit Wahlbeobachtungsmissionen, für die deutsche Wissenschaftler, Journalistinnen oder ehemalige und aktive Politiker angesprochen werden. Sie bekommen die Reisekosten erstattet und freie Kost und Logis, überwachen dafür den Ablauf von Wahlen. Was nach einem fairen Deal und noblem Ansinnen klingt, ist häufig eine Falle. Es geht einerseits darum, positive Presse hervorzurufen, mit freundlichen Erzählungen für die westlichen Leserinnen und Zuschauer. Andererseits werden Netzwerke geknüpft, vor allem an den Abenden im Hotel. »Wird dabei viel Alkohol getrunken, entstehen schnell Kompromatsituationen«, warnt ein Verfassungsschützer. Dann würden Fotos oder Videos erstellt, gern auch mithilfe von Sexarbeiterinnen oder Agentinnen.

Doch nicht nur die Russen sind oft wenig zimperlich in der Wahl ihrer Methoden. Der Einsatz von Sexualität gehört auch bei anderen Nachrichtendiensten dazu. Es gebe wenige, die diese Methode nicht einsetzen würden, sagt ein Verfassungsschützer: »Würde ich sowas etwa gegenüber amerikanischen Kolleginnen und Kollegen in Frage stellen, bekäme ich nur ein Stirnrunzeln als Antwort.«

Mitarbeiter von Nachrichtendiensten europäischer Nachbarstaaten bestätigen, dass sie diese Methode anwenden. Natürlich gebe es aber mehr Kolleginnen, die ohne die sprichwörtlichen Waffen einer Frau arbeiten – und erfolgreich seien: »Die müssen sich ganz und gar nicht verstecken, können sehr gut Menschen aufschließen«, sagt einer. »Selbst sicherheitssensible Männer, die eigentlich ganz genau wissen, was sie wo und wann sagen sollten, verlieren bei einer klugen Frau in ihren 30ern die Kontrolle und reden zu viel.« Die Briten, Franzosen, Türken und selbst die Palästinenser hätten sehr fähige Frauen in Europa stationiert, sagt ein anderer, der international arbeitet.

Im Bundesnachrichtendienst heißt es offiziell, dass ihre Mitarbeiterinnen und Mitarbeiter keine intimen Verhältnisse zur Nachrichtengewinnung einsetzen würden. Inoffiziell scherzt jemand, man sei »der Vegetarier unter den Diensten«. Ein erfahrener BND-Mann sagt: »Es gibt bei uns keine Romeo-Methoden und kein Arbeiten mit Kompromaten.« Er habe schon in der Ausbildung beigebracht bekommen, das so etwas der sichere Weg zu einem Disziplinarverfahren sei. Würde jemand solche Methoden einsetzen, müssten er oder sie es gegenüber den Vorgesetzten verheimlichen. »Wenn sie plötzlich mit sehr wertvollen Informationen kommen, kommt es so oder so raus, und sie haben ein Problem«, erzählt er weiter. Dass es einzelne gibt, die an den Vorschriften vorbei arbeiten, möchte er jedoch nicht ausschließen. Und dass vielleicht hier und dort mal Anziehung oder Flirterei eingesetzt werde, verneint er nicht. Bei anderen habe so etwas jedoch System: »Ausländische Dienste sind da unmoralischer und kommen dann operativ zu Ergebnissen, die besser sind als unsere – aber das Verfahren ist es eben nicht.«

Auch im Verfassungsschutz werden solche Methoden scharf zurückgewiesen. »Nie würden wir eine Frau einsetzen, damit sie Sex mit jemandem hat«, sagt ein hochrangiger Nachrichtendienstler. Man habe aus dem Umgang der Stasi mit Frauen gelernt. Allerdings berichten viele Verfassungsschützer, dass natürlich damit gespielt werde, V-Personen von jemandem führen zu lassen, den er oder sie sympathisch und vielleicht attraktiv findet. So hätten blauäugige und blonde Frauen erstaunliche Erfolge bei Rechtsextremen erzielt, die der Verfassungsschutz als Quelle führt: »Wenn man eine Kollegin hat, die so aussieht, setzt man sie sehr gerne in dieser Szene ein«, gibt einer zu. Und schiebt hinterher: »Natürlich nur, wenn sie die Arbeit machen will.« Allerdings müssten die deutschen Dienste erst mal genügend Mitarbeiterinnen haben, um sie vermehrt zur Quellenführung einsetzen zu können, egal, mit welcher Haarfarbe und in welchem Milieu.

Der Anteil von Frauen in den Diensten ist zwar gestiegen, doch er ist noch lange nicht paritätisch. Dabei könnten die Verfassungsschutzämter sie gut gebrauchen, bestätigt jeder, den man fragt. Eine Abteilungsleiterin im Bundesamt etwa sagt: »Natürlich sind Frauen wichtig für die Arbeit von Nachrichtendiensten, sie bringen andere Perspektiven mit und schauen öfter über den Tellerrand.« Tatsächlich war es eine Frau, die schon vor Jahren die Arbeit der Beschaffung revolutionierte, als sie in einem Landesamt eine Referatsleitung in dem Bereich übernahm. Bei ihr seien viele Informationen frühzeitig angekommen, etwa über Neonazi-Konzerte, die auch bundesweit von Interesse waren. »Es gab aber noch keinen wirklichen Austausch mit anderen Behörden«, sagt sie. Um das zu ändern, informierte sie im Vorfeld von Großereignissen die Polizei, damit diese möglichst zielgerichtet Personal einsetzen konnte und nicht überrascht wurde. Ihr vorausschauendes Agieren führte zum Erfolg, andere zogen nach.

Die Abteilungsleiterin im Bundesamt lobt auch: »Mehr Frauen in den Teams haben die Analysefähigkeit des Bundesamtes gestärkt.« Ein Verfassungsschützer erzählt dazu passend, wie ein Auswerter seines Landesamtes vor ein paar Jahren einmal Telefongespräche von Neonazis aus einer sogenannten »G10-Maßnahme« analysierte – und sich wundert: Die abgehörten Männer unterhalten sich über Rezepte. Neonazis, die backen? Überrascht erzählt er seinen Kollegen davon, was eine Kollegin mitbekommt. Sie hört sich das Band an. Was dem Verfassungsschützer, der offensichtlich kein Hobbybäcker ist, nicht aufgefallen war, erkennt sie sofort. Die Mengenangaben von Eiern, Butter, Mehl und Zucker passen so gar nicht zusammen. Gemeinsam entschlüsseln sie den Code, es sind Treffzeiten und Orte, sie können die Neonazis danach entsprechend observieren lassen. »Es ist eine sehr klischeehafte Episode, aber so war es nun mal«, sagt der Verfassungsschützer.

Der Leiter eines anderen Landesamtes sagt, dass er Mitarbeiterinnen auch schon ähnlich klischeehaft eingesetzt hat, etwa im Bereich der Postkontrolle: »Die Frauen stellen sich wesentlich geschickter an als die Männer, wenn es um das versteckte Auffummeln von Briefen und Paketen geht.« Besonders gern aber setze er sie bei Abhörmaßnahmen ein. »Die Leute, die wir überwachen, wissen häufig, dass ihnen zugehört wird. Es geht also darum, was sie zwischen den Zeilen sagen, und da hören meine Mitarbeiterinnen oft noch mal ganz andere Stimmungen und Informationen heraus.« Die Sensibilität, die Frauen durch ihre Sozialisation mitbekämen, könne man im Operativen ebenso gut nutzen, findet er: Virtuelle Agentinnen würden etwa mit verschiedenen Profilen versuchen, Gruppen zu infiltrieren und Informationen zu beschaffen. Hier sei entscheidend, eine passende Ansprache zu finden, was Frauen oftmals besser gelänge. Noch dazu könnten sie sich zunutze machen, dass Männer online gerne flirten. Zwei Mitarbeiterinnen der Abteilung 2 im BfV, die für Rechtsextremismus zuständig ist, sagen, Frausein habe im Operativen enorme Vorteile. »Wir haben eine doppelte Unsichtbarkeit: Niemand denkt daran, dass wir Nachrichtendienstmitarbeiterinnen sein könnten. Und als Frauen werden wir sowieso unterschätzt, gerade in der extremistischen Szene.« Besonders für die Observation seien Frauen ein großer Gewinn, da man gemischte Teams losschicken könne. »Man kann sie besser tarnen – und sie achten auch auf unterschiedliche Dinge.«

Es sei zudem ein Irrglaube, dass Frauen in der Observation oder in der Beschaffung mehr gefährdet seien als Männer, sagt ein anderer Chef eines Landesamts. Stattdessen gebe es für beide Geschlechter Vor- wie Nachteile. »Aber die Leute sind ja gut geschult, wie man damit umgeht, wenn zum Beispiel eine Anwerbesituation eskaliert, weil das Gegenüber nicht will.« Auch der Eigenschutz, etwa durch stichsichere Kleidung und vorher ausgekundschaftete Fluchtmöglichkeiten, gehöre dazu. Wenn sich mehr Frauen bei ihm bewerben würden, würde er sie einstellen. Die größte Herausforderung sei jedoch die Vereinbarkeit von Familie und Beruf, sagt eine ältere Verfassungsschützerin: »In Deutschland ist das große Problem, dass noch immer die Ansicht verbreitet ist, dass Frauen für Haushalt und Kinder zuständig sind.« Denn diejenigen, die operativ arbeiten wollten, müssten spontan eine oder mehrere Nächte unterwegs sein können, um Zielobjekte zu observieren oder mal eine Quelle am Abend oder am Wochenende zu treffen. Langsam tue sich aber in dem Bereich etwas: »Heute interessieren sich immer mehr junge Kolleginnen für den Außendienst, das war früher anders«, berichten die zwei Frauen aus der Abteilung Rechtsextremismus des Bundesamtes. »Es hilft, dass nun auch viele Väter Elternzeit nehmen, dadurch verändert sich die Wahrnehmung männlicher Vorgesetzter zur Vereinbarkeit von Arbeit und Familie. Es gibt aber noch Luft nach oben.«

Thomas Haldenwang, der seit Ende 2018 Präsident des Bundesamtes für Verfassungsschutz ist, würde gerne mehr Frauen beschäftigen: »Wir können nicht genug Frauen bei uns im Amt haben, sie leisten hervorragende Arbeit.« Das Amt wirbt explizit um sie, macht etwa mit beim Nationalen Pakt für Frauen in MINT-Berufen und kümmert sich um bessere Vereinbarkeit von Familie und Beruf, teilt es auf Anfrage mit. Auf den neuesten Plakaten, die zur Bewerbung beim Bundesamt aufrufen, sind drei der fünf Personen weiblich, eine davon im Rollstuhl. In den letzten Jahren habe man eine »sehr hohe Frauenquote« erreicht, so Haldenwang, nur in den technischen Bereichen gebe es noch Nachholbedarf – betont aber, dass dies auch sonst im Öffentlichen Dienst so sei. Was die Führungspositionen angeht, ist der oberste Verfassungsschützer zufrieden: »2009 gab es in der Abteilungsleiterrunde noch keine einzige Frau, heute ist das Verhältnis nahezu ausgeglichen. Die Kolleginnen machen täglich einen super Job.«

Allerdings gab es mit Felor Badenberg zwischen Juni 2022 und April 2023 eine Vizepräsidentin, zuvor besetzten diesen Posten nur Männer. Auch eine Präsidentin gab es noch nie. 1975 in Teheran geboren, kam Badenberg im Alter von 12 Jahren mit ihren Eltern nach Köln. Sie feierte Karneval und studierte Jura, jobbte nebenher als Kellnerin. Ab 2006 arbeitete sie beim Bundesamt, erst zu »auslandsbezogenem Extremismus«, dann im Personalreferat, anschließend in der Stabsstelle. Dort schrieb sie unter anderem die Reden für den damaligen Präsidenten und heutigen neurechten Verschwörungsideologen Hans-Georg Maaßen, war aber auch für die Berichte an die Bundestagsabgeordneten zuständig. Nachdem Maaßen 2018 geschasst wurde und Haldenwang Präsident ist, lief Badenbergs Karriere noch besser: Erst baute sie die Abteilung zur Cyberabwehr auf und vervierfachte die Stellen in ihrer Zeit als Leiterin fast. Im Januar 2020, nach dem Terroranschlag von Halle und dem Mord an dem CDU-Politiker Walter Lübcke, wurde sie Abteilungsleiterin für Rechtsextremismus und Rechtsterrorismus. Gegen Widerstand im Bundesinnenministerium sorgte sie dafür, dass die AfD beobachtet wird, eine Entscheidung, die das Verwaltungsgericht Köln nach einer Klage der Partei als rechtens einstufte. Im Bundesamt galt sie als eine, die weiß, was sie will, die sich in Themen tief einarbeitet und sehr tough ist. Und die Frauen förderte, wenn diese sich ihrer Meinung nach genügend anstrengen. Sie hatte tatsächlich noch einiges zu tun: Der Frauenanteil im Bundesamt ist noch lange nicht paritätisch. Laut internen Dokumenten – die Zahlen sind eigentlich geheim – liegt der Frauenanteil im gesamten Haus bei rund 40 Prozent.

In den Landesämtern für Verfassungsschutz ist die Lage nicht besser, bis auf eins werden inzwischen wieder alle von Männern geleitet. Bei ihnen schwankte der Frauenanteil 2022 zwischen »ungefähr 30 Prozent« in Schleswig-Holstein und 43 Prozent in etwa in Baden-Württemberg. Nur Nordrhein-Westfalen und Sachsen-Anhalt wollten sich auf Anfrage nicht dazu äußern, wie viele Frauen bei ihnen arbeiten, »aus Gründen des Geheimschutzes«. Aussagekräftiger wäre ohnehin der Anteil von Frauen im operativen Bereich. Doch auf die Frage, wie viele es dort sind, wollte fast kein Landesamt antworten, zu operativen Belangen äußere man sich nicht. Zwei schickten allerdings Zahlen: in Niedersachsen waren es demnach etwa 21 Prozent, in Sachsen »rund 20«. Verfassungsschützer berichten, dass es in den anderen Ämtern selten besser aussieht. Kampagnen, um explizit Frauen zu werben, plante jedoch keines der Landesämter. Stattdessen teilten sie mit, dass sie in den Bereichen, in denen Frauen unterrepräsentiert seien, diese im Rahmen der Ausschreibungen explizit auffordern, sich zu bewerben.

Von den 6500 Mitarbeitenden im BND waren 2022 nur rund 35 Prozent weiblich. Präsident Bruno Kahl sagt, das öffentliche Bild sei die Ursache: »Die Welt der Nachrichtendienste wird mehrheitlich leider noch immer als sehr männlich wahrgenommen.« Diesem »Vorurteil« müsse der BND dringend begegnen, »da so oft auch interessante Bewerberinnen abgeschreckt werden«. Ein Vorurteil? Das Präsidium des BND besteht aus vier Männern. Und keiner der sechs Bereichsleiterposten ist mit einer Frau besetzt. Dabei sagt Kahl auch, dass die Herausforderungen globaler Sicherheit zunehmend komplexer und vielfältiger seien. »Um auch künftig unseren Auftrag erfüllen zu können, müssen wir die Potenziale jedes einzelnen Mitarbeitenden optimal entwickeln und zudem hoch motivierte Fachkräfte rekrutieren.« Dazu gehöre, dass man künftig auf der Führungsebene mehr weibliche Vorbilder habe. »Nur eine solche gelebte Diversität wirkt sich positiv auf Agilität und Motivation und damit auf die Leistungsfähigkeit des gesamten Dienstes aus.«

Silvia Reischer ist Juristin und war bis vor kurzem über 30 Jahre beim BND. Sie hat in vielen Bereichen gearbeitet, war auch operativ tätig, ab 2014 führte sie dann – als erste Frau jemals – eine Abteilung. Anfangs war es die »SI«, die sich darum kümmert, dass die Mitarbeitenden sowie die Infrastruktur und die Gebäude des Auslandsnachrichtendienstes geschützt werden. Dann war es die Abteilung »TW«, die Informationen rund um internationalen Waffenhandel, Wehrtechnik und ABC-Waffen beschafft. Bis zu ihrem Ruhestand ist sie die einzige Frau in den Abteilungsleiterrunden. Auch sie sagt: »Frauen sind für den Bundesnachrichtendienst sehr wichtig.« Denn: »In meiner Erfahrung gehen Frauen anders an Quellen heran und schließen sie anders auf.« Es gebe nur ganz wenige Ausnahmen, wo Frauen den Job nicht genauso gut wie Männer können, die dann in kulturellen Unterschieden begründet seien. Sie selbst habe es etwa einmal nicht geschafft, eine Quelle im Ausland zu führen, ihr sei auch mal die Tür vor der Nase zugeschlagen worden, »weil man dachte, dass meine männliche Begleitung der Delegationsleiter ist, dabei war ich es«, sagt Reischer. Man müsse einfach vorab prüfen, ob eine Mitarbeiterin in dem Zielland auch Zugang zu Männerzirkeln bekommt.

Zwei Frauen, die in der Terrorismusabteilung des BND arbeiten und sich als »Tanja« und »Anna« zitieren lassen wollen, sehen das genauso. Sie gehen sogar noch weiter, sagen: »Das Frauenbild in Teilen des Islam hilft uns ehrlicherweise, Frauen werden unterschätzt.« Das bedeutet dann allerdings auch, dass sie andere Situationen erleben als ihre Kollegen. Bei einem arabischen Mann mit viel Machogehabe wäre es Quatsch, ihm sein Fehlverhalten vorzuhalten, sondern weiser, wenn man ihn einfach so annehme. Es gehöre zum Job, Brücken zu bauen, »ich muss mich also mit der Kultur des Gegenübers beschäftigen und brauche nicht versuchen, mit einem Islamisten zu reden, wenn ich ein Spaghetti-Top anhabe. Dann nimmt er mich nicht ernst.« Schließlich müsse man den Quellen gegenübertreten, Unterhaltungen von Auge zu Auge seien besser als virtuelle, sagen sie. Ansonsten sei man häufig am Schreibtisch, mit James Bond habe die Arbeit nicht so richtig viel zu tun: »Das BND-Gesetz ist sehr detailliert, man darf also keine Papierallergie haben.«

Ex-Abteilungsleiterin Reischer findet, dass »es noch zu wenige Frauen im BND« gibt. Sie seien inzwischen fast in jedem Bereich und Land vertreten, das sei ein großer Fortschritt, man brauche aber noch mehr auf der Ebene der Sachgebiets- und Referatsleitungen. »Früher war ich gegen die Quote, heute sehe ich das anders.« Ihr selbst sei die »Männerdominanz beim BND« gar nicht richtig aufgefallen, als sie dort angefangen habe, weil im Jurastudium damals auch fast nur Männer um sie herum gewesen seien, sagt Reischer. Laut ihr hat sich die Kultur gewandelt: »Heute ist die Bereitschaft höher, entsprechende Notfallpläne mit Ansprechpersonen für Kitas oder Ähnliches zu erstellen, damit auch Mütter im operativen Einsatz sein können.« Auch Teilzeit gehe, »es kann dann aber bedeuten, dass man weniger Quellen führt als andere.« Offenbar hängt die Vereinbarkeitsfrage aber von den familiären Umständen der Führungskräfte ab: »Mein Eindruck ist, dass Vorgesetzte mit Töchtern eher offen für Gleichberechtigung sind. Die dann eher verstehen, dass man bestimmte Besprechungen nicht am Abend ansetzen sollte, damit Frauen mit Kindern leichter teilnehmen können.«

Der Wandel dauere etwas, aber mache sich inzwischen dank Generationenwechsel bemerkbar, findet auch Gerhard Conrad, bis 2019 Top-Agent des Bundesnachrichtendienstes. Er war lange im Ausland und vermittelte erfolgreich zwischen Israel und der terroristischen Hisbollah. Medien bezeichnen ihn gern als den »deutschen James Bond«, was er zurückweist, schließlich hätte er »keine ›license to kill‹« gehabt. Heute lehrt er am King's College in London und bildet an der Hochschule des Bundes für

Verwaltung die Nachrichtendienstler von morgen aus. Er sagt: »Es ist wichtig, dass es genügend Frauen gerade auch in den operativen Bereichen des BND gibt, denn man muss immer überlegen, welche Zielperson in welchem Milieu angesprochen werden soll, und wer zu dieser passt.« Hierzu müsse dann das entsprechend qualifizierte und ausgebildete Personal zur Verfügung stehen.

Dass Frauen für die gefährlicheren Jobs im Ausland nicht geeignet sind oder in bestimmten Regionen wie dem Nahen und Mittleren Osten oder Nordafrika nicht arbeiten sollten, wie es manche heute noch behaupten, hält er für Quatsch. »Frauen können den operativen Job natürlich genauso gut – und jetzt nicht mit der blöden Mata-Hari-Nummer oder sonst was – sondern einfach in einer genauso seriösen oder unseriösen Tätigkeitsweise wie eben ihre männlichen Zeitgenossen.« Die Erfahrung zeige, »dass die Führungsfähigkeit von Frauen häufig stärker ausgeprägt ist«. Sie könnten besser koordinieren und hätten meist mehr emotionale Intelligenz und die Fähigkeit zur verständigen Empathie. »Ich würde nicht sagen, dass das typisch Frau ist, und Männer das nicht könnten, aber Frauen werden offenbar auch heute immer noch in ihren Verhaltensmustern eher in dieser Weise sozialisiert.« Für ihn sind Frauen nicht zuletzt wegen dieser emotionalen Intelligenz sehr gut als Anbahnerinnen und Verbindungsführerinnen von Quellen aus anderen Kulturen geeignet. »Und natürlich verlieren Frauen nicht schneller die Nerven als Männer, auch wenn ältere Kollegen dies noch immer wieder gerne einmal kolportieren.«

Offenkundig müssen sich die Frauen in den Ämtern so einiges anhören, trotz ihrer Fähigkeiten, bis heute. Zwar habe sich seit den Neunzigerjahren viel verändert, sagt ein Mitarbeiter, der damals beim BND arbeitete. Damals sei es in der militärisch geprägten Welt noch schwieriger gewesen als im Verfassungsschutz, glaubt er: »Frauen wurde zuerst auf den Po oder die Brüste geschaut.« Die Männernetzwerke hätten außerdem verhindert, dass die Kolleginnen Karriere machten. Doch das Problem wirkt bis heute nach, wie man an der Zahl der Abteilungsleiterinnen sehen kann. Und es ist noch nicht ganz behoben: »Natürlich gibt es heute noch Männernetzwerke«, sagt eine BNDlerin. Eine andere fragt fast resigniert: »Haben wir was erreicht?« Und antwortet sofort selbst: »Nein!« Es müssten endlich mehr Frauen befördert werden, auch wenn nicht immer vorher klar sei, ob sie den Job gut können, schließlich gebe es auch genügend Männer, die nicht die besten Führungskräfte seien.

Auch die Frauen im Verfassungsschutz haben offenkundig viel erlebt: Im Bundesamt in Köln seien die wenigen erfolgreichen Frauen bis in die Achtzigerjahre »Freiwild« gewesen, gibt ein inzwischen pensionierter Verfassungsschützer zu: »Wir haben uns auf sie gestürzt«, sagt er. Rückblickend tue ihm dieses Verhalten sehr leid. »Die alte Herrenriege fand es spaßig, mit den neuen jungen Frauen im Dienstzimmer erst mal Schnaps zu trinken« erinnert sich eine Verfassungsschützerin, die in den Achtzigerjahren in einem Landesamt anfängt. Damals habe es noch unverhohlen Sprüche wie »Na du Knackarsch« gegeben. »Wir waren die ersten Frauen, die keine Sekretärinnen oder Hilfskräfte waren, da mussten sich die Männer erst einmal dran gewöhnen«, sagt sie. Ein anderes Mal wurde eine Frau, die für nicht einmal ein Jahr in Elternzeit war, bei der Bewertungsrunde vergessen. In der dazugehörigen Beförderungsrunde wurde sie damit übergangen.

Auf Konferenzen habe es eine entsprechend »schenkelklopfige Atmosphäre« gegeben, erinnert sich ein Verfassungsschützer. Als bei einer Herbsttagung des BKA, an der die Nachrichtendienste teilnehmen, die erste Frau in Führungsposition auftaucht, sind manche Männer offenkundig irritiert: »In diesem Jahr ist ja mit Frauen«, sei es aus einem herausgeplatzt. Eine Beamtin aus Baden-Württemberg erzählt zudem, was geschah, als sie in den Neunzigern stellvertretende Referatsleiterin werden wollte. Sie bewarb sich zusammen mit fünf Männern, woraufhin ihr Chef meinte: »Das ist nicht Ihr Ernst!« Sie habe die Stelle zwar bekommen. Doch in ihrem Team seien dann drei ältere Kollegen gewesen, die sie nicht als Vorgesetzte haben wollten: »Das haben sie mir auch deutlich gesagt.« Sie sei jünger gewesen, eine Frau, dazu Verwaltungsbeamtin. Nach und nach hätte diese ihre Vorbehalte jedoch aufgegeben. Inzwischen ist sie die Karriereleiter weiter hochgeklettert.

In den 2010er-Jahren soll eine Frau in einem Landesamt zur Abteilungsleiterin befördert werden. Mit ihr hatten sich ein paar Männer beworben, darunter welche, die bei der Polizei arbeiteten. Plötzlich ruft ein Polizeichef die Person an, die sich im Bewerbungsverfahren für die Frau entschieden hatte: »Ich dachte, Sie wollten den Besten?« Und noch vor ein paar Jahren fühlte sich Bundesinnenminister Horst Seehofer bemüßigt, eine Frau in einer sonst komplett männlichen Runde zu fragen: »Fühlen Sie sich eigentlich wohl?«

Heute sind die frauenfeindlichen Momente seltener und subtiler, aber immer noch da. Ein hochrangiger Verfassungsschützer gibt zu, dass es immer noch Männernetzwerke gibt und dass Aussehen heute noch eine Rolle spielt: »Hübsche Frauen machen noch immer schneller Karriere, bei zwei Gleichqualifizierten wird meist die schönere eingestellt oder befördert.« Ein anderer gesteht, dass ihm junge Frauen Kopfschmerzen bereiten, nicht wegen fachlicher Mängel oder Geringschätzung, sondern wegen möglicher Elternzeiten. »Das ist ein ganz praktisches Problem, ich kann für ein Jahr niemanden so schnell als Ersatz einarbeiten, wenn ich überhaupt jemanden finde«, sagt ein leitender Verfassungsschützer.

Die Frauen, die man fragt, sagen erst einmal alle, dass es keine Probleme gibt. Viele betonen, mit dem Wort Feminismus nichts anfangen zu können und die Quote nicht zu wollen oder erst seit wenigen Jahren eine Notwendigkeit dafür zu sehen. Je länger die Gespräche gehen, umso mehr Situationen fallen ihnen jedoch ein, in denen sie frauenfeindlich behandelt, nicht für voll genommen oder auf ihr Äußeres reduziert wurden. Ein bei einem solchen Gespräch anwesender Mann demonstriert das direkt: Er setzt an, nachdem seine Kollegin gesprochen hat und verkündet, er würde das Gesagte nun »erst mal geraderücken«. Dabei hat seine Kollegin nichts Falsches erzählt, sondern nur ihren Arbeitsalltag beschrieben. Offenbar kein Einzelfall: »Männer halten in den größeren Runden die langweiligsten, redundanten Monologe, halten sich für klüger«, sagt eine Verfassungsschützerin. Andere würden Ideen klauen. Fast alle Frauen haben Taktiken entwickelt, um damit umzugehen. Die einen passen sich an, reden mehr als vorher, andere verweisen darauf, dass sie die Vorschläge selbst schon eingebracht hatten, was ihnen aber teilweise negativ ausgelegt wird. Ohnehin passen sie auf, wo sie sich hinsetzen und was sie anziehen. Und sie reichen keinen Kaffee mehr an.

In den Gesprächen zu dem Thema, auch mit Männern, fallen häufig zwei Worte: Platzhirsch und Gockel. »Man muss ehrlich zugeben, dass Frauen sich nicht so benehmen wie viele Kollegen. Die klotzen ran und labern nicht rum. Und sie fragen nicht als Erstes, was jetzt eigentlich mit einem größeren Parkplatz ist«, sagt ein leitender Verfassungsschützer. Eine Nachrichtendienstlerin ergänzt: »Manchen Kollegen muss man das Hirschgeweih abschneiden.« Sie würden sonst zu viel posieren. Das sei nicht nur für die Kolleginnen nervig, sondern in dem Job fehl am Platz. »Dieser Typ Mann, der sich in seiner Macht und der Position sonnt, die fand ich immer gefährlich für einen Nachrichtendienst«, sagt eine ehemalige hochrangige Verfassungsschützerin. Ihrer Meinung nach sollten möglichst nüchterne Leute dort arbeiten, die am Schutz der Demokratie interessiert seien und nicht an sich selbst. Auch andere erzählen von Möchtegern-James-Bond-Typen.

Ein weiteres Problem ist, dass Frauen immer noch in ihren Karrieren behindert werden. So halten viele Gesprächspartner die Beurteilungskriterien der Dienste für unzureichend, da diese das Klischeedenken von Vorgesetzten nicht berücksichtigen würden. »Was ist eigentlich Durchsetzungsfähigkeit?«, fragt eine Verfassungsschützerin. Darunter würden viele immer noch verstehen, dass jemand eine harte Ansage mache oder auf den Tisch haue. Täten Frauen dies, würden sie aber als »zickig« wahrgenommen. Andere Qualitäten würden dagegen nicht berücksichtigt. »Multitasking zum Beispiel ist Frauen viel geläufiger«, sagt ein Verfassungsschützer. Sie seien außerdem geschickter, wenn es darum gehe, Ressourcen zu finden, und könnten oft besser einschätzen, was Mitarbeiter gut können und was nicht. Wenn Frauen aber einen Fehler machen, würde ihnen dieser länger angekreidet als ihren männlichen Kollegen. Sie bemerken zudem, dass die Chefinnen deutlich schneller hätten zurücktreten müssen oder es freiwillig taten. So erzählen es viele – Aktive wie Ehemalige, Männer wie Frauen. Zudem würden erfolgreiche Frauen noch immer kritisch beäugt werden, der Konkurrenzkampf um die Führungspositionen ginge schon mal unter die Gürtellinie. »Sie müssen jeden Tag reingehen und sich sagen, ich nehme die Herausforderung an«, sagt eine langjährige Mitarbeiterin im BND.

Die Frauen, die es in diesem Klima nach oben geschafft haben, blicken auffällig kritisch auf ihre Geschlechtsgenossinnen. »Frauen müssen sich mehr zutrauen«, sagt etwa Reischer, die Ex-Abteilungsleiterin im BND: »Wenn Männer 70 Prozent der Ausschreibung erfüllen, denken sie häufig schon, sie bekommen die Stelle. Frauen denken dann, sie seien nicht gut genug und bewerben sich gar nicht erst.« Eine Abteilungsleiterin aus dem Bundesamt für Verfassungsschutz sagt zwar, dass manche Frauen ausgesprochen zielorientiert seien. Aber: »Gleichzeitig muss man gerade jüngere Mitarbeiterinnen aber auch motivieren, so manche Frau traut sich leider zu wenig zu und ist zu leise.« Bei Beate Bube, die aktuell als einzige in Deutschland einen Landesverfassungsschutz leitet, klingt das fast identisch: »Frauen sind heute immer noch zu häufig zu unsicher und leise, trauen sich nicht so schnell so viel zu wie Männer, sind oft nicht resolut genug.« Sie rate ihren Mitarbeiterinnen: »Sagt was ihr wollt, artikuliert euch.« Dabei sollten sie den »männlichen Mechanismus, lang und viel zu reden« übernehmen. Sie warnt aber: »Allerdings muss man als Frau sattelfester sein in den Themen, wenn man was sagt, das hat sich noch nicht geändert.«

Bube scheint zu wissen, wovon sie spricht, keine Frau leitete so lange eine Verfassungsschutzbehörde wie sie. Sie ist präsent, gibt Interviews, erklärt die Arbeit ihres Dienstes, was sie von vielen ihrer männlichen Kollegen unterscheidet. »Show nach außen ist eigentlich nicht mein Ding, aber es ist für das ganze Amt natürlich wichtig, auch in der Öffentlichkeit wahrgenommen zu werden.« Außerdem ist sie Anhängerin des Konzepts von Prävention und Transparenz, das Winfriede Schreiber aus Brandenburg geprägt hat, »noch vor der NSU-Katastrophe, das war richtig gut«, sagt Bube. Verfassungsschützer, die regelmäßig mit ihr zu tun haben, beschreiben sie als »gnadenlos sachlich«.

Die gelernte Bankkauffrau und Juristin hat das Amt in Baden-Württemberg 2008 übernommen. Als sie anfängt, gab es nur eine kleine Willkommensrunde und keine offizielle Amtseinführung. »Das hätten Männer sicher nicht durchgehen lassen, heute würde ich das auch einfordern«, sagt sie rückblickend. Sie ist damals nicht nur die erste Präsidentin des Amtes, es sind auch alle sonstigen Leitungspositionen von Männern besetzt. »In den letzten Jahren hat sich sehr viel getan und das ist gut so«, sagt Bube. Mittlerweile werden drei von sieben Abteilungen von Frauen geführt, ebenso die Stabsstelle, der Anteil von Mitarbeiterinnen insgesamt beträgt rund 43 Prozent. Die Veränderungen der letzten Jahre führen Beschäftigte neben der gesellschaftlichen Entwicklung auf die Chefin zurück: »Seit Beate Bube Präsidentin ist, hat sich der Wandel noch mal wesentlich beschleunigt«, erzählt eine langjährige Verfassungsschützerin.

Bube stellt Frauen aus Notwendigkeit ein, gerade im operativen Bereich: »Es ist besonders hilfreich, wenn man Frauen für Observationen zur Verfügung hat, weil man sie besser verdeckt einsetzen kann«, erzählt sie. Leider gebe es da noch nicht genügend. »Auch in der Quellenführung brauchen wir sie, manche V-Personen öffnen sich da besser.« Um mehr Frauen zur Bewerbung zu motivieren, würden sie in Stellenausschreibungen explizit aufgefordert, versehen mit dem Hinweis, dass man den Anteil an Mitarbeiterinnen erhöhen möchte. Das Amt arbeitet nach eigenen Angaben daran, eine bessere Vereinbarkeit von Beruf und Familie zu ermöglichen, etwa über Teilzeitmodelle. Das sei im operativen Bereich immer noch recht schwierig, weil die Frauen weiterhin die Hauptlast in der Familie tragen, sagt Bube: »Richtig ändern wird sich das alles erst, wenn Kindererziehung wirklich paritätisch verteilt ist.« Sie schaut aber nicht nur auf Frauen: »Grundsätzlich gilt: Je diverser man aufgestellt ist, desto besser!« Allerdings sei Diversität nicht so einfach zu erreichen im Verfassungsschutz, da man in der Regel nur deutsche Staatsangehörige anstellen könne. »Zudem dürfen Bewerberinnen und Bewerbern keine engsten Kontakte zu Familien in Risikoländern haben.«

Neben Bube haben es in den letzten Jahren zwei weitere Frauen in Spitzenpositionen geschafft. Ab 2013 leitet Maren Brandenburger als erste Frau den niedersächsischen Verfassungsschutz. Die Politikwissenschaftlerin wird direkt mit Problemen konfrontiert, muss erst mal Altlasten aufarbeiten. Bei einer Überprüfung war herausgekommen, dass unter ihren Vorgängern illegalerweise Informationen über Journalistinnen und Journalisten gespeichert worden waren – Brandenburger veranlasst deren Löschung und informiert die Betroffenen persönlich. Obwohl sie nicht verantwortlich für die Aktion war, wird sie im Innenausschuss des Landtags auf eine Art und Weise aus der Opposition angegriffen, wie es ein Mann wohl nicht erlebt hätte. »Wie weit sind Sie eigentlich in der Lage, den Verfassungsschutz zu führen?«[1], fragt ein CDU-Abgeordneter Brandenburger, die zu diesem Zeitpunkt bereits 17 Jahre beim Verfassungsschutz arbeitet. Sie reagiert auf die Provokation mit einem Lächeln und Kopfschütteln. Nachdem 2018 ein V-Mann in der linken Szene durch einen Behördenfehler enttarnt wird, übernimmt sie die Verantwortung und bittet um ihre Absetzung, wechselt in das Sozialministerium. »Sie hat einen guten Job gemacht«[2], sagt der Innenminister nach ihrem Abgang, persönliches Fehlverhalten habe nicht vorgelegen. Und ein grüner Landtagsabgeordneter lobt: »Ihre zentrale Leistung ist, dass sie die rechtswidrige Datenspeicherei beendet und die Arbeit des Verfassungsschutzes darauf beschränkt hat, wirkliche Verfassungsfeinde zu beobachten.«[3]

Im November 2020 rückt außerdem die erste Frau an die Spitze eines Nachrichtendienstes des Bundes. Als Präsidentin des MAD leitet Martina Rosenberg die Behörde, die sich im militärischen Bereich um Extremismus- und Terrorismusabwehr sowie Spionage- und Sabotageabwehr kümmern soll. Wie so viele Frauen schafft sie den Aufstieg in die Position, als das Amt in einer Krise ist. »Es ist immer noch so, dass die Frauen zum Aufräumen geholt werden«, gibt ein hochrangiger Nachrichtendienstler zu. »Frauen sind sehr gefragt, wenn es irgendwo eine Krise gibt«, bestätigt eine Abteilungsleiterin im Bundesamt für Verfassungsschutz, der es schon einmal ähnlich ging. »Vor der Herausforderung sollte man dann aber auch nicht zurückschrecken«, sagt sie. Rosenberg nahm die Aufgabe an, obwohl der MAD zu der Zeit stark in der Kritik steht. Ihm wird mangelnde Professionalität vorgeworfen, vor allem im Umgang mit Rechtsextremisten in der Bundeswehr. Die Juristin krempelt das Amt um, spricht selbst von einem »turbulentem Jahr«[4], hat aber offenbar Erfolg: Die Zusammenarbeit zwischen Verfassungsschutz und MAD sei seit ihrem Dienstantritt spürbar besser geworden, heißt es aus mehreren Bundesländern. »War es vorher eher schleppend, funktioniert es jetzt sehr gut«, sagt der Chef eines Landesamtes. Das Bundesverteidigungsministerium billigt im Frühjahr 2021 dann ein Maßnahmenpaket, mit dem der MAD unter ihrer Führung mehr Personal und bessere Ausrüstung bekommt.

Neben diesen Frauen gibt es seit Ende 2021 mit Nancy Faeser die erste Bundesinnenministerin. Seit März 2022 leitet zudem erstmals eine Frau die Abteilung 7 im Bundeskanzleramt, die Ampel-Koalition hat sie berufen, wollte für den Posten explizit eine weibliche Besetzung. Dagmar Busch, die vorher an der Spitze der Bundespolizeiabteilung im Innenministerium stand, ist für die Koordinierung der Nachrichtendienste des Bundes sowie die Kontrolle des BND zuständig, also jenen Dienst mit 35 Prozent Frauen und nur einer Abteilungsleiterin. »Wir wünschen uns einen höheren Frauenanteil im Bundesnachrichtendienst. Das gilt auch für die anderen Sicherheitsbehörden«, sagt Busch. Sie wolle jedoch mittlerweile nicht mehr von einer männlichen Prägung des Dienstes sprechen, da man auf einem sehr guten Weg sei, die Situation deutlich zu verbessern. »Das beginnt beim BND bereits so frühzeitig wie möglich, und zwar schon bei der Suche nach neuen qualifizierten Kolleginnen. Dabei verwenden wir ganz bewusst weibliche Vorbilder.« Sie würden etwa Testimonials von Programmiererinnen oder Geowissenschaftlerinnen nutzen, die von ihrer Arbeit im BND berichten. »Wir wissen aufgrund der Rückmeldungen aus unseren Bewerbungsgesprächen, dass dies sehr gut ankommt«, sagt Busch. Der sehr niedrige Frauenanteil bei technisch geprägten Studiengängen spiegele sich natürlich bei der Zahl der Bewerbungen von Absolventinnen dieser Fächer wider.

Busch schaut bei der Personalentwicklung vor allem auf die Karrierechancen von BND-Frauen. Man habe ein Mentoring-Programm für besonders engagierte Mitarbeiterinnen aufgelegt, sagt sie. Seit 2021 sei der BND außerdem bei der »Initiative Chefsache« aktiv, einem Netzwerk zur Förderung eines ausgewogenen Verhältnisses von Frauen und Männern in Führungspositionen, von dem Angela Merkel Schirmherrin ist. »Im Rahmen der ganz aktuellen Neuorganisation legen wir besonderes Augenmerk darauf, Frauen in Führungspositionen zu bringen«, sagt Busch. Man wolle den Anspruch auf Gleichstellung, Diversität und Inklusion in einem modernen Bundesnachrichtendienst mit Leben erfüllen. Denn: »Ein solcher attraktiver Arbeitgeber wird kluge Bewerberinnen gewinnen und mit ihnen seine Aufgaben noch besser erfüllen können.« Sie sehe ihren Auftrag auch darin, den Dienst auf diesem Weg weiter zu bestärken.

Fragt man im Bundestag nach, wird das dringend gefordert. Dort gibt es das geheim tagende Parlamentarische Kontrollgremium, das BND, BfV und MAD kontrolliert. Es ist bis heute sehr männerdominiert, geben selbst die männlichen Mitglieder zu. Seit 2009 haben es nur fünf Frauen geschafft, mehr als ein Jahr in dem Gremium zu sein: Gisela Piltz von der FDP, die in der Legislaturperiode ab 2009 dabei war, die SPD-Frau Gabriele Fograscher in der darauf, Andrea Lindholz von der CSU in der ab 2017 und in der aktuellen die SPDlerin Marja-Liisa Völlers sowie die Grüne Irene Mihalic. Bei den Männern waren es in der Zeit fünfmal so viele.

Die fünf Frauen sind sich – fraktionsübergreifend – einig, dass es ein Problem ist, dass die Sicherheitsarchitektur der Bundesrepublik so männlich geprägt ist. »In jedem Fall bin ich der Überzeugung, dass es den Diensten genau wie anderen Institutionen guttun würde, wenn Frauen dort genauso repräsentiert wären wie Männer«, sagt Mihalic von den Grünen. Außerdem müssten Frauen gleiche Karrierechancen haben »und davon sind wir sicherlich ebenso weit entfernt«. SPD-Frau Völlers, die mit ihr aktuell im Kontrollgremium sitzt, findet, dass der öffentliche Dienst »ein Spiegelbild unserer vielfältigen Gesellschaft« sein sollte: »Gerade Bedrohungen müssen aus unterschiedlichen Perspektiven betrachtet, analysiert und bewertet werden.« Dafür sei eine gut durchmischte Belegschaft Grundvoraussetzung. Dass Rosenberg nun Präsidentin beim MAD sei, zeige, dass es auch bei den Sicherheitsbehörden einen Wandel gebe. »Diesen Weg müssen wir nun weitergehen.«

Lindholz von der CSU erwartet, dass die Ministerien der Ampel-Regierung, insbesondere das Innenministerium, nun ein besonderes Augenmerk darauflege. FDP-Frau Piltz geht es nicht nur um Geschlechtsgenossinnen, sie fordert »Teams, die mit Menschen unterschiedlichen Hintergrunds, unterschiedlichen Geschlechts, unterschiedlichen Alters zusammengesetzt sind«. Schließlich hätten die Dienste mit Menschen aller Lebenslagen und aus allen Lebensbereichen zu tun, können nur so effektiv Einblicke gewinnen und Probleme lösen, findet Piltz. Da hätten die Sicherheitsbehörden »sicher großen Nachholbedarf«. Und: »Gerade im Hinblick auf die NSU-Morde hätte ein diverser Ansatz bestimmt nicht geschadet.« Das sieht CSU-Frau Lindholz genauso: »Wir Frauen nehmen Dinge oft anders war und wir legen den Finger manchmal deutlicher in die Wunde.« So habe sie etwa früh begonnen, die Einzeltätertheorie im Bereich Rechtsextremismus zu hinterfragen. Diese wurde immer wieder von Behördenchefs vorgetragen. Außerdem hätte sie als einzige Frau im Gremium Themen im Blick gehabt, die männlichen Kollegen tendenziell weniger beachtet hätten, etwa die spezielle Rolle von Frauen im IS oder als Partnerinnen von Neonazis. »Oft sind es ja Frauen, die Dinge anzeigen und großen Einfluss auf die Familien haben, deswegen muss man ihre Funktionen schon genau beachten.« Auch deswegen sei es wichtig, dass in den Diensten genügend Frauen arbeiten.

Fograscher von der SPD stimmt ihr zu, sagt, dass gerade beim Rechtsextremismus lange ignoriert worden sei, welche »stabilisierende Funktion« die Frauen der Szene hatten, weil sie sich um die Organisation im Hintergrund genauso wie um das familiäre Leben und die Vernetzung kümmern würden – und dass es eben nicht nur um »Rechtsextreme im Männlichkeitswahn« gehe. Sie ist überzeugt: »Es gibt immer Probleme, wenn irgendwo fast nur Männer vertreten sind, weil dann der weibliche Blick fehlt.« Auch im wesentlich größeren Innenausschuss des Bundestags gebe es zu wenig Frauen, findet sie. Von 47 ordentlichen Mitgliedern sind nur 18 weiblich, also ein gutes Drittel, bei den Stellvertretenden ist es etwas mehr.

Tatsächlich haben die deutschen Nachrichtendienste Frauen immer wieder unterschätzt. Jahrzehntelang wurden sie nicht als Akteurinnen und Täterinnen gesehen, sondern als Mitläuferinnen und schmückendes Beiwerk. Mit der Selbstenttarnung des NSU um Beate Zschäpe sowie den Frauen, die sich dem Islamischen Staat angeschlossen haben, hat sich dies verändert, allerdings nur langsam. 2021 veröffentlicht das Landesamt für Verfassungsschutz in Baden-Württemberg eine Studie zu Frauen und ihren Rollen im Extremismus, vergleicht die Frauenbilder rechtsextremistischer und islamistischer Gruppen. Die Studie kommt zu dem Schluss: »Frauen und weibliche Rollenbilder stabilisieren das soziale Gefüge der extremistischen Organisationen. Dieser Aspekt sollte in Forschung und Praxis eine größere Beachtung erfahren.«[5]

Auch Spioninnen haben die Behörden nicht ausreichend im Visier, zumindest gibt es bislang wenige Erfolge gegen sie. Zwischen 2011 und 2021 sind bei Ermittlungsverfahren, die das Bundeskriminalamt wegen geheimdienstlicher Agententätigkeit führte, »weibliche Beschuldigte bislang etwa im einstelligen Bereich in Erscheinung getreten«, teilt das Amt mit – also maximal neun Frauen, in zehn Jahren. Eine genauere Zahl wollen sie nicht nennen. Zu Spioninnen, die an Cyberattacken und digitaler Sabotage beteiligt sind, »liegen bisher keine speziellen Erkenntnisse« vor, schreibt das BKA. Zu der Rolle von Agentinnen ausländischer Nachrichtendienste in Deutschland könne man auch keine konkrete Bewertung abgeben, da ebenso keine speziellen Erkenntnisse vorlägen.

Eine Umfrage unter den Landesämtern für Verfassungsschutz, die im jeweiligen Bundesland für Spionageabwehr zuständig sind, ergibt ein ähnliches Bild: Auf die Frage, ob es zwischen 2010 und 2022 Fälle von geheimdienstlicher Agententätigkeit gab, in denen eine oder mehrere Frauen tatverdächtig waren, antworten neun, dass sie zu Vorfällen im Bereich der Spionage nicht öffentlich Stellung nehmen könnten. Sieben Ämter sehen das anders. Bayern nennt einen Fall: das Ehepaar Klara K. und Klaus L., das im Auftrag der Volksrepublik China spionierte. Niedersachsen lässt wissen, dass »mehrere Spionagesachverhalte im Bereich der Informationsbeschaffung in Behörden und Hochtechnologieunternehmen« bearbeitet worden seien, bei denen Frauen beteiligt waren. »Allerdings sind sie immer gemeinsam mit männlichen Akteuren aufgefallen.« Brandenburg teilt mit, dass Frauen »in der jüngeren Vergangenheit durchaus Gegenstand der Verdachtsfallbearbeitung der Spionageabwehr des Landes Brandenburg« gewesen seien. »Zu einer Verurteilung wegen geheimdienstlicher Agententätigkeit ist es jedoch in keinem Fall gekommen.« Die restlichen vier Landesämter – Sachsen, Sachsen-Anhalt, Thüringen und das Saarland – konnten in den vergangenen zwölf Jahren keine einzige Spionin enttarnen. Letzteres schreibt sogar, dass man seit 2010 keinen einzigen Fall von Spionage ermittelt habe, weder bei Frauen noch bei Männern.

2019 haben Ermittler, die den Tiergartenmord aufklären wollen, zwar eine Frau im Visier, doch auch hier kommt es nicht zu einem Verfahren. In dem Sommer wurde der tschetschenisch-stämmige Georgier Zelimkhan Khangoshvili ermordet, mitten in Berlin durch eine Glock 26 mit Schalldämpfer. Er war ein bekannter Aktivist, der in Opposition zum Kreml stand. Der russische Attentäter Vadim Krasikov wird von Passanten beobachtet und kann kurz nach der Tat von der Polizei festgenommen werden. Im Dezember 2021 wird er wegen Mordes und illegalen Führens einer Waffe zu einer lebenslangen Haftstrafe verurteilt, der Strafsenat des Berliner Kammergerichts stellt eine besondere Schwere der Schuld fest. In dem Urteil wird der russische Präsident Wladimir Putin mitverantwortlich für den Auftragsmord gemacht, der Senat nennt diesen »einen Fall von Staatsterrorismus«. Krasikov habe die Tat im »Auftrag und mit Unterstützung staatlicher Stellen der Russischen Föderation über einen längeren Zeitraum professionell vorbereitet und ausgeführt«. Mit anderen Worten: Russische Geheimdienste waren in den Fall involviert.

Im Rahmen einer Zeugenvernehmung hören die Ermittler, dass eine junge Immobilienunternehmerin aus Berlin im Februar 2019 in telefonischem Kontakt mit einem hochrangigen Geheimdienstler aus Russland stand. Der Mann ist Leiter jener Einheit des Militärnachrichtendienstes GRU, die für den Giftanschlag auf den Überläufer Sergei Skripal und dessen Tochter im März 2018 in Großbritannien verantwortlich gemacht wird. Es beginnen umfangreiche Nachforschungen, in die das Bundesamt für Verfassungsschutz eingebunden ist. Die Ermittlungen fördern zutage, dass die Frau in der Vergangenheit ein Praktikum bei einer auf Russland spezialisierten Visaagentur machte, fast immer ein Indiz für Kontakte zu Nachrichtendiensten. Außerdem finden sie heraus, dass ihr Vater ebenso Kontakt pflegt zu jenem GRU-Mann – und zu weiteren hochrangigen Nachrichtendienstlern in Russland. Der Verdacht der Ermittler: Die Immobilienunternehmerin oder ihr Vater stellten Vadim Krasikov eine Wohnung zur Übernachtung zur Verfügung. Ihre Konten, ihre geschäftlichen Aktivitäten und Handynummern werden überprüft. Doch die Ermittler finden keine handfesten Beweise für ihre Vermutung. Auch das Bundesamt in Köln kann nicht weiterhelfen. Am Ende gehen die Ermittler davon aus, dass es sich am ehesten um rein private Kontakte handele – und lassen die Spur versanden, im Prozess spielt sie keine Rolle. Bis heute konnten keine weiteren Beteiligten des Tiergartenmordes identifiziert werden. Niemand weiß, wer dem Täter die Waffe in Berlin übergeben hat, wo er übernachtete und wer das Opfer und den späteren Tatort vorab ausspioniert hat.

Nach und nach stellen die Ämter aber nicht nur mehr Frauen ein, sondern führen sie zunehmend als Quellen – gerne durch Kolleginnen. Der Prozess hat sich in den letzten Jahrzehnten kaum verändert, noch immer kommt zuerst die Forschung, dann die Werbung durch eine andere Person und danach die Übergabe an eine V-Personen-Führerin. Die Quellen werden nach einem Punktesystem bewertet. Dabei geht es vor allem um die Qualität der Informationen, die Ehrlichkeit der Quelle und darum, welche Gefahr für sie bei der Beschaffung bestand. Die Motivation für V-Personen ist laut Verfassungsschützern häufig nicht Geld, wie viele denken, sondern soziale Anerkennung. Manche suchen Hilfe und Beratung, es sei beispielsweise nicht unüblich, beim Ausfüllen eines Lohnsteuer- oder Arbeitslosengeldantrags oder der Jobsuche zu helfen: »Man übernimmt oft die Tätigkeit eines Lebenscoachs.« Letztlich arbeite man mit Menschen, deren Schicksalsschläge sie erst zu Quellen werden lassen. Je stärker die Motivation, umso besser seien oftmals die Informationen, sagt ein BND-Mann. Die Kunst bestehe darin, diese herbeizuführen. »Es muss einem guten Zweck dienen, was sie da tun, denn je nach Land kann es für ihre Quelle sehr böse enden.« Unter diesem Druck entstünden ab und an emotionale bis freundschaftliche Beziehungen.

Immer wieder schießen die Ämter aber über das Ziel hinaus, wenn sie Quellen anwerben – selbst in den vergangenen Jahren noch. Der Fall einer Frau zeigt, dass nicht jeder Verfassungsschutz aus dem NSU-Skandal gelernt hat, obwohl er die Behörden in ihre tiefste Krise gestürzt hatte, mehrere Leiter und Leiterinnen zurückgetreten sind. Denn nach der Selbstenttarnung 2011 war bekannt geworden, dass der Staat die Szene durch Gehälter für V-Personen mitfinanziert hatte. Dabei hatte das BKA das Bundesamt schon 1997 in einem als geheim eingestuften »Positionspapier« gewarnt, dass die Gefahr bestehe, dass »Quellen des Verfassungsschutzes (VS) sich gegenseitig zu größeren Aktionen anstacheln«, ein »Brandstifter-Effekt« drohe. Die V-Personen seien keine Lösung, sondern Teil des Problems, die Neonazis würden so nicht bekämpft, sondern vom Geheimdienst beschützt. Es war ein Brandbrief.

Doch das bayerische Landesamt für Verfassungsschutz nutzt vor wenigen Jahren noch, während es mitten in der Aufklärung des NSU-Skandals steckt, eine Frau als V-Person in der islamistischen Szene, die enge Kontakte zu Islamfeinden hat und entsprechend ideologisch vorgeprägt sein dürfte. Wie sehr, zeigt sich darin, dass sie später für Bundestagsabgeordnete der extrem rechten AfD arbeitet und sich bei deren Jugendorganisation engagiert. Es ist Anfang 2014, als sich die junge Frau, die in Regensburg einen Bachelor in Deutsch-Tschechischen Studien macht, selbst dem bayerischen Landesamt anbietet. Und obwohl viele altgediente Verfassungsschützer sagen, dass man gerade Selbstanbieterinnen und Selbstanbieter besonders durchleuchten müsse, bevor man mit ihnen arbeitet, geschieht dies in ihrem Fall offenbar nicht – oder es ist dem Landesamt egal.

Knapp zwei Jahre lang, sagt die Frau selbst, will sie unter dem Decknamen »Maja« fast wöchentlich in Moscheen Informationen gesammelt und gegen Geld an den Verfassungsschutz weitergegeben haben. Sie konvertiert zum Schein sogar zum Islam, trägt Nikab, jenen von muslimischen Frauen getragenen Schleier, der das Gesicht, nicht aber die Augen bedeckt. Offiziell bestätigt der Verfassungsschutz zwar nicht, dass Maja für ihn gearbeitet hat, dementiert aber auch nicht, sondern schickt nur seine Standardantwort: »Zu Fragen operativer Angelegenheiten, insbesondere zum Einsatz etwaiger V-Personen, kann sich das Bayerische Landesamt für Verfassungsschutz nicht gegenüber den Medien äußern.« Doch es gibt viele Indizien – und einen Beleg, dass sie als V-Frau gearbeitet hat.

So hat sie der tschechischen Zeitung *MF Dnes* ein Interview gegeben, zwar anonym, aber mit Foto im Nikab. Darin beschreibt sie, wie sie mit einem Diktiergerät Predigten aufgezeichnet und mit einem Handy fotografiert habe. Außerdem gibt es Fotos, die sie vor einer Moschee zeigen. Eine Muslimin, die auf einem der Fotos zu sehen ist, bestätigt, dass sie die Tschechin in der Moschee kennengelernt habe – und dass sie irgendwann einfach verschwunden sei. Und es gibt Chats mit ihrem Ex-Freund. Ihm erzählt die Frau von ihrer Tätigkeit als Informantin. Sie beschwert sich bei ihm zum Beispiel über ihre Kontaktperson beim Verfassungsschutz, den sie »Andi« nennt: »Heute hat mich Andi ziemlich angekotzt. Er hat gesagt, dass ich die arabischen Predigten nicht aufnehmen muss, weil die Behörde leider keine Kapazitäten hat, sie zu analysieren.« Ihr ist es offenbar wichtig, dass der Nachrichtendienst mehr gegen Muslime unternimmt.

»Majas« tschechischer Ex-Freund ist nicht irgendwer. Er nennt sich Journalist, ist aber Aktivist und eng mit islamfeindlichen Kreisen verbandelt: Er schreibt für ein Portal, das nach der rechtsextremen Verschwörungsideologie vom Bevölkerungsaustausch benannt ist, gibt der extrem rechten »Czech Defence League« ein Interview. Diese »Liga« wurde initiiert von Martin Konvička, der später Chef des tschechischen »Blocks gegen den Islam« war. Gegen Konvička wurde wegen Volksverhetzung ermittelt, weil er gefordert hatte, dass Muslime in Konzentrationslager gesperrt und aus ihnen Fleisch- und Knochenmehl gemacht werden solle. Konvička gründete die Gruppe »Islám v České republice nechceme«, »Den Islam wollen wir in der Tschechischen Republik nicht«. Bei einem Treffen dieser Gruppe lernte die spätere V-Frau ihren Ex-Freund kennen.

Die Beziehung der beiden ist nicht gut auseinandergegangen. Er bezichtigt sie, Informationen von seinem

Computer gestohlen zu haben, sie wiederum sagt, er habe ihr lange Geld geschuldet und wolle ihren Ruf zerstören. Tatsächlich hat er AfD-Abgeordnete über ihre Vorgeschichte informiert, Artikel über sie verfasst, ihren Namen genannt, Lügen verbreitet. All das endete in einem Rechtsstreit, sie wollte ihn daran hindern, über sie zu berichten. Doch er gewann. In jenem Beschluss findet sich der Beleg, dass »Maja« als V-Frau gearbeitet hat. Denn der bayerische Verfassungsschutz hat das Gericht in einem Brief vom 21. Februar 2020 vor ihrer Enttarnung gewarnt, diese sei risikobehaftet. Hätte »Maja« nicht für das LfV gearbeitet, gäbe es diesen Brief nicht. Im Prozess gab sie zudem selbst detailliert Auskunft über ihre Spitzelei in Moscheen.

Ab 2018 arbeitet die Frau für die AfD, kommt über ein Internationales Parlamentsstipendium zu einem Abgeordneten, der sie danach in Vollzeit anstellt. Offenbar gefällt es ihr in der Partei, sie arbeitet danach bei zwei anderen Bundestagsabgeordneten, wird sogar in einen Landesvorstand der »Jungen Alternative« gewählt. Dort hat man kein Problem mit ihrer Arbeit für den Verfassungsschutz, den man ansonsten gern als »Regierungsschutz« diffamiert – schließlich ist die Jugendorganisation der AfD ein rechtsextremistisches Beobachtungsobjekt. In ihrem Fall findet man aber, die Zusammenarbeit mit dem Nachrichtendienst sei »lobenswert«, denn: »Beim Thema Salafismus sind wir mit dem Verfassungsschutz auf einer Seite.«

Als der *SPIEGEL*[6] im Sommer 2020 über den Fall berichtet, kritisieren bayerische Abgeordnete von SPD und

Grünen den Verfassungsschutz scharf, sprechen von einem »handfesten Skandal«[7]. Die Behörde mache sich »bundesweit zum Gespött«, der Einsatz »dieser zweifelhaften Agentin« zeuge »entweder von provinzieller Inkompetenz des bayerischen Geheimdienstes oder von fragwürdiger politischer Motivation«.[8] Sie fordern Aufklärung und dass das Landesamt künftig sorgfältiger prüfen solle, wen es als V-Person einsetze. Es solle verhindert werden, dass diese aus ideologischen oder wirtschaftlichen Gründen nicht verlässliche Informationen liefern. Das Landesamt für Verfassungsschutz in Bayern äußert sich nicht zu dem Fall oder möglichen neuen Richtlinien.

Es gibt nur eine Spitzenkraft aus dem Verfassungsschutz, die sich öffentlich und kritisch in die Debatte einschaltet: Insbesondere bei sogenannten Selbstanbietern sei »gerade die Motivation«[9] kritisch zu hinterfragen. »Insoweit wären doch erhebliche Zweifel an der persönlichen Eignung angezeigt.«[10] Es ist Beate Bube, die einzige Frau, die aktuell einen Landesverfassungsschutz in Deutschland leitet.

Nachwort

Am Donnerstag, den 24. Februar 2022, überfällt Russland die Ukraine, zieht gegen einen souveränen Staat in den Krieg. Putin beweist der Welt einmal mehr, zu welchen Grausamkeiten er fähig ist. Er lässt seine Soldaten morden, foltern und vergewaltigen, ohne Rücksicht auf ukrainische Zivilisten – und eigene Verluste. Die Aggression, mit der er vorgeht, rüttelt auch so manchen westlichen Nachrichtendienst wach: Das Bundesamt für Verfassungsschutz bittet wenige Wochen danach bei der Regierung um zusätzliche Haushaltsmittel für rund 50 Stellen – in der Spionage- und Cyberabwehr. Dass man nun gerne schlagkräftiger gegen russische Einflussversuche wäre, machen die deutschen Dienste allerdings nicht öffentlich.

In den USA handhabt man das anders. Im April 2022 gibt FBI-Direktor Christopher Wray dem Fernsehsender CBS ein langes Interview, berichtet, wie Russland auch gegen andere Länder Krieg führt, ohne Panzer und Bomben. So versuche der Kreml etwa, die Bevölkerung zu beeinflussen, damit sie das Vertrauen in die Demokratie verliert. Es sei ein »reales Risiko«, dass sie damit Erfolg haben, so Wray, davor müsse man sich schützen. Die Russen würden dafür mit Desinformation arbeiten, das sei »ein wichtiger Teil ihres Arsenals«. Es gebe Cyber-Söldner ebenso wie Cyber-Kriminelle, die die Situation für sich ausnutzen würden. Das FBI gehe deswegen neue Wege, sagt Wray, sein Dienst habe »nachrichtendienstliche Produkte« und »technische Informationen« an private Unternehmen weitergegeben, damit diese sich, ihre Kunden und die Bürgerinnen schützen könnten. Ähnlich handhaben das die Briten. MI6-Chef Roger Moore warb bei seiner Antrittsrede 2021 außerdem für eine neue Kultur: »Wir müssen offener werden, um geheim bleiben zu können.«

In deutschen Nachrichtendiensten gibt es dagegen kaum Anstrengungen, transparenter über die eigene Arbeit zu berichten und zu erklären, warum man tut, was man tut. Mehr noch: So mancher Behördenchef oder leitende Beamte der letzten Jahre hält selbst die geheim tagenden Kontrollgremien der deutschen Parlamente, die die Dienste beaufsichtigen sollen, für nervig und unnötig. Fragt man, woran die Zurückhaltung liegt, werden Sicherheitsgründe genannt. Das Problem: Behörden, die sich abschotten oder nur das Nötigste preisgeben, wenn mal wieder Fehler gemacht wurden, können kein Verständnis für ihre Arbeit verlangen. Und auch nicht erwarten, dass Bürgerinnen und Bürger darauf vertrauen, dass sie ihr Bestmögliches tun, um die Demokratie zu schützen.

Unser Buch zeigt, dass die Nachrichtendienstlerinnen dies eher verstanden haben als ihre männlichen Kollegen. Sie treten für so viel Transparenz wie möglich ein, bei aller Loyalität zu ihren Behörden und der nötigen Geheimhaltung von operativen Maßnahmen. Es waren häufig ihre

Ideen, die nachrichtendienstliche Arbeit professionalisiert haben. Und sie waren es, die sich für eine andere Fehlerkultur eingesetzt haben – unter anderem, indem sie selbst Verantwortung übernahmen, als welche passierten. Wenn die Unsichtbaren sich häufiger durchsetzen könnten, dürfte sich der Ruf der Dienste bessern, noch dazu würde ihr Blick die Analyse schärfen und helfen, Frauen als Täterinnen ernster zu nehmen, zu verstehen und zu enttarnen.

Seit über hundert Jahren haben Agentinnen bewiesen, dass sie das Geschäft mit Informationen sehr gut beherrschen – es hat nur kaum jemand mitbekommen. Dieses Buch zeigt, wie umtriebig die Unsichtbaren waren, schon seit dem Kaiserreich. Auch wenn sie zunächst Einzelkämpferinnen waren, spionierten sie erfolgreich. Sie setzten neue Impulse, bauten etwa Netzwerke aus Deserteuren auf, die Informationen von ihren ehemaligen Kameraden einsammelten. Nach und nach wurden mehr Agentinnen eingesetzt, und es wurde ausgenutzt, dass sie unsichtbar waren. In der Weimarer Republik riskierten Frauen ihr Leben, um demokratiefeindliche Truppen auszuspionieren, in der Hoffnung, den Faschismus aufzuhalten – doch wirkliche Anerkennung bekamen sie immer noch nicht. Sie wurden sogar doppelt bestraft, waren unterdrückt von einer männerdominierten Gesellschaft und von Vorgesetzten, die ihre Erfolge für sich beanspruchten.

Während der NS-Zeit wurde das nicht besser, im Gegenteil: das misogyne Frauenbild sorgte dafür, dass bei Spioninnen vor allem ihre Sexualität im Vordergrund stand und ihnen sonst nichts zugetraut wurde. Dabei gab es zahlreiche Frauen, die sich gegen den Nationalsozialismus wehrten, auch mit Gewalt. Und am Ende war eine unentdeckte Doppelagentin mit dafür verantwortlich, dass der D-Day gelingen konnte und die Alliierten den Zweiten Weltkrieg gewannen. Die Unsichtbaren prägten die deutsche Geschichte maßgeblich, halfen dabei, den Grundstein für die heutige moderne Demokratie zu legen.

Nach dem Nationalsozialismus mussten sich die Frauen erst einmal ihren Platz in der deutschen Gesellschaft erkämpfen, das galt auch für die Agentinnen. Die Ostblockstaaten wussten das im Kalten Krieg für sich zu nutzen, sie rekrutierten in Westdeutschland Sekretärinnen, die lange als unverdächtig galten, obwohl sie enorm viel Wissen horteten und oftmals die wahren Chefinnen waren. Die Frauen waren außerdem ideologisch gefestigter als es die meisten Nachrichtendienstler wahrhaben wollten, sie spionierten freiwillig und erfolgreich, etwa bei CDU-Vize Kurt Biedenkopf, und nicht nur, weil Liebhaber es von ihnen verlangten. Mit ihren Informationen wurde Politik gemacht, von Männern. Westliche Agentinnen besorgten ebenso Informationen, durchkreuzten Operationen der Stasi und des KGB. Der männlich dominierte Blick in den Behörden sorgte unterdessen dafür, dass ihnen Agentinnen anderer Staaten und Terroristinnen wie von der RAF durchrutschten, es fehlten weibliche Nachrichtendienstlerinnen. Das ist bis heute so, auch das zeigt unser Buch.

Der Einmarsch Russlands in die Ukraine führte uns außerdem vor Augen, wie sich Geschichte wiederholen kann, zumindest in Teilen. Denn als der Angriffskrieg startete, schrieben wir gerade das Kapitel zum Kalten

Krieg, was zu seltsamen Momenten führte: Die Sprache, die der russische Präsident im Februar wählte, um seine Gräueltaten zu rechtfertigen, ähnelt der Stasi-Rhetorik auf erschreckende Weise. Putin spricht davon, dass die NATO in der Ukraine »extreme Nationalisten und Neonazis« unterstützen würde, um ihr eigenes Ziel, nämlich eine Ausdehnung des »NATO-Blocks« nach Osten zu erreichen. Die westliche »Kriegsmaschinerie« nähere sich den russischen Grenzen, so Putin. In den historischen MfS-Dokumenten ist die Rede vom »faschistischen Terror der Adenauerbehörden«, der »Adenauerschen Propagandamaschine«, »westdeutschen Militaristen« und verbrecherischen Absichten der »anglo-amerikanischen Imperialisten«. Ein Ausflug in Archive, um bestimmte Sichtweisen und Zusammenhänge zu verstehen, hilft also immer.

Auch der Blick ins Ausland lohnt sich. Unsere Gesprächspartner verwiesen dabei gern auf die »Dienste Ihrer Majestät«. Denn die britischen Nachrichtendienste wären in mindestens zwei Dingen weiter als die Deutschen, sagen sie. Zum einen würden sie die Prioritäten richtig setzen: »Die Auswertung und Analyse ist das Kernstück der Arbeit – die Beschaffung ist dem nachgeordnet«, sagt eine ehemalige Spitzenbeamtin aus dem Verfassungsschutz. Sie würden zielgerichteter Informationen sammeln. Der ehemalige Top-Spion des BND, Gerhard Conrad, der inzwischen in London lehrt, stimmt dem zu. Und sieht einen zweiten Punkt: eine diversere Einstellungspolitik. »Die Briten bekommen das meines Wissens momentan am besten hin«, sagt er, sie würden dies tun, »um die unterschiedlichen Herangehensweisen an Sachverhalte abzudecken«. Im analytischen Bereich brauche man Frauen, Männer und Diverse, um die beschafften Informationen auch wirklich verstehen zu können, sagt Conrad: »Da ist es sogar besonders wichtig, dass man einen breiten Mix in Arbeitsgruppen hat, auch von sozialen Erfahrungen, Prägungen und Perspektiven.«

Tatsächlich bemühen sich die britischen Dienste schon seit ein paar Jahren um mehr Diversität. Zwar liegt auch bei ihnen der Frauenanteil nur bei rund 40 Prozent, aber der Inlandsgeheimdienst MI5 schaffte es schon 2016 in die von der britischen Zeitung *Times* zusammengestellte Liste der 50 Top-Arbeitgeber für Frauen. Der Auslandsgeheimdienst MI6 startete 2018 eine Kampagne, um mehr Frauen und nicht-weiße Menschen zu rekrutieren. Und 2021 entschuldigte sich MI6-Chef Moore öffentlich bei der LGBTIQ-Community. Sie durften bis 1991 nicht für den Nachrichtendienst arbeiten, weil man dachte, dass sie besonders erpressbar seien. Die Regelung sei »falsch, ungerecht und diskriminierend« gewesen, so Moore, außerdem habe es auch danach noch Diskriminierung gegeben. Er kündigte zudem an, alles daran zu setzen, dass er der letzte MI6-Boss sei, »der aus einer ausschließlich männlichen, weißen, heterosexuellen Kandidatenliste ausgewählt werde«.

Der Wunsch nach mehr Diversität hat auch einen anderen Briten erreicht: Bond, James Bond. Noch bevor sein neuester Film im September 2021 über die Leinwand flimmert, dreht sich schon eine Debatte um den nächsten. Schließlich ist es Daniel Craigs letzter Auftritt als Bond, es braucht danach einen neuen »007«. Manche fordern, es solle nach *Keine Zeit zu sterben* nun auch mal eine Frau die Rolle übernehmen, es habe ja schon 25 Bond-Filme mit sechs unterschiedlichen Hauptdarstellern gegeben. Andere sähen gerne einen schwarzen Schauspieler als Martini-trinkenden Agenten. Craig äußerte sich im Zuge der Interviews zum Filmstart selbst zu der Frage: »Die Antwort darauf ist ganz einfach«, sagte er. »Es sollte einfach bessere Rollen für Frauen und schwarze Schauspieler geben.« Jemand sollte Filme für Frauen schreiben, die genauso gut wären wie Bond – und auf sie zugeschnitten sind.

Seit ein paar Jahren werden tatsächlich mehr Spionagefilme mit Frauen in der Hauptrolle gedreht. In *The 355*, einem hochkarätig besetzten Actionfilm mit Diane Kruger, Lupita Nyong'o, Jessica Chastain, Penélope Cruz und Fan Bingbing, schließen sich fünf Frauen zusammen. Sie wollen eine neuartige Waffe aus den Händen einer terroristischen Organisation retten, die droht, den Dritten Weltkrieg anzuzetteln. Es gelingt ihnen, indem sie ihre eigenen Dienste verlassen. Der Film endet damit, dass die fünf auf der Straße in einer Wohngegend stehen, ein junges Paar mit Kinderwagen spaziert an ihnen vorbei. Agentin Marie, gespielt von Kruger, sagt: »Sieh sie dir an, da gehen sie spazieren, fühlen sich sicher in ihrem kleinen Leben. Und werden nie erfahren wie nah sie dran waren, alles zu verlieren.« Die Computerspezialistin Khadijah, gespielt von Nyong'o, fügt hinzu: »Oder wer sie gerettet hat. Wir wurden ausradiert, wir sind unsichtbar.«

Dank

An dieser Stelle müssten eigentlich eine Vielzahl von Namen stehen: Von jenen Agentinnen und Agenten, ehemaligen wie aktiven, aus deutschen und ausländischen Nachrichtendiensten, die mit uns gesprochen haben. Sie gaben uns einen Blick in die Vergangenheit, Gegenwart und Zukunft ihrer Arbeit. Ohne sie hätte dieses Buch so nie entstehen können. Viele, die mit uns redeten, haben sogar Disziplinar- oder Strafverfahren riskiert. Sie sind eigentlich zu Verschwiegenheit verpflichtet, selbst, wenn sie nicht mehr für einen der Dienste arbeiten.

Stellvertretend für diese Menschen danken wir jenen, die offiziell mit uns gesprochen haben: Silvia Reischer, der ersten Abteilungsleiterin im BND, und ihrem ebenso ausgeschiedenen Kollegen Gerhard Conrad, einem ehemaligen Top-Spion des Dienstes. Großer Dank geht auch an Beate Bube, die aktuell als einzige ein Landesamt für Verfassungsschutz führt, und ihren Kollegen Thomas Haldenwang, den Chef des Bundesamtes für Verfassungsschutz. Unsere Kontakte zu den Behörden liefen über die Pressestellen, dafür danken wir Angela Pley vom BfV, Isabelle Kalbitzer, damals BND, und Julian Illi vom LfV Baden-

Württemberg. Sie organisierten weitere Gespräche, aus denen Zitate autorisiert wurden, auch wenn die Frauen nicht namentlich genannt werden sollen. Gemeint sind: eine Abteilungsleiterin des BfV und zwei Mitarbeiterinnen aus der Abteilung Rechtsextremismus, zwei Frauen aus der Abteilung Internationaler Terrorismus des BND sowie die Führungskraft aus dem Landesamt in Stuttgart. Außerdem danken wir den Historikerinnen und Historikern des BND und des Bundesamts für Verfassungsschutz, die Akten in ihren Archiven suchten und uns aufbereiteten.

Selbstlos standen uns auch Expertinnen und Experten mit ihrem Fachwissen zur Verfügung. Sie haben geholfen, gewonnenes Wissen einzuordnen, Hintergründe und Historisches besser zu verstehen. Dazu zählen Tammy Proctor, Kathryn Barbier, Steve Vogel, Manuel Debruyne, Holger M. Meding, Wolfgang Krieger, Frank Walker, Reiner, Rapet, Corinne und Gerard Liard. Welche Bedeutung das Archivieren von Dokumenten und das Verwalten dieses Wissens hat, haben wir während der Recherche ständig erlebt. Wir danken daher auch den Mitarbeiterinnen und Mitarbeitern des Bundesarchivs, der Stadtarchive aus Düsseldorf, Erfurt und Wien, des Landesarchivs Berlin, des Archivs des Erzbistums Köln, des Bischöflichen Diözesanarchivs Aachen, des Wiener Zentralfriedhofs und des Nationalarchivs der Vereinigten Staaten, insbesondere Caren Puchert vom Stasi-Unterlagen-Archiv sowie Peter Klefisch aus der Abteilung Rheinland vom Landesarchiv Nordrhein-Westfalen.

Im *SPIEGEL* ist unser Projekt von Anfang an auf Begeisterung und Unterstützung gestoßen. Besonders wollen wir uns bei Melanie Amann und Martin Knobbe, unserer damaligen Berliner Büroleitung, bedanken. Ebenso bei Angelika Mette und Rieke Gellert, die das Buchprojekt in unserem Haus betreut haben sowie Julia Kompe, unserer Lektorin der Penguin Random House Verlagsgruppe. Die Kollegen Christoph Hickmann, Jonas Schaible, Christoph Schult und Bertolt Hunger halfen uns mit ihrer Expertise, Rat und Kontakten.

Unseren Familien, Freundinnen und Freunden danken wir besonders für ihre Unterstützung, ihre kritischen Anmerkungen und viel Geduld: Alfred, Beate, Dorle, Sarah, Jürgen, Kathrin, Caro, Patrick, Anna, Klaus und Nikolas, Kristiana, die Tripplfööss, Emily, Rosa und Marie, Andreas, Andrea, Mareen, Lore, Uli, Nathalie, Julien, Laura, Matze, Roman und Nino. Schön, dass es euch gibt!

Anmerkungen

1 Spioninnen erobern das Kaiserreich

1 Bundesarchiv (BArch), R 3001/5034, fol. 1 ff.
2 Ebenda.
3 Ebenda.
4 Ebenda.
5 Ebenda.
6 Ebenda.
7 Ebenda.
8 Ebenda.
9 Ebenda.
10 Ebenda.
11 Ebenda.
12 Ebenda.
13 Ebenda.
14 Ebenda.
15 Ebenda.
16 Ebenda.
17 BArch, RM 3/4546, fol. 144–150.
18 BArch, RM 3/4549, fol. 119–155.
19 BArch, RM 3/4543, fol. 44.
20 BArch, PH 3/541, fol. 161–162.
21 Mailkorrespondenz mit Emmanuel Debruyne, 19.10.2021–27.04.2022.
22 Dewé, Walthère in: Debruyne, Emmanuel, »Une ›guerre des femme‹? L'engagement féminin dans les réseaux de renseignement en Belgique et en France occupées«, in: Revue de recherche sur le renseignement, n°1 (Veröffentlichung erfolgt Ende 2022).
23 Ebenda.
24 Ebenda.
25 BArch, PH 7/19, fol. 1.
26 Ebenda.
27 BArch, RW 5/47, fol. 260–261.
28 Ebenda.
29 Nicolai, Walter, *Geheime Mächte: Internationale Spionage und ihre Bekämpfung im Weltkrieg und heute*, (Leipzig, 1925), S. 56.
30 Nicolai, Walter, *Geheime Mächte*, S. 93.
31 Ebenda.
32 Ebenda.
33 BArch, RW 5/654, fol. 364.
34 BArch, RW 5/49, fol. 21.
35 Ebenda.
36 BArch, RW 5/49, fol. 29–30.
37 BArch, RW 5/48, fol. 67–68, 316.
38 BArch, RW 5/43, fol. 186–188.
39 Ebenda.
40 Ebenda.
41 Ebenda.
42 Ebenda.
43 Ebenda.

44 BArch, RM 3/4547, fol. 163–164.
45 Ebenda.
46 Ebenda.
47 Kaiser, Tobias, »Stimmen gegen das Wahlrecht – der ›Deutsche Bund zur Bekämpfung der Frauenemanzipation‹ und andere GegnerInnen«, *Bundeszentrale für politische Bildung*, 12.11.2018, https://www.bpb.de/themen/zeitkulturgeschichte/frauenwahlrecht/278830/stimmen-gegen-das-wahlrecht-der-deutsche-bund-zur-bekaempfung-der-frauenemanzipation-und-andere-gegnerinnen, (aufgerufen am: 23.01.2022).
48 Schragmüller, Elsbeth, »Aus dem deutschen Nachrichtendienst«, in: Felger, Friedrich/Jost, Walter, *Was wir vom Weltkrieg nicht wissen*, (Leipzig, 1938), S. 124–139.
49 Ebenda.
50 Ebenda.
51 Ebenda.
52 Ebenda.
53 Ebenda.
54 Ebenda.
55 Ebenda.
56 Ebenda.
57 BArch, RW 5/43, fol. 196–199.
58 BArch, RW 5/48, fol. 77.
59 Ebenda.
60 Ebenda.
61 Ebenda.
62 BArch RW 5/49, fol. 216–221.
63 Ebenda.
64 Ebenda.
65 Ebenda.
66 Schragmüller, Elsbeth, »Aus dem deutschen Nachrichtendienst«, S. 124–139.
67 Ebenda.
68 Ebenda.
69 Ebenda.
70 Ebenda.
71 Ebenda.
72 BArch, RW 5/43, fol. 281.
73 BArch, RW 5/49, fol. 288–290.
74 Ebenda.
75 Ebenda.
76 Ebenda.
77 Epkenhans, Michael/Groß, Gerhard P. /Pöhlmann, Markus/Stachelbeck, Christian (Hrsg.), *Geheimdienst und Propaganda im Ersten Weltkrieg. Die Aufzeichnungen von Oberst Walter Nicolai 1914 bis 1918*, (Berlin – Boston, 2020), S. 224.
78 Ebenda.
79 BArch, PH 3/989, fol. 8–21.
80 BArch, R 901/35975, fol. 202–205.
81 BArch, RM 3/4547, fol. 154.
82 Ebenda.
83 Ebenda.
84 BArch, RM 3/4546, fol. 226–227.
85 Ebenda.
86 BArch, RM 3/4546, fol. 144–150.
87 BArch, RW 5/48, fol. 335–338.
88 Ebenda.
89 BArch, RM 3/4547, fol. 35–36.
90 Ebenda.
91 Ebenda.
92 BArch, RM 3/4547, fol. 261–263.
93 Ebenda.
94 Ebenda.
95 BArch, RM 3/4546, fol. 126–128.
96 BArch, RM 3/4547, fol. 4.
97 Ebenda.
98 BArch, RM 3/4546, fol. 139.
99 Ebenda.
100 Ebenda.
101 BArch, R 901/26458, fol. 5–22.
102 Ebenda.
103 Ebenda.
104 Ebenda.

105 Ebenda.
106 BArch, R 901/26458, fol. 44.
107 BArch, R 901/26458, fol. 63.
108 BArch, R 901/26458, fol. 75.
109 Ebenda.
110 BArch, R 901/26458, fol. 84–85.
111 Ebenda.
112 BArch, R 901/26458, fol. 94–95.
113 BArch, R 901/26458, fol. 90.
114 BArch, R 901/26458, fol. 93–94.
115 Ebenda.
116 BArch, R 901/26458, fol. 100.
117 Ebenda.
118 Ebenda.
119 Ebenda.
120 Ebenda.

2 Die Feinde der Weimarer Republik im Visier der Frauen

1 BArch, R 901/36018, fol. 197–208.
2 »Betrayed By Her Diary. Spying in Germany«, *The Mackay Daily Mercury*, 22.04.1924, https://trove.nla.gov.au/newspaper/page/18883866?, (aufgerufen am: 08.02.2022).
3 BArch, R 901/36018, fol. 197–208.
4 Ebenda.
5 Ebenda.
6 Ebenda.
7 Ebenda.
8 Ebenda.
9 Ebenda.
10 Ebenda.
11 Ebenda.
12 Ebenda.
13 Ebenda.
14 »Die Spionagegeschichte einer Schauspielerin«, *Duisburger General-Anzeiger*, Nummer 192, 26.04.1926.
15 BArch, R 1507/2170, fol. 171–193.
16 Ebenda.
17 Ebenda.
18 Ebenda.
19 BArch, RW 5/195b, fol. 137–140.
20 Videotelefonat mit Tammy Proctor, 26.08.2021, Utah/Berlin, vgl. auch Proctor, Tammy M., *Female Intelligence. Women and Espionage in the First World War*, (New York, 2003), S. 146ff.
21 Rede von Marie Juchacz, »Rezitation aus der ersten Rede einer Abgeordneten in der Nationalversammlung am 19. Februar 1919, Marie Juchacz (SPD)«, *Deutscher Bundestag*, Textarchiv, https://www.bundestag.de/dokumente/textarchiv/2019/kw03-frauenwahlrecht-rezitation-587156, (aufgerufen am: 12.04.2022).
22 Ebenda.
23 »Recht rechts«, *DER SPIEGEL*, Nr. 17, 17.04.1967, S. 64.
24 Gumbel, Emil Julius, *Vier Jahre politischer Mord*, (Berlin, 1922), S. 64.
25 Langels, Otto, »Mörderische Statistik: Gewalt von rechts«, *Deutschlandfunk*, 15.02.2016, https://www.deutschlandfunk.de/moerderische-statistik-gewalt-von-rechts-100.html, (aufgerufen am: 01.02.2022).
26 Gumbel, Emil Julius, *Vier Jahre politischer Mord*, (Berlin, 1922), S. 130.
27 BArch, R 901/35933.
28 Ebenda.
29 BArch, R 3018/12930.
30 BArch, R 1507/2111, fol. 250.
31 BArch, R 901/36024, fol. 45–53.
32 BArch, R 901/35933.
33 BArch, R 43-I/556, fol. 35–37.

34 Ebenda.
35 Ebenda.
36 Ebenda.
37 BArch, R 1501/212461.
38 Ebenda.
39 BArch, R 1507/159, fol. 98.
40 »Presseball Berlin Historie. 1832 bis 1939«, *Presseball Berlin*, https://www.presseball.de/historie, (aufgerufen am: 16.02.2022).
41 BArch, R 901/36000, fol. 45–56.
42 Ebenda.
43 Ebenda.
44 Ebenda.
45 Ebenda.
46 Ebenda.
47 Ebenda.
48 Ebenda.
49 Ebenda.
50 Ebenda.
51 Ebenda.
52 Ebenda.
53 BArch, R 3017/8835.
54 Ebenda.
55 Ebenda.
56 Ebenda.
57 Ebenda.
58 BArch, R 3017/8835.

3 Eine Doppelagentin im Kampf gegen Nazideutschland

1 Sergueiev, Lily, *Secret Service Rendered. An Agent in the Espionage Duel Preceding the Invasion of France*, (London, 1968), S. 99.
2 Ebenda.
3 The National Archives (TNA), KV 2/464.
4 TNA, KV 2/464.
5 TNA, KV 2/466.
6 Fotos, Zeitungsartikel und Dokumente aus dem privaten Archiv der Familie von Sergueiev; Videotelefonat, 23.02.2022, Paris/Berlin.
7 TNA, KV 2/464.
8 Dassel, Felix, »Lil läuft nach Berlin«, *Deutsche Allgemeine Zeitung*, 15.10.1933.
9 Benedek, Carl, »Lilli Sergejev, die wandernde Malerin. Gespräch mit der Künstlerin über ihre Verhaftung in Berlin«, *Neue Wiener Zeitung*, 8.7.1934.
10 Ebenda.
11 Ebenda.
12 Ebenda.
13 Sergueiew, Lily, »Le vrai soldat gentilhomme nous dit Goering, c'est Pétain. Une interview à Belgrade avec le premier ministre d'Hitler«, *Le Jour*, 29.10.1934.
14 Ebenda.
15 Ebenda.
16 Ebenda.
17 Ebenda.
18 Ebenda.
19 Sergueiev, Lily, *Secret Service Rendered*, S. 17–20.
20 Ebenda.
21 Ebenda.
22 Ebenda.
23 TNA, KV 2/464.
24 BArch, PERS 6/4934.
25 Ebenda.
26 Sergueiev, Lily, *Secret Service Rendered*, S. 31–91.
27 Ebenda.
28 Ebenda.
29 Ebenda.
30 Ebenda.
31 Ebenda.
32 Ebenda.
33 Ebenda.
34 Ebenda.

35 Ebenda.
36 TNA, KV 2/464.
37 Sergueiev, Lily, *Secret Service Rendered*, S. 124f.
38 Ebenda.
39 Ebenda.
40 Ebenda.
41 »Secrets & Spies. Glossary«, *National Archives*, https://www.nationalarchives.gov.uk/spies/glossary/default.htm#double, (aufgerufen am: 10.01.2022).
42 Sergueiev, Lily, *Secret Service Rendered*, S. 125–208.
43 Ebenda.
44 Ebenda.
45 Ebenda.
46 Ebenda.
47 Ebenda.
48 Ebenda.
49 Ebenda.
50 Ebenda.
51 Ebenda.
52 Ebenda.
53 Ebenda.
54 Ebenda.
55 Rose, Sarah, *D-Day Girls. The Spies Who Armed the Resistance, Sabotaged the Nazis, and Helped Win the Second World War*, (London, 2020), S. 18f.
56 Strobl, Ingrid, *»Sag nie, du gehst den letzten Weg«. Frauen im bewaffneten Widerstand gegen den Faschismus und deutsche Besatzung*, (Frankfurt am Main, 1995), S. 293–296.
57 Schweizerisches Bundesarchiv (BAR), E27#1000/721#10098.
58 BAR, E27#1000/721#10098.
59 Ebenda.
60 BAR, E5335#1000/899#4.
61 Ebenda.
62 Ebenda.
63 BAR, E27#1000/721#10098.
64 Ebenda.
65 Ebenda.
66 BAR, E5335#1000/899#5.
67 BArch, RW 5/784.
68 Ebenda.
69 Ebenda.
70 BArch, RW 49/73, fol. 104.
71 *UR MUST:S ARKIV*, https://www.forsvarsmakten.se/sv/information-och-fakta/var-historia/artiklar/ur-musts-arkiv, (aufgerufen am: 19.02.2022).
72 BArch, RW 5/195a, fol. 193–194.
73 BArch, RW 5/790.
74 Ebenda.
75 Ebenda.
76 Ebenda.
77 Ebenda.
78 Ebenda.
79 Ebenda.
80 Ebenda.
81 Ebenda.
82 Ebenda.
83 Ebenda.
84 Reile, Oscar, *Frauen im Geheimdienst*, (Illertissen, 1979), S. 119.
85 Ebenda.
86 Ebenda.
87 Ebenda.
88 BArch, RW 49/82a, fol. 88.
89 Rumler, Fritz, »Die Herren waren sehr solide«, *DER SPIEGEL*, Nr. 14, 20.03.1976, S. 200f.
90 BArch, R 58/275, fol. 22.
91 BArch, R 58/275, fol. 54.
92 BArch, RW 5/214.
93 Sergueiev, Lily, *Secret Service Rendered*, S. 208–210.
94 Ebenda.
95 Ebenda.
96 TNA, KV 2/466.

97 Sergueiev, Lily, *Secret Service Rendered*, S. 212.
98 Ebenda.
99 TNA, KV 2/466.
100 BArch, RL 2-II/476.
101 TNA, KV 2/278.
102 TNA, KV 2/466.
103 Ebenda.
104 Ebenda.
105 Ebenda.
106 Mailkorrespondenz mit dem Historiker G. Peter Winnington, 09.02.2022–18.03.2022.
107 TNA, KV 2/466.
108 Ebenda.

4 Die Agentinnen der CIA in Ost-Berlin

1 BArch, MfS, HA IX 24843, S. 1–111, 113–161, 163–202, 226–266, 268- 277, 279–297, 305–375, 382–390, 453–464.
2 Ebenda.
3 Müller, Klaus-Dieter/Reiprich, Siegfried/Vollnhals, Clemens (Hrsg.), *Wege nach Bautzen II. Biografische und autobiografische Porträts*, (Dresden, 2013), S. 77–90.
4 BArch, MfS, Liebing, Gertrud; ZK, DZK, JAK, S. 1–20.
5 BArch, MfS, HA IX 24843, S. 1–111, 113–161, 163–202, 226–266, 268–277, 279–297, 305–375, 382–390, 453–464.
6 Ebenda.
7 Ebenda.
8 Ebenda.
9 Ebenda.
10 Ebenda.
11 Ebenda.
12 Ebenda.
13 Ebenda.
14 Ebenda.
15 Ebenda.
16 BArch, MfS, Lokenvitz, Erika; ZK, DZK, JAK, S. 1–14.
17 BArch, MfS, HA IX 24843, S. 1–111, 113–161, 163–202, 226–266, 268- 277, 279–297, 305–375, 382–390, 453–464.
18 Ebenda.
19 Ebenda.
20 Ebenda.
21 Ebenda.
22 Ebenda.
23 Ebenda.
24 Ebenda.
25 BArch, MfS, HA IX 24145, S. 1–112.
26 Ebenda.
27 Borgmann, Reinhard/Staadt, Jochen, *Deckname Markus. Zwei Top-Agentinnen im Herzen der Macht*, (Berlin, 1998), S. 51.
28 CIA CREST Archive, https://www.cia.gov/readingroom/docs/1961–09–14c.pdf, (aufgerufen am: 19.03.2022).
29 BArch, MfS, HA IX 24145, S. 1–112.
30 Borgmann, Reinhard/Staadt, Jochen, *Deckname Markus*, S. 58.
31 BArch, MfS, HA IX 24843, S. 1–111, 113–161, 163–202, 226–266, 268- 277, 279–297, 305–375, 382–390, 453–464.
32 BArch, MfS, HA IX 24145, S. 1–112.
33 Borgmann, Reinhard/Staadt, Jochen, *Deckname Markus*, S. 39.
34 Ebenda, S. 41.
35 Ebenda, S. 32.
36 Ebenda, S. 33.
37 Ebenda, S. 60.
38 Ebenda.

39 BArch, MfS, HA IX 24843, S. 1–111, 113–161, 163–202, 226–266, 268- 277, 279–297, 305–375, 382–390, 453–464.
40 Ebenda.
41 BArch, MfS, HA IX 24843, S. 1–111, 113–161, 163–202, 226–266, 268- 277, 279–297, 305–375, 382–390, 453–464.
42 Ebenda.
43 Ebenda.
44 Ebenda.
45 Ebenda.
46 Ebenda.
47 Ebenda.
48 Müller, Klaus-Dieter et al. (Hrsg.), *Wege nach Bautzen II*, S. 77–90.
49 Weitere verwendete Quellen für den Fall Liebing und Lokenvitz:
BArch, MfS, HA IX 1426, S. 117–118, 125–126, 131–134.
BArch, MfS, HA IX 18985, S. 138–140.
BArch, MfS, HA III 8148, S. 24–42.
BArch, MfS, HA II 44431, S. 554–555.
BArch, MfS, HA II 40003, S. 161–163.
BArch, MfS, HA II/6 683, S. 1–3.
50 CIA CREST Archive, »The Petticoat Panel. A 1953 Study of the Role of Women in the CIA's Career Service. An Intelligence Monograph«, *Center for the Study of Intelligence*, https://www.cia.gov/readingroom/docs/2003–03–01.pdf, (aufgerufen am: 12.02.2022), S. 3–53.
51 Ebenda.
52 Ebenda.
53 »Not Bad for a Girl from Baltimore: the Story of Virginia Hall«, *U.S. Embassy in Estonia*, https://ee.usembassy.gov/wp-content/uploads/sites/207/Not-Bad-for-a-Girl-from-Baltimore.pdf, (aufgerufen am: 12.02.2022).
54 Central Intelligence Agency, »Virginia Hall: The Courage and Daring of ›The Limping Lady‹«, 29. Juni 2017, https://www.cia.gov/stories/story/virginia-hall-the-courage-and-daring-of-the-limping-lady, (aufgerufen am: 12.02.2022).
55 CIA CREST Archive, »The Petticoat Panel«, https://www.cia.gov/readingroom/docs/2003–03–01.pdf, (aufgerufen am: 12.02.2022), S. 3–53.
56 Ebenda.
57 Ebenda.
58 CIA CREST Archive, »LCCASSOCK Review«, 19.10.1956, https://www.cia.gov/readingroom/docs/LCCASSOCK%20BASIC%20PAPERS%20AND%20FINANCIAL%20%20%20VOL.%202_0029.pdf, (aufgerufen am: 14.02.2022), S. 1–42.
59 Ebenda.
60 Ebenda.
61 »Vertraulich«, *Die Frau*, Nr. 1, 3. Jahrgang, 01.01.1956, https://archive.org/details/1956-die-frau/mode/2up, (aufgerufen am: 14.02.2022), S. 24.
62 CIA CREST Archive, »LCCASSOCK Review«, 19.10.1956, https://www.cia.gov/readingroom/docs/LCCASSOCK%20BASIC%20PAPERS%20AND%20FINANCIAL%20%20%20VOL.%202_0029.pdf, (aufgerufen am: 14.02.2022), S. 1–42.

63 CIA CREST Archive, »Clandestine Services History. The Berlin Tunnel Operation. 1952–1956«, 24.06.1968, https://www.cia.gov/readingroom/docs/1968-06-24.pdf, (aufgerufen am: 17.02.2022), S. 1–101.
64 Ebenda.
65 Ebenda.
66 Ebenda.
67 Videotelefonat mit Steve Vogel, 21.10.2021, Washington/Berlin; Vogel ist der Autor von: *Betrayal in Berlin. The True Story of the Cold War's Most Audacious Espionage Operation*, (New York, 2019).
68 Ebenda.
69 Ebenda.
70 National Security Agency, »Operation REGAL: The Berlin Tunnel«, *UNITED STATES CRYPTOLOGIC HISTORY*, Special Series, Nr. 4, https://www.nsa.gov/portals/75/documents/news-features/declassified-documents/cryptologic-histories/operation_regal.pdf, (aufgerufen am: 17.02.2022), S. 1–34.
71 President of Russia, »Condolences on the passing of George Blake«, 26.12.2020, http://en.kremlin.ru/events/president/news/64753, (aufgerufen am: 12.01.2022).
72 CIA CREST Archive, https://www.cia.gov/readingroom/docs/CATOMIC%20DEVELOPMENT%20AND%20PLANS%20%20%20VOL.%201_0005.pdf, (aufgerufen am: 25.02.2022).
73 CIA CREST Archive, »Field Performance Report«, 01.11.1974, https://www.cia.gov/readingroom/docs/CATOMIC%20DEVELOPMENT%20AND%20PLANS%20%20%20VOL.%201_0033.pdf, (aufgerufen am: 25.02.2022).
74 Ebenda.
75 CIA CREST Archive, »Soviet Union – Collection (Objective A-1)«, 27.03.1975, https://www.cia.gov/readingroom/docs/CATOMIC%20DEVELOPMENT%20AND%20PLANS%20%20%20VOL.%202_0037.pdf, (aufgerufen am: 25.02.2022).
76 CIA CREST Archive, »SECRET RYBAT. SOVIET BLOC OPERATIONAL PERIODIC REPORT. 1 April 1972–30 September 1972«, https://www.cia.gov/readingroom/docs/CATOMIC%20DEVELOPMENT%20AND%20PLANS%20%20%20VOL.%201_0030.pdf, (aufgerufen am: 25.02.2022).
77 CIA CREST Archive, »CATOMIC OPERATIONAL ACTIVITY«, 10.04.1974, https://www.cia.gov/readingroom/docs/CATOMIC%20DEVELOPMENT%20AND%20PLANS%20%20%20VOL.%202_0027.pdf, (aufgerufen am: 25.02.2022).
78 CIA CREST Archive, https://www.cia.gov/readingroom/docs/CATOMIC%20DEVELOPMENT%20AND%20PLANS%20%20%20VOL.%201_0005.pdf, (aufgerufen am: 25.02.2022).
79 »Research Aid: Cryptonyms and Terms in Declassified CIA Files Nazi War Crimes and Japanese Imperial Government Records Disclosure Acts«, *National Archi-*

ves, https://www.archives.gov/files/iwg/declassified-records/rg-263-cia-records/second-release-lexicon.pdf, (aufgerufen am: 25.02.2022).

80 CIA CREST Archive, »CKLEG CATOMIC – Quarterly Operational Report for the Period 1 September – 30 November 1976«, 08.12.1976, https://www.cia.gov/readingroom/docs/CATOMIC%20DEVELOPMENT%20AND%20PLANS%20%20%20VOL.%202_0047.pdf, (aufgerufen am: 25.02.2022).

81 CIA CREST Archive, »SECRET RYBAT. SOVIET BLOC OPERATIONAL PERIODIC REPORT. 1 April 1972–30 September 1972«, https://www.cia.gov/readingroom/docs/CATOMIC%20DEVELOPMENT%20AND%20PLANS%20%20%20VOL.%201_0030.pdf, (aufgerufen am: 25.02.2022).

82 CIA CREST Archive, »RYBAT REDTOP – Soviet Bloc Operational Periodic Report (1 October 1972–31 March 1973)«, 27.04.1973, https://www.cia.gov/readingroom/docs/CATOMIC%20DEVELOPMENT%20AND%20PLANS%20%20%20VOL.%201_0032.pdf, (aufgerufen am: 25.02.2022).

83 Ebenda.

84 CIA CREST Archive, »SECRET RYBAT. SOVIET BLOC OPERATIONAL PERIODIC REPORT. 1 April 1972–30 September 1972«, https://www.cia.gov/readingroom/docs/CATOMIC%20DEVELOPMENT%20AND%20PLANS%20%20%20VOL.%201_0030.pdf, (aufgerufen am: 25.02.2022).

85 Ebenda.

5 Wie mit Sekretärinnen die DDR infiltriert wird

1 BArch, MfS, AOP 57/56, Bd. 1, S. 1–105, 111–124, 130–151, 153, 156–158, 160–165, 169–171, 178–180, 182–183, 185–193, 195–206, 233–281, 286–289. 291–320, 323–353, 357–358, 362–363.

2 Gehlen, Reinhard, *Der Dienst*, (Mainz/Wiesbaden, 1971), S. 201.

3 Ebenda, S. 302.

4 Ebenda.

5 Barch, MfS, AU 406/55, Bd. 3, S. 1–170.

6 Ebenda.

7 Ebenda.

8 Klawitter, Nils, »Todesstrafe für Gänseblümchen«, *Der SPIEGEL*, 24.09.2019, https://www.spiegel.de/geschichte/romeo-spione-in-der-ddr-todesstrafe-fuer-gaensebluemchen-a-1292753.html, (aufgerufen am: 10.02.2022).

9 Flocken, Jan von, »Heimlich aufs Schafott«, *Focus Magazin*, Nr. 40 (1996), 29.08.2013, https://www.focus.de/politik/deutschland/heimlich-aufs-schafott-agenten_id_1866402.html, (aufgerufen am: 10.01.2022).

10 Ebenda.

11 Ebenda.

12 Tomescheit, Wiebke, »Enthauptet, weil sie sich verliebt hatte – der Tod der Sekretärin Elli Barczatis«, *stern*, 23.11.2021, https://www.

stern.de/panorama/wissen/mensch/elli-barczatis-wurde-1955-in-der-ddr-enthauptet---weil-sie-einen-spion-liebte-30951338.html, (aufgerufen am: 12.01.2022).
13 Ebenda.
14 Barch, MfS, AOP 57/56, Bd. 2, S. 1–28, 30–36, 40–51, 53–60, 65–73, 75–79, 83, 87–91, 94–101, 107–169, 171, 174–255, 257–259, 263–264, 266–304.
15 Barch, MfS, AU 406/55, Bd. 1, S. 1–200, 203–420.
16 Ebenda.
17 Barch, MfS, AOP 57/56, Bd. 1, S. 1–105, 111–124, 130–151, 153, 156–158, 160–165, 169–171, 178–180, 182–183, 185–193, 195–206, 233–281, 286–289. 291–320, 323–353, 357–358, 362–363.
18 Barch, MfS, AOP 57/56, Bd. 2, S. 1–28, 30–36, 40–51, 53–60, 65–73, 75–79, 83, 87–91, 94–101, 107–169, 171, 174–255, 257–259, 263–264, 266–304.
19 Ebenda.
20 Ebenda.
21 Ebenda.
22 Ebenda.
23 Ebenda.
24 Ebenda.
25 Barch, MfS, AOP 57/56, Bd. 1, S. 1–105, 111–124, 130–151, 153, 156–158, 160–165, 169–171, 178–180, 182–183, 185–193, 195–206, 233–281, 286–289. 291–320, 323–353, 357–358, 362–363.
26 Ebenda.
27 Ebenda.
28 Bundesnachrichtendienst Archiv, Signatur 21059.
29 Barch, MfS, AU 406/55, Bd. 1, S. 1–200, 203–420.
30 Ebenda.
31 Ebenda.
32 Ebenda.
33 Bundesnachrichtendienst Archiv, Signatur 21059.
34 Barch, MfS, AU 406/55, Bd. 1, S. 1–200, 203–420.
35 Ebenda.
36 Ebenda.
37 Bundesnachrichtendienst Archiv, Signatur 21059.
38 Bundesnachrichtendienst Archiv, Signatur 24849.
39 Barch, MfS, AOP 57/56, Bd. 1, S. 1–105, 111–124, 130–151, 153, 156–158, 160–165, 169–171, 178–180, 182–183, 185–193, 195–206, 233–281, 286–289. 291–320, 323–353, 357–358, 362–363.
40 Ebenda.
41 Ebenda.
42 Barch, MfS, AOP 57/56, Bd. 2, S. 1–28, 30–36, 40–51, 53–60, 65–73, 75–79, 83, 87–91, 94–101, 107–169, 171, 174–255, 257–259, 263–264, 266–304.
43 Ebenda.
44 Ebenda.
45 Barch, MfS, AU 406/55, Bd. 1, S. 1–200, 203–420.
46 Barch, MfS, AOP 57/56, Bd. 2, S. 1–28, 30–36, 40–51, 53–60, 65–73, 75–79, 83, 87–91, 94–101, 107–169, 171, 174–255, 257–259, 263–264, 266–304.
47 Ebenda.
48 Ebenda.
49 Ebenda.
50 Barch, MfS, AU 406/55, Bd. 1, S. 1–200, 203–420.

51 Bundesnachrichtendienst Archiv, Signatur 24849.
52 Ebenda.
53 Barch, MfS, AU 406/55, Bd. 1, S. 1–200, 203–420.
54 Ebenda.
55 Ebenda.
56 Ebenda.
57 Ebenda.
58 Ebenda.
59 Ebenda.
60 Barch, MfS, AU 406/55, Bd. 3, S. 1–170.
61 Weiter für den Fall Barczatis und Laurenz verwendete Quellen: Barch, MfS, Barczatis, Elli Helene; ZK, DZK, JAK, S. 1–9. Barch, MfS, AU 406/55, Bd. 2, S. 1–248.
62 Wiegrefe, Klaus, Historiker über Deutschlands Geheimdienst, »Beim BND waren Massenmörder, da gibt es nichts zu beschönigen«, *Der SPIEGEL*, 31.01.2021, https://www.spiegel.de/geschichte/bundesnachrichtendienst-beim-bnd-waren-massenmoerder-da-gibt-es-nichts-zu-beschoenigen-a-1d7ec7ab-5fd0-442d-8446-0b00dd77d0a7 (aufgerufen am: 15.01.2022).
63 »Vor 70 Jahren: Parlamentarischer Rat verkündet das Grundgesetz«, *Deutscher Bundestag*, https://www.bundestag.de/dokumente/textarchiv/2019/kw20-kalenderblatt-70jahre-grundgesetz-641776, (aufgerufen am: 12.03.2022).
64 Rass, Christoph, *Das Sozialprofil des Bundesnachrichtendienstes. Von den Anfängen bis 1968*, (Berlin, 2016), S. 284–296.
65 Gehlen, Reinhard, *Der Dienst*, S. 262.
66 Ebenda.
67 Barch, MfS, AS, Nr. 171/56, Bd. 2, S. 106–127.
68 Heidenreich, Ronny, *Die DDR-Spionage des BND. Von den Anfängen bis zum Mauerbau*, (Berlin, 2019), S. 279–288.
69 Ebenda.
70 Barch, MfS, Heinze, Brunhilde; ZK, DZK, JAK, S. 1–11.
71 Barch, MfS, Klotschkoff, Lieselotte; ZK, DZK, JAK, S. 1–7.
72 Heidenreich, Ronny, *Die DDR-Spionage des BND*, S. 279–288.
73 Bundesnachrichtendienst Archiv, Signatur 20697.
74 Heidenreich, Ronny, *Die DDR-Spionage des BND*, S. 500–504.
75 Barch, B 136/5034, fol. 79–107.
76 Ebenda.
77 Ebenda.
78 »Frauen im Untergrund: ›Etwas Irrationales‹«, *Der SPIEGEL*, Nr. 33, 07.08.1977, S. 22–33.
79 Ebenda.
80 Ebenda.
81 Ebenda.
82 Ebenda.
83 Ebenda.
84 Ebenda.
85 Brief vom Präsidenten des Bundesamtes für Verfassungsschutz, Günther Nollau, an Bundesinnenminister Hans-Dietrich Genscher, vom 21. Mai 1972.
86 Ebenda.
87 BArch, B 443/719, fol. 528–533.
88 Förster, Andreas/Schmidt-Eenboom, Erich, »Putins Schatten an der Elbe«, *Sächsische*, 10.11.2011, https://www.saechsische.de/putins-schatten-an-der-elbe-934182.html, (aufgerufen am: 28.02.2022).

89 »BND setzte Spionin auf KGB-Agent Putin an«, *ZEIT Online*, 15.10.2014, https://www.zeit.de/wissen/geschichte/2014-10/putin-kgb-bnd-guillaume, (aufgerufen am: 24.03.2022).

6 Die »Kundschafterinnen« der Stasi im Westen

1 Auf Anfrage deklassifizierte das Bundesamt für Verfassungsschutz Behördendokumente über Christel Broszey. Dazu gehören neben persönlichen Unterlagen auch Akten aus dem Bundeskriminalamt, der Bundesanwaltschaft, der Polizei Bonn und dem Bundesamt selbst. Alle Zitate in diesem Kapitel, die keine gesonderten Fußnoten haben, entstammen aus diesen Akten.

2 Herbstritt, Georg, *Bundesbürger im Dienst der DDR-Spionage. Eine analytische Studie*, (Göttingen, 2007), S. 349–350.

3 »Spionage: Meist handelten sie aus Liebe«, *DER SPIEGEL*, Nr. 12, 18.03.1979, S. 23–27.

4 Lersch, Paul, »Der Stasi ist kein leichter Gegner«, *DER SPIEGEL*, Nr. 12, 18.03.1979, S. 27–33.

5 BArch, MfS, ZOS 1526, S. 16–17.

6 BArch, MfS, HV A Vi 106.

7 BArch, MfS, HV A Vi 106.

8 Ebenda.

9 Ebenda.

10 Ebenda.

11 Ebenda.

12 Ebenda.

13 Ebenda.

14 Der Deutsche Bundestag 1949 bis 1989 in den Akten des Ministeriums für Staatssicherheit (MfS) der DDR, BStU (Hrsg.), (Berlin, 2013), S. 267.

15 »Abhör-Affäre: ›Es ist zum Kotzen‹«, *DER SPIEGEL*, Nr. 25, 15.06.1976, S. 21–26.

16 Vielain, Heinz, »Osten belauschte Biedenkopf und Kohl am Telefon. Von wem bekam der ›Stern‹ den Text?«, *Die Welt*, 17.11.1979.

17 »Lauschte die Sekretärin? Telefonat zwischen CDU-Politikern vermutlich verraten«, *Frankfurter Rundschau*, 19.11.1979.

18 BArch, MfS, HV A Vi 106.

19 Ebenda.

20 Ebenda.

21 Ebenda.

22 Ebenda.

23 Ebenda.

24 Lersch, Paul, »Der Stasi ist kein leichter Gegner«, S. 27–33.

25 BArch, MfS, ZOS 1526, S. 16–17.

26 Rehbaum, K., »Nachruf«, *Kundschafter der DDR*, 30.03.2020, https://www.kundschafter-ddr.de/nachruf-3/, (aufgerufen am: 28.02.2022).

27 BArch, B 443/720, fol. 219–220.

28 Gieseke, Jens, *Die hauptamtlichen Mitarbeiter des Ministeriums für Staatssicherheit (MfS-Handbuch)*, BStU (Hrsg.), (Berlin, 1996), S. 53–57.

29 Schmole, Angela, »Die Spitzenfrauen des MfS. Bei der Staatssicherheit diente das weibliche Personal nur selten in gehobenen Stellungen«, *Zeitschrift des Forschungsverbundes SED-Staat*, Nr. 18, 2005, S. 107–114.

30 »Die Stasi – das Patriarchat im Patriarchat«, *taz. die tageszeitung*, Ausgabe 3953, 08.03.1993, S. 3.

31 Schmole, Angela, »Die Spitzenfrauen des MfS«, S. 107–114.
32 BArch, B 136/4887, fol. 16.
33 Muhle, Susanne, *Auftrag: Menschenraub. Entführungen von Westberlinern und Bundesbürgern durch das Ministerium für Staatssicherheit der DDR*, (Göttingen, 2015), S. 402.
34 Ebenda.
35 Ebenda.
36 Ebenda, S. 480.
37 Ebenda, S. 315.
38 BArch, MfS, HA XX 1615, S. 289–290, 292–293, 296–306, 308–331, 387–388.
39 Muhle, Susanne, *Auftrag: Menschenraub*, S. 215.
40 Ebenda, S. 457–460, 575.
41 BArch, B 136/4887, fol. 14–21.
42 Muhle, Susanne, *Auftrag: Menschenraub*, S. 400–401.
43 Ebenda, S. 149–150.
44 Ebenda, S. 435–436.
45 Ebenda, S. 539–540.
46 »Wir müssen schreien, sonst hört man uns nicht! Frauenwiderstand in der DDR der 1980er Jahre«, Robert-Havemann-Gesellschaft e.V., https://www.havemann-gesellschaft.de/fileadmin/robert-havemann-gesellschaft/archiv/oppositon_bis_89/Slider_Frauen_fuer_den_Frieden/frauenwiderstand_plakate_1bis19-1.pdf, (aufgerufen am: 28.03.2022).
47 Ebenda.
48 Alisch, Steffen, »Jüdische Frauen hinter Gittern«, *Jüdische Allgemeine*, 09.02.2022, https://www.juedische-allgemeine.de/politik/juedische-frauen-hinter-gittern, (aufgerufen am: 12.02.2022).
49 CIA CREST Archive, »FBI Foreign Counterintelligence Review, Volume XI«, *U.S. Department of Justice*, https://www.cia.gov/readingroom/docs/CIA-RDP87M00539R000901190016-2.pdf, (aufgerufen am: 11.01.2022).
50 Kessler, Ronald, *The FBI*, (New York, 2013), S. 70.
51 United States v. Michelson, 607 F. Supp. 693 (E.D.N.Y. 1985), 30.04.1985, *Justia*, https://law.justia.com/cases/federal/district-courts/FSupp/607/693/2371259/, (aufgerufen am: 03.02.2022).
52 Video, »Berlin Spy Exchange«, *YouTube*, https://www.youtube.com/watch?v=HsXLiHwVFc8, (aufgerufen am: 03.02.2022).
53 Melton, H. Keith, *Der perfekte Spion. Die Welt der Geheimdienste*, (München, 1996), S. 48–49.
54 Ebenda, S. 45.
55 Wilkening, Christina, *Staat im Staate. Auskünfte ehemaliger Stasi-Mitarbeiter*, (Berlin–Weimar, 1990), S. 33–51.

7 Alte Feindinnen im neuen Jahrtausend

1 »Unheimlich festgefahren«, *DER SPIEGEL*, Nr. 16, 17.04.1994, S. 61–63.
2 Krell, Detlef, »Das Portrait: Mathilde Koller«, *taz. die tageszeitung*, 07.12.1992, S. 11.
3 Ebenda.
4 »Unheimlich festgefahren«, *DER SPIEGEL*, Nr. 16, 17.04.1994, S. 61–63.

5 Stark, Holger, »Geheimdienst wird komplett umstrukturiert«, *Der Tagesspiegel*, 08.05.2000, https://www.tagesspiegel.de/berlin/geheimdienst-wird-komplett-umstrukturiert/140240.html, (aufgerufen am: 26.03.2022).

6 Schreiber, Winfriede, »Verfassungsschutz und Öffentlichkeit – Zur Rolle des Nachrichtendienstes in der deutschen Demokratie«, in: *Verfassungsschutz 1952–2012. Festschrift zum 60. Jubiläum des Landesamts für Verfassungsschutz Baden-Württemberg*, S. 127–134, https://www.km-bw.de/site/lfv/get/documents/IV.Dachmandant/Datenquelle/Dokumente/2012_Festschrift/Festschrift_Verfassungsschutz_1952-2012.pdf, (aufgerufen am: 29.03.2022).

7 Paulat, Monika, »Porträt: Winfriede Schreiber«, in: *djbZ. Zeitschrift des Deutschen Juristinnenbundes*, Nr. 2, 2013, S. 105–108.

8 Wie Nachrichtendienstlerinnen heute ihre Netze auswerfen

1 Piltz, Christopher, »Die Aufräumerin«, *Der Freitag*, 14.10.2013, https://www.freitag.de/autoren/christopher-piltz/die-aufraeumerin, (aufgerufen am: 27.03.2022).

2 »Statement von Innenminister Pistorius zum Bericht der Arbeitsgruppe im Zusammenhang mit Verfahren und Organisationsabläufen im Niedersächsischen Verfassungsschutz«, *Niedersächsisches Ministerium für Inneres und Sport*, 21.11.2018, https://www.mi.niedersachsen.de/startseite/aktuelles/presseinformationen/statement-von-innenminister-pistorius-zu-bericht-der-arbeitsgruppe-im-zusammenhang-mit-verfahren-und-organisationsablaeufen-im-niedersaechsischen-verfassungsschutz-171439.html, (aufgerufen am: 27.03.2022).

3 Maestro, Andrea, »Datenpanne beim Verfassungsschutz. Chefin muss gehen«, *taz. die tageszeitung*, 21.11.2018, https://taz.de/Datenpanne-beim-Verfassungsschutz/!5549783, (aufgerufen am: 27.03.2022).

4 Erb, Sebastian, »Geheimdienste vor Kontrollgremium. Nun doch Extremisten aufgespürt«, *taz. die tageszeitung*, 27.10.2021, https://taz.de/Geheimdienste-vor-Kontrollgremium/!5807280, (aufgerufen am: 27.03.2022).

5 Hillebrand-Brem, Corinna/Schupp-Demiriz, Sabine / Ziolkowski, Britt, *In zweiter Reihe, an vorderster Front? Frauen und ihre Rollen im Extremismus*, (Stuttgart, 2021), S. 10.

6 Müller, Ann-Katrin/Röhmel, Joseph, »Deckname Maja«, *DER SPIEGEL*, Nr. 31, 24.07.2020, S. 34–35.

7 Müller, Ann-Katrin/Röhmel, Joseph »AfD-Mitarbeiterin früher für Verfassungsschutz tätig. SPD und Grüne fordern Aufklärung in Spionageaffäre«, *DER SPIEGEL*, 25.07.2020, https://www.spiegel.de/politik/deutschland/afd-mitarbeiterin-spionierte-fuer-verfassungsschutz-spd-und-gruene-fordern-aufklaerung-a-

2f9a0073-fc73-4143-80ea-3175862e0e86, (aufgerufen am 02.04.2022).

8 Ebenda.

9 Röhmel, Joseph, »V-Leute – Die zwielichtigen Helfer des Rechtsstaats«, *SWR2*, 30.11.2020, https://www.swr.de/swr2/wissen/v-leute-die-zwielichtigen-helfer-des-rechtsstaats-swr2-wissen-2020-12-15-100.html, (aufgerufen am: 02.04.2022).

10 Ebenda.

Literaturverzeichnis

Andrew, Christopher, *MI 5. Die wahre Geschichte des britischen Geheimdienstes*, Berlin, 2011.

Andrew, Christopher/Mitrochin, Wassili, *Das Schwarzbuch des KGB. Moskaus Kampf gegen den Westen*, Berlin, 1999.

Andrew, Christopher/Mitrochin, Wassili, *Das Schwarzbuch des KGB 2. Moskaus Geheimoperationen im Kalten Krieg*, Berlin, 2006.

Appelius, Stefan, *Die Spionin. Olga Raue – CIA-Agentin im Kalten Krieg*, Reinbek, 2019.

Bailey, George/Kondraschow, Sergej A./Murphy, David E., *Die unsichtbare Front. Der Krieg der Geheimdienste im geteilten Berlin*, Berlin, 1997.

Barbier, Mary Kathryn (Hrsg.), *Lily Sergueiew. I Worked Alone. Diary of a Double Agent in World War II Europe*, Jefferson, 2014.

Behling, Klaus/Eik, Jan, *Mata Haris in Ostberlin. Fälle aus MfS, Polizei und NVA*, Berlin, 2012.

Belton, Catherine, *Putin's People: How the KGB Took Back Russia and Then Took on the West*, London, 2020.

Borgmann, Reinhard/Staadt, Jochen, *Deckname Markus. Zwei Top-Agentinnen im Herzen der Macht*, Berlin, 1998.

Boyd, Douglas, *Agente. Female Secret Agents in World Wars, Cold Wars and Civil Wars*, Stroud, 2016.

Brandt, Heinz, *Ein Traum, der nicht entführbar ist. Mein Weg zwischen Ost und West*, Frankfurt am Main, 1985.

Brunner, Urs/Schrammel, Julia, *Kittys Salon. Legenden, Fakten, Fiktion – Kitty Schmidt und ihr berüchtigtes Nazi-Spionagebordell*, Berlin, 2020.
Buchheit, Gert, *Der deutsche Geheimdienst. Geschichte der militärischen Abwehr*, München, 1966.
Dietl, Wilhelm, *Spy Ladies. Frauen im Geheimdienst*, Berlin, 2006.
Dohm, Hedwig, *Der Frauen Natur und Recht*, Berlin, 1876.
Dohm, Hedwig, *Die Antifeministen. Ein Buch der Verteidigung*, Berlin, 1902.
Ebert, Günter (Hrsg.), *Die Topagentin. Johanna Olbrich alias Sonja Lüneburg*, Berlin, 2013.
Eichner, Klaus/Rehbaum, Karl (Hrsg.), *Deckname Topas. Der Spion Rainer Rupp in Selbstzeugnissen*, Berlin, 2013.
Elberskirchen, Johanna, *Feminismus und Wissenschaft*, Leipzig, 1903.
Epkenhans, Michael/Groß, Gerhard P./Pöhlmann, Markus/Stachelbeck, Christian (Hrsg.), *Geheimdienst und Propaganda im Ersten Weltkrieg. Die Aufzeichnungen von Oberst Walter Nicolai 1914 bis 1918*, Berlin – Boston, 2020.
Felger, Friedrich/Jost, Walter, *Was wir vom Weltkrieg nicht wissen*, Leipzig, 1938.
Fox, Amaryllis, *Life Undercover. Als Agentin bei der CIA*, München, 2019.
Fuhrer, Armin, *Görings NSA. Das »Forschungsamt« im Dritten Reich. Die unbekannte Geschichte des größten Geheimdienstes der Nazis*, Reinbek, 2019.
Gast, Gabriele, *Kundschafterin des Friedens. 17 Jahre Topspionin der DDR beim BND*, Berlin, 2000.
Gehlen, Reinhard, *Der Dienst*, Mainz – Wiesbaden, 1971.
Grant, Natalie, *Disinformation. Soviet Political Warfare 1917–1992*, Washington, 2020.
Gumbel, Emil Julius, *Vier Jahre politischer Mord*, Berlin, 1922.
Heidenreich, Ronny, *Die DDR-Spionage des BND. Von den Anfängen bis zum Mauerbau*, Berlin, 2019.
Helm, Sarah, *A Life in Secrets. The Story of Vera Atkins and the Lost Agents of SOE*, London, 2006.

Herbstritt, Georg, *Bundesbürger im Dienst der DDR-Spionage. Eine analytische Studie*, Göttingen, 2007.

Hillebrand-Brem, Corinna/Schupp-Demiriz, Sabine/Ziolkowski, Britt, *In zweiter Reihe, an vorderster Front? Frauen und ihre Rollen im Extremismus*, Stuttgart, 2021.

Kerz-Rühling, Ingrid/Plänkers, Tomas, *Verräter oder Verführte. Eine psychoanalytische Untersuchung Inoffizieller Mitarbeiter der Stasi*, Berlin, 2004.

Kessler, Ronald, *The FBI*, New York, 2013.

Klußmann, Uwe/Schnurr, Eva-Maria (Hrsg.), *Die Macht der Geheimdienste. Agenten, Spione und Spitzel vom Mittelalter bis zum Cyberwar*, München, 2020.

Knabe, Hubertus, *West-Arbeit des MfS. Das Zusammenspiel von »Aufklärung« und »Abwehr«*, Berlin, 1999.

Knabe, Hubertus, *Die unterwanderte Republik. Stasi im Westen*, Berlin, 1999.

Krieger, Wolfgang (Hrsg.), *Geheimdienste in der Weltgeschichte. Von der Antike bis heute*, Köln, 2007.

Krieger, Wolfgang, *Partnerdienste. Die Beziehungen des BND zu den westlichen Geheimdiensten 1946–1968*, Berlin, 2021.

Krieger, Wolfgang (Hrsg.), *Die Auslandsaufklärung des BND. Operationen, Analysen, Netzwerke*, Berlin, 2021.

Kunze, Hagen, *Spioninnen. Mata Hari und andere Frauen in geheimer Mission*, Leipzig, 2017.

Lange, Sascha, *Die Leipziger Meuten. Jugendopposition im Nationalsozialismus*, Leipzig, 2018.

Lettow-Vorbeck, Paul von (Hrsg.), *Die Weltkriegsspionage. Authentische Enthüllungen über Entstehung Art, Arbeit, Technik, Schliche, Handlungen, Wirkungen und Geheimnisse der Spionage vor, während und nach dem Kriege auf Grund amtlichen Materials aus Kriegs–, Militär–, Gerichts- und Reichsarchiven. Vom Leben und Sterben, von den Taten und Abenteuern der bedeutendsten Agenten bei Freund und Feind, München*, 1931.

Loftis, Larry, *Code Name: Lise. The true story of Odette Sansom, WWII's most highly decorated spy*, London, 2020.

Macintyre, Ben, *The Spy and the Traitor. The Greatest Espionage Story of the Cold War*, London, 2019.
Macintyre, Ben, *Agent Sonya. Lover, Mother, Soldier*, Spy, London, 2020.
Maennel, Annette, *Auf sie war Verlaß. Frauen und Stasi*, Berlin, 1995.
Maucher, Ute/Pfeiffer, Gabi, *Codewort: Seidenstrumpf. Die größten Spioninnen des 19. und 20. Jahrhunderts*, Cadolzburg, 2010.
McIntosh, Elizabeth P., *Sisterhood of Spies. The Women of the OSS*, Annapolis, 2009.
Melton, H. Keith, *Der perfekte Spion. Die Welt der Geheimdienste*, München, 1996.
Michels, Eckard, *Guillaume, der Spion: Eine deutsch-deutsche Karriere*, Berlin, 2013.
Muhle, Susanne, *Auftrag: Menschenraub. Entführungen von Westberlinern und Bundesbürgern durch das Ministerium für Staatssicherheit der DDR*, Göttingen, 2015.
Munin, W., *Frauenopfer im Geheimdienst. Internationale Spionage*, Leipzig, 1931.
Müller, Klaus-Dieter/Reiprich, Siegfried/Vollnhals, Clemens (Hrsg.), *Wege nach Bautzen II. Biografische und autobiografische Porträts*, Dresden, 2013.
Müller, Uwe/Hartmann, Grit, *Vorwärts und Vergessen. Kader, Spitzel und Komplizen: das gefährliche Erbe der SED-Diktatur*, Berlin, 2009.
Müller-Enbergs, Helmut/Wagner, Armin (Hrsg.), *Spione und Nachrichtenhändler. Geheimdienst-Karrieren in Deutschland 1939–1989*, Berlin, 2016.
Nehring, Christopher, *Geheimdienstmorde. Wenn Staaten töten – Hintergründe, Motive, Methoden*, München, 2022.
Nicolai, Walter, *Geheime Mächte: internationale Spionage und ihre Bekämpfung im Weltkrieg und heute*, Leipzig, 1925.
Pearson, Judith L., *Wolves at the Door. The True Story Of America's Greatest Female Spy*, Guilford, 2008.
Peters, Butz, *RAF. Terrorismus in Deutschland*, München, 1993.

Porch, Douglas, *The French Secret Services. A History of French Intelligence from the Dreyfus Affair to the Gulf War*, New York, 1995.
Pötzl, Norbert F., *Basar der Spione. Die geheimen Missionen des DDR-Unterhändlers Wolfgang Vogel*, München, 1999.
Proctor, Tammy M., *Female Intelligence. Women and Espionage in the First World War*, New York, 2003.
Purnell, Sonia, *A Woman of No Importance. The Untold Story of Virginia Hall, WWII's Most Dangerous Spy*, London, 2020.
Quoirin, Marianne, *Agentinnen aus Liebe. Warum Frauen für den Osten spionierten*, Berlin, 2017.
Rass, Christoph, *Das Sozialprofil des Bundesnachrichtendienstes. Von den Anfängen bis 1968*, Berlin, 2016.
Rathbone, John Paul, *The Sugar King of Havana. The Rise and Fall of Julio Lobo, Cuba's Last Tycoon*, London, 2011.
Reile, Oscar, *Frauen im Geheimdienst*, Illertissen, 1979.
Reile, Oscar, *Treff Lutetia Paris. Der Kampf der Geheimdienste im westlichen Operationsgebiet, in England und Nordafrika 1939–1945. Im »Dienst« Gehlens 1949–1961*, Wels, 1973.
Rid, Thomas, *Active Measures. The Secret History of Disinformation and Political Warfare*, New York, 2020.
Ridder, Winfried, *Verfassung ohne Schutz. Die Niederlagen der Geheimdienste im Kampf gegen den Terrorismus*, München, 2013.
Rimington, Stella, *Open Secret. The Autobiography of the Former Director-General of MI5*, London, 2002.
Ritter, Nikolaus, *Deckname Dr. Rantzau. Die Aufzeichnungen des Nikolaus Ritter, Offizier unter Canaris im Geheimen Nachrichtendienst*, Hamburg, 1972.
Rose, Sarah, *D-Day Girls. The Spies Who Armed the Resistance, Sabotaged the Nazis, and Helped Win the Second World War*, London, 2020.
Rosenbach, Marcel/Stark, Holger, *Der NSA-Komplex. Edward Snowden und der Weg in die totale Überwachung*, München, 2014.
Schlesinger, Henry R., *Honey Trapped. Sex, Betrayal and Weaponized Love*, Cheltenham, 2021.

Schmidt-Eenboom, Erich/Stoll, Ulrich, *Die Partisanen der NATO. Stay-Behind-Organisationen in Deutschland 1946–1991*, Berlin, 2016.

Sergueiev, Lily, *Secret Service Rendered. An Agent in the Espionage Duel Preceding the Invasion of France*, London, 1968.

Singer, Kurt, *Die größten Spioninnen der Welt*, Bern – München – Wien, 1970.

Stevenson, William, *Spymistress. The True Story of the Greatest Female Secret Agent of World War II*, New York, 2011.

Stiller, Werner, *Der Doppelagent*, Berlin, 2013.

Storey, Neil R., *Beating the Nazi Invader. Hitler's Spies, Saboteurs and Secrets in Britain 1940*, Yorkshire – Philadelphia, 2020.

Strobl, Ingrid, *»Sag nie, du gehst den letzten Weg«. Frauen im bewaffneten Widerstand gegen den Faschismus und deutsche Besatzung*, Frankfurt am Main, 1995.

Tremain, David, *The Beautiful Spy. The Life and Crimes of Vera Eriksen*, Stroud, 2019.

Uhl, Matthias/Wagner, Armin, *BND contra Sowjetarmee. Westdeutsche Militärspionage in der DDR*, Berlin, 2014.

Usolzew, Wladimir, *Mein Kollege Putin. Als KGB-Agent in Dresden 1985–1990*, Berlin, 2014.

Vogel, Steve, *Betrayal in Berlin. The True Story of the Cold War's Most Audacious Espionage Operation*, New York, 2019.

Walker, Frank, *The Scandalous Freddie McEvoy. The true story of the swashbuckling Australian rogue*, Sydney, 2018.

Wilkening, Christina, *Staat im Staate. Auskünfte ehemaliger Stasi-Mitarbeiter*, Berlin – Weimar, 1990.

Willner, Nina, *Vierzig Herbste. Eine Familiengeschichte im Kalten Krieg*, Berlin, 2017.

Personenregister

Decknamen sind kursiv gesetzt.

M

N

O

P

R

S

Sachregister

G

H

K

L

M

N

O

R

S

U

Kontaktmöglichkeit

Bei Fragen oder Hinweisen freuen wir uns über Mails an:

dieunsichtbaren@protonmail.com